信阳师范大学商学院

本书为国家社科基金项目"就地就近城镇化的农民意愿测度、制度供给创新与政策引导研究"（编号：16BRK008）的结项成果

就地就近城镇化的农民意愿、制度供给创新与政策引导研究

彭荣胜 ◎ 著

中国财经出版传媒集团

经济科学出版社

Economic Science Press

·北 京·

图书在版编目（CIP）数据

就地就近城镇化的农民意愿、制度供给创新与政策引导研究/彭荣胜著. --北京：经济科学出版社，2023.9

ISBN 978－7－5218－5182－3

Ⅰ.①就… Ⅱ.①彭… Ⅲ.①农村-城市化-研究-中国 Ⅳ.①F299.21

中国国家版本馆 CIP 数据核字（2023）第 183766 号

责任编辑：顾瑞兰
责任校对：王苗苗
责任印制：邱　天

就地就近城镇化的农民意愿、制度供给创新与政策引导研究

彭荣胜　著

经济科学出版社出版、发行　新华书店经销
社址：北京市海淀区阜成路甲 28 号　邮编：100142
总编部电话：010-88191217　发行部电话：010-88191522
网址：www.esp.com.cn
电子邮箱：esp@esp.com.cn
天猫网店：经济科学出版社旗舰店
网址：http://jjkxcbs.tmall.com
固安华明印业有限公司印装
710×1000　16 开　18 印张　270000 字
2023 年 9 月第 1 版　2023 年 9 月第 1 次印刷
ISBN 978－7－5218－5182－3　定价：79.00 元
（图书出现印装问题，本社负责调换。电话：010－88191545）
（版权所有　侵权必究　打击盗版　举报热线：010－88191661
QQ：2242791300　营销中心电话：010－88191537
电子邮箱：dbts@esp.com.cn）

总　序

　　商学院作为我校2016年成立的院系，已经表现出了良好的发展潜力和势头，令人欣慰、令人振奋。办学定位准确，发展思路清晰，尤其在教学科研和学科建设上成效显著，此次在郑云院长的倡导下，拟特别资助出版《信阳师范学院商学院学术文库》，值得庆贺，值得期待！

　　商学院始于我校1993年的经济管理学科建设。从最初的经济系到2001年的经济管理学院、2012年的经济与工商管理学院，发展为2016年组建的商学院，筚路蓝缕、栉风沐雨，凝结着教职员工的心血与汗水，昭示着商学院瑰丽的明天和灿烂的未来。商学院目前拥有河南省教育厅人文社科重点研究基地——大别山区经济社会发展研究中心、理论经济学一级学科硕士学位授权点、工商管理一级学科硕士学位授权点、理论经济学河南省重点学科、应用经济学河南省重点学科、理论经济学校级博士点培育学科、经济学河南省特色专业、会计学河南省专业综合改革试点等众多科研平台与教学质量工程，教学质量过硬，科研实力厚实，学科特色鲜明，培养出了一批适应社会发展需要的优秀人才。

　　美国是世界近现代商科高等教育的发祥地，宾夕法尼亚大学沃顿于1881年创建的商学院是世界上第一所商学院，我国复旦公学创立后在1917年开设了商科。改革开放后，我国大学的商学院雨后春笋般成立，取得了可喜的研究成果，但与国外相比，还存在明显不足。我校商学院无论是与国外大学相比还是与国内大学相比，都是"小学生"，还处于起步发展阶段。《信阳师范学院商学院学术文库》是起点，是开始，前方有更长的路需要我们一起走过，未来有更多的目标需要我们一道实现。希望商学院因势而谋、应势而动、顺势而为，进一步牢固树立"学术兴院、科研强院"的奋斗目标，走内涵式发展之路，形成一系列有影响力的研究成果，在省内高校起带头示范作用；进一步推出学术精品、打造学术团队、凝练学术方向、培育学术特色、发挥学术优势，尤其是培养一批仍处于"成长期"的中青年学术骨干，持续提升学院发展后劲并更好地服务地方社会，为我校实现高质量、内涵式、跨越式发展，建设更加开放、充满活力、勇于创新的高水平师范大学的宏伟蓝图贡献力量！

"吾心信其可行，则移山填海之难，终有成功之日；吾心信其不可行，则反掌折枝之易，亦无收效之期也。"习近平总书记指出，创新之道，唯在得人。得人之要，必广其途以储之。我们希望商学院加快形成有利于人才成长的培养机制、有利于人尽其才的使用机制、有利于竞相成长各展其能的激励机制、有利于各类人才脱颖而出的竞争机制，培植好人才成长的沃土，让人才根系更加发达，一茬接一茬茁壮成长。《信阳师范学院商学院学术文库》是一个美好的开始，更多的人才加入其中，必将根深叶茂、硕果累累！

让我们共同期待！

前　言

　　就地就近城镇化是实现新型城镇化的有效途径，是推动区域协调发展、破解城乡二元结构的必然选择。有关中国就地就近城镇化问题的研究虽多，但仍然存在理论研究的不足。本研究的意义在于，在科学界定就地就近城镇化内涵的基础上，以"农民意愿"为主线，全面分析改革开放以来我国城镇化空间模式的演变及就地就近城镇化的"回归"，深入探究新时期农民就地就近城镇化的决策选择、就业状况与实现模式，以期发现这一过程中农民关切的问题及其制度或政策障碍，并以"农民意愿"为基础进行制度供给与政策引导设计，从而为国家相关政策的制定提供理论依据，为各地走出一条尊重农民意愿、满足农民需求、顺势而为、因地制宜的新型城镇化之路提供可靠的数据、可行性的方案与路径。

　　本研究遵循以下技术路线：一是在对相关文献进行解读、比较与分析的基础上，根据相关理论，对就地就近城镇化的内涵进行界定；二是分析改革开放以来我国城镇化空间模式演变历程及其驱动机制，并合乎逻辑地指出在这一进程中存在对农民意愿关注不够的问题；三是调查分析农民就地就近城镇化的意愿，采用二元 Logistic 模型对其影响因素进行解析，并揭示农民就地就近城镇化的微观动力机制；四是对主要的就地就近城镇化模式进行总结与提炼，探寻不同模式的主导力量与实现途径，剖析各个模式的实施效果与农民意愿的内在联系；五是以顺应"农民意愿"为前提，瞄准就地就近城镇化过程中需要解决的几个关键问题，从宏观、中观、微观三个层面进行制度供给创新，并提出可操作的政策建议。

　　本书共分为九章，由导言、七章正文及结语组成，具体如下。

　　第一章，分析就地就近城镇化的重大意义与现实可行性，阐明就地就近城镇化研究的理论意义与实践价值，系统梳理有关我国就地就近城镇化问题的研究现状及存在的不足。在此基础上，提出本书的内容、思路与方法。

第二章，讨论并界定就地就近城镇化的内涵。就地就近城镇化内涵的界定，是就地就近城镇化相关问题研究的前提。针对就地就近城镇化理论研究不足的问题，在全面梳理学术界对就地就近城镇化概念认识的基础上，结合国家相关发展计划（规划）中的城镇化政策导向，以及促进区域均衡发展、城乡一体化发展、城镇合理布局的战略需求，科学界定了就地就近城镇化的内涵。本书认为，就地就近城镇化是农村人口没有进行远距离迁移，而是在原居住地进行现代化改造或者就近向所在地中心村、新型农村社区、邻近的小城镇（含县城）、特色小镇、中小城市转移，并实现生产方式、生活方式与思想观念现代化的过程。就地就近城镇化的最大空间尺度不是"县域"而是"市域"（中等规模的地级市）。就地就近城镇化与异地城镇化、新型城镇化、农村城镇化、城乡一体化等概念既有联系也有区别。

第三章，探讨了我国城镇化空间模式演进及就地就近城镇化回归的过程及其驱动机制。改革开放以来，我国城镇化空间模式历经了从就地就近城镇化，到异地城镇化，再到就地就近城镇化的演变过程。（1）20世纪80年代的就地就近城镇化，始于改革开放初期，衰退于90年代中期，这一阶段的就地就近城镇化主要表现为农村人口就地就近转移，推动了以小城镇为主要空间载体的城镇化。从本质上看，该时期就地就近城镇化的主要驱动力量是各领域的改革与创新。其中，蓬勃发展的乡镇企业为就地就近城镇化奠定了物质基础，城镇化的政策与方针为就地就近城镇化提供了制度保障。（2）20世纪90年代以来的异地城镇化，主要表现为农村劳动力向沿海地区转移，推动了以大中城市为主要空间载体的城镇化。这一城镇化空间模式到目前为止仍然处于主导地位。归纳来看，经济发展重心东移、乡镇企业衰退、农村的"推力"上升、人口流动的阻力变小、城镇化方针调整等因素推动了这个时期快速发展的异地城镇化。（3）2010年开始的新时期就地就近城镇化，主要表现为异地城镇化的动能在减弱，而就地就近城镇化步伐开始加快。与20世纪80年代的城镇化相比，这是就地就近城镇化在更高阶段的回归。从成因上看，五个方面的因素推动了这个时期的就地就近城镇化：一是农村发展形势向好，许多异地务工人员开始陆续返乡；二是劳动密集型产业向中西部转移的步伐加快，为就地就近城镇化提供了产业支撑；三是沿海地区产业升级，对传统的劳动密集型产业与文化素质偏低的劳动力形成了挤出效应；四是国家乡村振兴战略有效提升了农民就地就近城镇化的意愿、培育了农民就地就近转移的空间载体、拓展了就地就近城镇化的就业空间、创造了就地就近城镇化的生产生活条件；五是"走大中小城市和小城镇协调发展的多样化城镇化道路"得到了延续与确认，从"十五"计划到"十二五"规划，先后从不同侧面强调"有重点地发展小城镇，积极发展中小城市"，而"全面放开建制镇和小城市落户限制，有序放开中等城市落户限制"，为农村人口就地就近转移扫清了制度障碍，从要素下乡、产业发展、就业创业、机制体制改革等方面推动就地就近城镇化，这意味着就地就近城镇化已经成为我国新型城镇化建设的重要战略。

从我国城镇化空间模式演进过程可以看出，在一个开放的地域系统，就地城镇化与异地城镇化是并存的。在工业化早期，应走以大中城市为依托的异地城镇化道路；在工业化后期，则应走以中小城市（镇）为主要载体的就地就近城镇化之路。城镇化是一个自然而然的过程，其根本推动力是生产力发展，与生产力水平相适应的城镇化道路才是唯一正确的道路。城镇化的本质是人们对美好生活的向往，城镇化模式的选择应尊重农民意愿，只有顺应农民意愿，才是可持续、高质量的城镇化。

第四章，分析了农民就地就近城镇化的意愿、影响因素及其微观驱动机制。借鉴样带分析法，选择 G4、G5、G30、G76 共 4 条高速公路沿线作为样带，并在样带中遴选出 10 个省域，采用"333"分层抽样方法、问卷调查与深度访谈法取得第一手数据，借助二元 Logistic 模型分析农民就地就近城镇化的影响因素并剖析其形成机理。研究显示，56.0% 的被调查者有就地就近城镇化意愿。其中，城镇化的三种形态呈现了"居住城镇化 ＞ 就业城镇化 ＞ 户籍城镇化"的特征。访谈显示，子女成家、子女教育是居住城镇化比例高的主要动机，而城镇就业难度大、不愿意放弃承包地、是否落户对子女教育影响不大，是户籍城镇化低的主要原因。农村人口更愿意向小城市、县城、重点镇或中心镇迁移，因此，这些地方成为就地就近城镇化的重点区域。此外，就地就近城镇化意愿存在一定的区域差异，中部地区最高，西部地区次之，东部地区最低。同时，地形地貌、就业满意度也影响着农民就地就近城镇化意愿。

在就地就近城镇化意愿的影响因素方面：（1）在个体因素中，受教育程度、务工年限、职业非农化程度对就地就近城镇化有显著的正向促进作用，年龄、对农民职业的认同程度则与就地就近城镇化呈负向相关，性别对就地就近城镇化的意愿影响不显著。（2）在家庭因素中，16岁以下少儿数量、家庭收入水平、家庭非农收入比重对就地就近城镇化有正向促进作用，而家庭成员数量、65岁以上人口数量对就地就近城镇化的意愿影响不显著。（3）在认知因素中，担心迁移到城镇后不能解决子女教育、不能承担城镇生活成本、不能获得合适的就业机会，对就地就近城镇化起到抑制作用，而是否担心享有与城镇居民一样的社会保障对就地就近城镇化的影响不显著。

第五章，探讨了农民就地就近城镇化的就业状况与就业意愿。分析发现，我国劳动力供求紧张的局面长期维持在高位，就业形势愈发严峻。在城镇就业中，国有部门与集体经济吸纳劳动力最少，且有缓慢下降趋势，而私营企业与个体经济的就业规模最大，且呈现快速增长态势，并在城镇就业中发挥着举足轻重的作用。受产业结构升级换代、科技进步的就业替代、外部经济环境变化的冲击，加之农村劳动力素质相对偏低等因素的影响，进城的农村劳动力成为就业压力最大的群体。从就业的产业构成看，第二、第三产业的就业比重此消彼长，第三产业吸纳劳动力的能力不断增强。第二产业中，从事制造业、建筑业的农民工比重逐步下降；第三产业中，批发和零售业、交通运输仓储邮政业、住宿餐饮业、居民服务修理和其他服务业，是吸纳农业转移劳动力最多的4个行业。此外，我国农村劳动力非农就业呈现四个特征或发展趋势：转移就业的主导产业更替明显，劳动密集型服务业的吸纳能力不断增强；新的经济形态与模式不断涌现，灵活就业与非正规就业增长迅速；技术进步对劳动就业的冲击巨大，传统的低端与重复性岗位加速流失；就业空间的区域不平衡问题突出，欠发达地区非农产业就业机会偏少。

针对我国在推进新型城镇化过程中，对自发性就地就近向中小城市、小城镇转移农村人口的就业问题关注不够，以及对具有两个"适应"（与区域环境相适应、与转移人口"特质性"相适应）的就业难题破解路径探索不足的客观现实，重点调查了中西部欠发达地区就地就近城镇化农民的就业状况、意愿及其成因。分析发现，进城农民的就业特点与主要意愿集中在三个方面：一是兼职农业是最主要的就业方式，期望拥有更多的非农就业机会；二是非农就业与农业的关联度高，期望就业岗位与自身能力相匹配；三是层次低的非正规就业占比高，期待拥有"体面"的高质量就业。欠发达地区第二、第三产业发育不充分，非农产业规模较小、比重低，发展农业企业及关联产业的条件优越，具有较高的地理适应性，以及转移人口农业生产经验丰富、土地情结浓厚与素质能力偏低等"特质性"是上述状况形成的主要原因。据此，按照充分尊重区情、尊重农民意愿，发挥优势、顺势而为的指导思想，破解就地就近城镇化就业难题的措施是：加快生态农业园建设，夯实非农产业发展基础；大力发展农业资源关联产业，并促使其向小城市（镇）集中；科学把握城镇化本质，鼓励就地就近转移人口到农村兼业；融入国家战略布局促进产业发展，拓展城镇高质量就业空间；加快完善法律法规与就业政策，保障灵活就业人员权益。

第六章，分析了主要就地就近城镇化模式的实现路径、农民意愿与适用条件。就地就近城镇化的模式具有多元性。按照推动主体的不同，可以分为：（1）政府主导型模式。该模式以政府力量为主、其他力量推动为辅。建立开发区、建设新城区、"城中村"改造均属于此种模式。政府要达成的目标往往具有综合性、战略性、前瞻性特征，因而很容易与农民的个人意愿与局部诉求错位。该模式适用于经济基础较为薄弱、市场化水平较低的地区。（2）市场主导型模式。该模式在政府支持、民众参与的基础上，主要发挥市场机制作用。此模式很大程度上取决于政府引导的力度与方向，若坚持社区参与原则，则农民意愿程度高；反之，若政府"有形的手"弱化，则农民的利益往往容易受损，其支持度就低。该模式适用于市场机制健全的经济发达地区。（3）民众主导型模式。在该模式实践中，个人或非政府的社会组织起主导作用。其运作机制是精英人士或乡贤利用个人威望和才能，引领当地经济发展和居住环境的改善，促进乡村非农产业发展和基础设施建设。民众参与广泛、参与程度深，是这种模式的突出特点之一，因而农民的意愿往往也能得到较好的体现。该模式适用于有志愿带领乡民改变落后面貌的精英人士，或者民间资本比较发达且拥有一定人口条件的地区。

按照驱动产业的不同，可以分为：（1）工业驱动模式。该模式适用于拥有丰富的能源或者原材料、工业基础较好的地区。（2）农业驱动模式。该模式适用于气候适宜、耕地面积大、土地土壤条件优良、水利配套设施完善，以及农业发展基础较好且现代化转型较快的地区。（3）第三产业驱动模式。该模式适用于拥有特色鲜明且处在成长期、关联性强、带动作用大的产业。比较典型的有房地产业驱动模式、旅游业驱动模式与公共服务驱动模式。

第七章，解析了就地就近城镇化模式的典型案例。主要从推动主体、驱动产业、融资模式、农民意愿、适用条件五个方面分别解析了六个典型的就地就近城镇化案例。（1）海盐县的城乡统筹模式。该模式属于就地就近城镇化的发达地区样本，其推动主体是县、乡两级政府、当地企业与居民。驱动产业以制造业为主，当地农民对就地就近城镇化的总体满意度和支持度较高。该模式适用于人口密度高、交通条件和产业发展基础较好的地区。（2）新乡市的制度红利模式。这是就地就近城镇化的欠发达地区样本，其推动主体包括政府、村集体组织、农民与建筑商，但政府起主导作用。该模式在实施过程中，能充分听取群众的意见，不搞强迫命令，一般适合于灌溉条件和交通区位优势较好的地区，且地方政府勇于改革创新，敢于先行先试，从而形成并释放制度红利。（3）南张楼村的非政府主导模式。村委会和德国赛德尔基金会是南张楼村就地就近城镇化的两大推动主体。现代农业、工业与服务业支撑了该村的就地就近城镇化，但总体上看，工业才是其最主要的驱动产业。南张楼村利用外国资金是其就地就近城镇化的特色之一。村民参与城镇化重大问题的民主决策过程，充分体现了村民意愿。该模式适用于有外资注入且拥有优秀带头人的地区。（4）武陵源区旅游产业驱动模式。其推动主体是省区市三级政府，驱动产业是旅游业。村民对这种就地就近城镇化模式基本满意。其适用于自然景观独特，各级政府对旅游业发展支持力度较大的地区。（5）郝堂村旅游产业驱动模式。其推动主体包括地方政府、非政府组织、村集体组织、生态保护志愿者与当地农民，但非政府组织起到了关键作用。该模式在实施过程中始终坚持以"尊重群众意愿"为首的"三尊重"原则，其最显著特色是充分尊重农民意愿，因此农民的满意度高。其适用于区位优势明显、非政府组织积极介入、媒体关注度高的地区。（6）戴畈村公共服务驱动模式。该村坚持走低成本、高效率的就地城镇化道路，政府是主要推动力量，驱动产业是养老服务业。由于实现了"三留守"服务工作在村庄层面的"操作化"，建立了一套符合农村实际的"低成本、高效率、就地化、全方位"的"三留守"模式，因此群众的满意度高。该模式适用于经济欠发达、传统社会结构保持较为完好、政府大力扶持的乡村地区。

第八章，探讨了尊重农民意愿的就地就近城镇化制度供给与政策引导。推进就地就近城镇化必须充分尊重农民意愿。研究表明，农民的主要意愿及其实现的制度或政策因素包括六个方面：（1）拥有充足且与自身能力相匹配的就业机会。由于产业发展政策导向不利于劳动密集型产业成长，以及社会保障与劳动监管制度跟不上形势发展的需要，因而一定程度上阻碍了中小城市、小城镇的产业发展，进而降低了对农业劳动力的吸纳能力。（2）不落户但享有与城镇居民同等的公共服务。城乡隔离的二元户籍制度惯性、公共产品的生产过于依赖政府投入是其主要影响因素。（3）保留农村承包地且实现土地收益稳定增长。除承包地退出政策不清晰外，土地流转体系不健全引发的农民利益受损，以及扶持政策不完善导致的农业比较收益难以提高，也是阻碍这一意愿实现的重要原因。（4）农村宅基地房屋的继承使用应维护农民权益。城镇住房制度难以让农业转移人口住有所居、农村宅基地制度没有赋予农民完整的用益物权、农房继承制度不利于保障农民获取增值收益等是主要制约因素。（5）户口可以迁回农村且能在县域内跨村落户。户籍制度阻碍城镇人口向农村流动、"村籍"文化排斥外来人口，是影响这一意愿实现的主要因素。（6）实施尊重农民意愿的就地就近城镇化模式。由于土地利用与征收的社会参与不足，农民的合法权益难以得到应有的保护。同时，现有的财税与投融资制度也不利于农民意愿的实现，表现为：政府自有财力不足，财税支持城镇化的方向出现偏差；投融资体制不健全，就地就近城镇化的资金来源单一。

就地就近城镇化过程中面临的困境和问题大多是由制度因素引发的。近年来，各地政府也在不断探索如何破除或改革不利于新型城镇化发展的关键制度，并取得了一批阶段性成果及可资借鉴的地方经验。（1）在户籍制度改革方面，主要是创新城镇落户办法，为市民化找"钱"、找"地"，解决随迁子女教育问题。（2）在土地制度改革方面，主要聚焦两个方面：深化农村产权制度改革，保障农民合法权益；统筹多方利益主体关系，提高流转土地利用率。（3）在住房保障制度改革方面，主要措施有三个：一是提高公租房保障范围，将符合条件的农业转移人口纳入保障范围，并逐步增加保障房供给数量；二是增加住房公积金制度覆盖面，允许缴存住房公积金，并进行住房公积金贷款；三是实施宅基地换房模式，让农业转移人口住有所居。（4）在社会保障制度改革方面，主要经验是因地制宜地推行"城保模式""双低模式""综保模式""农保模式"等。（5）在产业发展与就业制度改革方面，主要经验是：打造高效率低成本多功能的创业园、打造新兴产业聚焦发展的新引擎、促进传统产业转型升级、扩大现有产业规模、提升农村劳动力的综合素质和转移就业能力。(6) 在城乡融合机制体制改革方面,主要经验有三个:一是引导工商资本下乡,促进乡村高质量发展;二是完善金融服务体系,拓展农村融资渠道;三是探索外来人员入乡发展机制,促进乡村发展要素聚集。

各地新型城镇化改革试点经验,带给就地就近城镇化发展的启示是:尊重农民意愿是主线、坚持因地制宜是基础、遵循政府主导是保障、破解就业问题是关键、完善相关制度是根本。据此,尊重农民意愿的就地就近城镇化制度供给创新与政策引导是:实施就业优先的城镇化政策,对劳动密集型产业发展提供政策扶持;加快健全与创新就业制度,维护就地就近转移人口的就业权益;坚持就业技能与"市民意识"培训相结合,提高农民的城镇化适应能力;以推进就地就近城镇化为突破口,促进户籍制度的功能回归本位;打破户籍与"村籍"桎梏,促进人口双向流动与村庄包容性发展;健全土地流转、征收与利益分配制度,有效保障农民合法权益;推动住房制度改革,让转移人口住有所居并实现土地保值增值;推进社保制度集成改革,解除农业转移人口后顾之忧;强化区域协调发展与公共服务供给,实现城镇化发展成果共享;尊重农业转移人口意愿,倡导"居住与身份分离"的就地就近城镇化;顺应就地就近城镇化要求,建立健全城镇化人口统计方法;多层次完善农业扶持制度,促进传统农业向现代农业转变。

第九章,对全书进行了理论总结,并展望进一步研究的重点。

目　录

第一章　导　言

一、选题意义

（一）就地就近城镇化的重大意义

根据世界城镇化发展普遍规律，城镇化率在30%～70%属于快速发展期。我国目前仍然处在这一时期，如果继续走粗放式的城镇化道路，势必会导致资源环境恶化、产业升级缓慢、区域发展差距增大、城乡不平衡加剧、社会矛盾增多等一系列风险，也可能落入类似拉丁美洲的"中等收入陷阱"，进而阻滞现代化进程。我国地域辽阔、空间差异大，客观上存在多元的城镇化发展模式，主观上也需要多元的城镇化发展模式，从而因地制宜地解决区域发展不平衡问题。而就地就近城镇化就是多元模式中的一种，也是具有突出中国特色的城镇化道路[①]。

1. 就地就近城镇化符合城镇化发展规律

周一星（1984）在对美国1900～1970年城镇人口变动状况分析后认为，城镇化发展呈现三个阶段性特征：一是初级阶段，城镇化进程缓慢，人口主要向大中城市迁移，人口比重不断上升；二是中期阶段，城镇化进程加速，以大中城市为主的城镇人口比重在短时间内从不足10%增长到60%～70%；三是后期阶段，城镇化进程趋缓，人口倾向于向小城市和小城镇迁移，大中城市人口增长速度放慢。魏后凯（1989）认为，一个区域的城市化过程，在空间上表现为人口、产业等经济活动历经"集中—集中

---

① 李强，张莹，陈振华. 就地城镇化模式研究 [J]. 江苏行政学院学报，2016（01）：52－60.

后的小分散—大分散后的小集中"的发展过程，在城市等级上表现为"首位城市优先增长—区域中心城市或者大中城市优先增长—小城市、小城镇优先增长"的发展规律，并把城市化进程分为三个阶段，即集中的城市化阶段、分散的城市化阶段与逆城市化阶段。这种城市化发展规律主要跟不同时期的驱动因素有关：在城市化早期，由于聚集经济显著，规模越大的城市对人口的吸引力越强，增长也较快；进入城市化中期，区域承载力的约束越来越明显，生产成本攀升、交通拥堵、环境污染等聚集不经济日益凸显，大城市增长速度下降，而中等城市出现较快增长；到了城市化后期，大中小城市的增长率差距不大，人口、产业等经济活动在空间上进入相对均衡阶段。

2011 年，我国常住人口城镇化率突破 50%，达到 51.27%，2019 年更是达到 60.60%。从增长速度上看，1996～2012 年，城镇化率从 30.48%增长到的 52.57%，增长了 22.09 个百分点，年均增长 1.38 个百分点，年均增长率为 3.46%，处于高速增长阶段。2013～2019 年，城镇化率增长了 6.87 个百分点，年均增长 1.15 个百分点，6 年平均增长率为 2.03%，城镇化进程明显趋缓，说明我国城镇化正从中期阶段步入后期阶段，也意味着吸纳农业转移人口的主阵地从大中城市转向小城市、小城镇，人口、产业等经济活动正逐渐朝空间相对均衡方向发展。

2. 就地就近城镇化是弥补异地城镇化不足的重要举措

自 20 世纪 80 年代末开始的异地城镇化（又称传统城镇化），在促进我国经济社会快速发展的同时，也带来了诸多社会治理与公平问题。在大中城市，农村劳动力的大量流入、人口密度持续上升、空间资源稀缺程度加剧问题，引发了交通拥堵、房价飙升、用水紧张、环境污染等"城市病"。在农村，人口持续流出导致人口"老龄化"、村庄"空心化"、产业"空洞化"、基础设施毁损严重、社会治安恶化等一系列问题。因缺乏父母关爱，留守儿童的身心健康受到影响；因缺乏子女陪伴，老人的幸福感大大降低。农村人口在城乡之间"候鸟式"的迁徙，既给交通运输带来了极大的周期性压力，也让流动人口管理问题频出。与此同时，受二元城乡结构的制度约束，进城务工的农民难以落户城市，即使在城市工作多年，其真正的身份往往还是"农民"，"半城镇化"特征明显。尽管为当地的经济社会发展做出了应有的贡献，但这些流动人口仍然是城市的"边缘人"，不能与城市户籍人口享有同等的教育、医疗、住房、就业等公共服务，无法与当地居民共享发展成果。这种不公平、不平等问题严重阻碍和谐社会的构建。显然，就地就近城镇化既可以避免人口在大中城市的过度聚集，也可以让部分农村劳动力就地就近消化，以缓解日益严重的"农村病"，还可以为促进乡村振兴提供重要的人力资源保障。

此外，就地就近城镇化还可以加快缩小中西部地区与东部沿海地区的城镇化发展差距。统计显示，我国城镇化水平的区域差异非常显著，总体上呈现东高西低的特征（如图1-1所示）。2008年，东部、中部、西部地区的城镇化率分别为60.84%、44.74%与38.29%，中部、西部地区分别较东部地区低了16.10个、22.55个百分点。2018年，东部、中部、西部地区的城镇化率分别为70.38%、56.69%与52.01%，中部、西部地区分别较东部地区低了13.69个、18.37个百分点。经过10年的发展，中部、西部地区与东部地区的城镇化水平差距只分别缩小了2.41个、4.18个百分点。

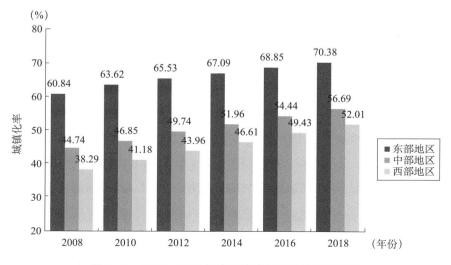

图1-1 2008～2018年我国城镇化进程的区域差异

资料来源：历年《中国统计年鉴》。

从增长速度上看，呈现西高东低的特征。2008年以来，东部地区的城镇化率年均增长 0.95 个百分点，10 年平均增长率为 1.47%；中部地区的城镇化率年均增长 1.20 个百分点，10 年平均增长率为 2.40%；西部地区的城镇化率年均增长 1.37 个百分点，10 年平均增长率为 3.11%。值得注意的是，区域城镇化率高低与我国人口流动方向有着密切关系。2018 年，在城镇化率最高的 6 个省域中，流入人口最多的是广东、浙江、上海、江苏、北京 5 个省（市）①，平均城镇化率为 76.56%。与此相对应的是，流出人口最多的是安徽、河南、四川、湖南与江西 5 个省份，其城镇化率普遍偏低，平均城镇化率只有 54.13%，较前者低了 22.43 个百分点。其中，安徽、河南、湖南与江西的城镇化率在中部地区的 6 个省份中名列后 4 位，四川的城镇化率也仅仅略高于西部地区中 12 个省区的平均水平。

3. 就地就近城镇化是促进区域协调发展的主要手段

大量中西部农村劳动力持续向东部沿海地区及大城市流动，使得劳动力与资金要素长期保持单向流动状态，沿海发达地区因此得到了更快的发展，而中西部欠发达地区因缺乏青壮年劳动力与资金支持，经济增长受到抑制，与东部的发展差距逐步拉大，区域发展不平衡问题更加凸显。如图 1 – 2 所示，1980 年，按 1978 年可比价格计算，东部地区人均 GDP 为 470.5 元，东北、中部、西部地区②则分别为 627.7 元、327.3 元与 293.7 元，依次为东部地区人均 GDP 的 1.33 倍、0.70 倍与 0.62 倍，分别是全国人均 GDP（435.3 元）的 1.44 倍、0.75 倍与 0.67 倍。截至 2010 年，东部地区人均 GDP 为 8384.5 元，东北、中部、西部地区则分别为 6333.3 元、4463.9 元与 4186.7 元，依次为东部地区人均 GDP 的 0.76 倍、0.53 倍与 0.50 倍，分别是全国人均 GDP（5701.0 元）的 1.11 倍、0.78 倍与 0.73 倍。东北、中西部与东部地区人均 GDP 的绝对与相对差距均呈现扩大的态

---

① 第 3 位的是天津市。
② 东部地区包括北京、天津、上海、河北、山东、江苏、浙江、福建、广东、海南 10 个省（市）；东北地区包括黑龙江、吉林、辽宁 3 个省；中部地区包括山西、河南、安徽、湖北、湖南、江西 6 个省；西部地区包括内蒙古、新疆、陕西、青海、甘肃、宁夏、西藏、四川、重庆、云南、贵州、广西 12 个省（区、市）。

势。显然，作为地域辽阔、民族众多的国家，东、中、西部发展不平衡的状况，必然不利于民族团结与区域协调发展，也不利于保障国家安全。而就地就近城镇化能有效抑制欠发达地区人口向发达地区的单向流动，同时，有助于引导大中城市的资金、技术等发展要素向中西部地区扩散，从而推动全国走上协调发展之路。

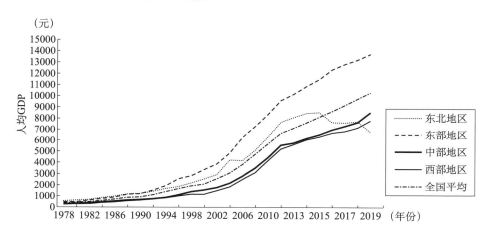

图 1－2　1978～2019 年我国四大区域板块经济发展水平走势

注：人均 GDP 按 1978 年价格计算。

资料来源：历年《中国统计年鉴》。

4. 就地就近城镇化是缓解城乡发展不平衡问题的必然选择

中国特色社会主义进入新时代，我国社会主要矛盾已经转化为人民日益增长的美好生活需要和不平衡不充分的发展之间的矛盾，而中国发展最大的不平衡在城乡之间。由于农业比较收益低，在经济利益的驱动下，多数青壮年农业劳动力都"理性"地转移到大中城市务工谋生，而"三留守"人员（老人、妇女、儿童）则构成农村的主体。这种状况进一步恶化了农业农村的发展条件，使得农业农村的"推力"进一步强化，从事农业生产的劳动力数量与质量持续下降，导致农业必要劳动力严重短缺，农业的基础地位进一步削弱，农村的落后面貌无法得到改变，农民与城镇居民的收入差距不断扩大，城乡发展不平衡问题日益突出。根据 1978 年可比价格计算，1980～2009 年，农村居民人均可支配收入年均增长 6.69%，而城镇居民人均可支配收入年均增长 6.91%，二者相差 0.22 个百分点。1980

年，农村居民人均可支配收入 185.7 元，城镇居民人均可支配收入 436.1
元，二者相差 250.4 元，前者为后者的 42.6%。2009 年，农村居民人均可
支配收入 1213.5 元，城镇居民人均可支配收入 3025.4 元，二者相差
1811.9 元，前者只有后者的 40.1%，城乡居民人均收入的绝对与相对差距
均呈现扩大的态势（如图 1 – 3 所示）。

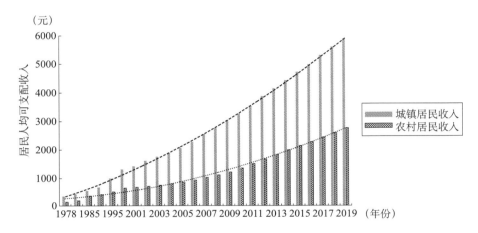

图 1 – 3　1978 ~ 2019 年我国城乡居民人均可支配收入变化趋势
注：根据 1978 年可比价计算。
资料来源：历年《中国统计年鉴》。

综上，就地就近城镇化是实现城乡一体化的有效途径，是解决城乡发
展不平衡问题的重要举措。一方面，就地就近城镇化把农业发展作为新型
城镇化的重要内容①，通过农业产业化规模化经营，促进农业生产方式转
变，推进传统农业向现代农业转型。另一方面，就地就近城镇化通过村庄
整治、集中居住，实现土地节约集约利用，提高农业收益率，增加农民收
入②，同时通过环境美化，打造生态宜居空间，提高公共服务的数量与质
量，让农村居民享有城市文明，从而实现生活方式的现代化转型，进而全
方位缩小与城镇的发展差距。

---

① 李强，张莹，陈振华. 就地城镇化模式研究 [J]. 江苏行政学院学报，2016（01）：
52 – 60.
② 车蕾，杜海峰. 就地就近城镇化进程中"农转非"居民的收入获得——基于陕西汉中的
经验研究 [J]. 当代经济科学，2018，40（05）：36 – 46.

5. 就地就近城镇化是实现城镇化高质量发展的现实要求

随着内外部环境和条件的深刻变化，我国城镇化已经进入以提升质量为主的发展新阶段，而推进城镇化高质量发展，离不开城镇空间布局与城镇体系结构的合理化。一方面，我国区域城镇化发展很不平衡，呈明显的东高西低特征。东部地区城镇化水平高，城镇数量多，拥有相对成熟的长三角、珠三角、环渤海三大城市群，在全国经济社会发展中起着极强的引领作用；中西部地区城镇化水平低，城市发育明显不足，城镇数量相对较少，对经济发展的辐射带动作用有限。城镇化发展的区域不平衡既导致了人口长距离大规模流动、资源大跨度调运，增加了经济社会运行和发展的成本，也不利于中西部建设、社会稳定与国家安全。因此，在中西部发展基础较好的地区，既要加快培育新的城市群、形成新的增长极，又要合理布局大中城市，还要认真谋划和推进小城市、小城镇建设，以实现大中小城市和小城镇协调发展。另一方面，在城镇化形态上，我国不同规模和层次的城镇发展不协调，城镇体系结构不够合理，表现为：中小城市发育不够，对区域发展的带动力不强；Ⅱ型小城市比例低，小城镇数量多但规模小，1.9 万多个建制镇建成区平均人口仅 7000 多人，不少镇的镇区人口低于 5000 人①，且基础设施不健全、等级低，产业发展薄弱，聚集与辐射作用均十分有限。因此，引导农村人口就地就近向小城镇、小城市转移，可以有效优化城镇体系结构，从而促进城镇化高质量发展。

6. 就地就近城镇化是实现乡村振兴的有效手段

2012 年 11 月，党的十八大首次提出新型城镇化。2014 年 4 月，《国家新型城镇化规划（2014—2020）》出台。2017 年 10 月，党的十九大提出乡村振兴战略。从新型城镇化的特征与实现目标来看，新型城镇化与乡村振兴既不是相互替代，也不是相互补充，而是相互促进的关系。

首先，就地就近城镇化是培育乡村振兴增长极的重要举措。乡村振兴需要区域经济增长极引领。区域经济发展规律表明，在大区域的发展初

---

① 李克强. 协调推进城镇化是实现现代化的重大战略选择［J］. 行政管理改革，2012（11）4－10.

期，应实施非均衡发展战略，即优先发展部分条件较好的地区，使其成长为区域经济增长极，进而带动其他地区快速发展。我国改革开放 40 余年的重要经验之一就是遵循与坚持了这一发展规律，也就是培育并充分利用东部沿海地区的珠三角、长三角、环渤海湾地区以及中西部的城市群等国家级或区域经济增长极对全国经济发展的带动作用。经济增长极的带动作用主要是把各种发展要素向周边进行有效辐射（扩散），从而形成涓滴效应。众所周知，地理要素的扩散遵从接触扩散与等级扩散规律，前者是指要素按照空间距离大小由近及远的扩散，后者是指要素按照区域等级的差异由高向低扩散。两类扩散方式是同时发生的。换言之，一个地区等级越高、距增长极越近，就越容易承接更多的发展要素，其发展速度就越快。

截至 2018 年底，我国农村地区常住人口是全国总人口的 40.4%，土地面积约为全国总面积的 94.0%。尽管目前全国已经步入工业化后期的前半阶段，但农村地区的工业化水平还很低，城乡发展极不平衡。由于受空间距离、发展等级的限制，我国大多数农村地区承接来自上述经济增长极的要素非常有限。此外，中西部城市群等区域增长极目前总体上还处于要素聚集阶段，也就是聚集作用大于辐射作用，因而对乡村的带动作用还不够强。对于地域辽阔的农村地区而言，要实现振兴目标，就必须培育一定数量贴近农村、与农业农村关系密切的区域经济增长极。显而易见，从农村孕育而来，又服务于农村的小城镇正是这样的空间所在。按照我国的空间划分，小城镇（包括县城）属于农村地域的一部分①，且小城镇数量众多，并呈点状镶嵌于广袤的农村大地。在推动乡村振兴过程中，首要任务就是遴选一批区位条件好、交通便利，或是人口规模大、资源丰富，或是有一定产业基础的小城市、小城镇（包括县城）、特色小镇及新型农村社区等，并逐步把其培育成为引领乡村振兴的区域经济增长极。为此，国家会增强小城镇基础设施的建设力度，引导各种要素向其聚集，提升人口与产业的承载力，进而为承接农村人口转移、实现就地就近城镇化提供良好的空间条件，而人口集中度的提升又会进一步带动产业聚集与基础设施的

----

① 作为空间概念，乡村地域是指城市市区之外包括小城镇（含县城）在内的全部空间场所。

改善，从而进一步发挥它们在大中城市与乡村之间的纽带作用，逐步成为乡村振兴的增长极。

其次，就地就近城镇化是破解农业劳动力问题的必然要求。乡村振兴的首要任务是强农业。然而，我国客观上存在农业劳动力过剩与短缺并存的问题，这一问题严重阻碍了农业发展和农村进步。一方面，现阶段我国农村仍然存在大量富余人口，不利于农村土地流转与农业规模化、专业化生产。与此同时，截至 2019 年，我国常住人口城镇化率为 60.60%，距国际公认的人口拐点 70% 的城镇化率还有大约 10 个百分点的差距，这也意味着在实施乡村振兴战略过程中，必须同时继续加快推进农村人口转移。换言之，推进就地就近城镇化也是乡村振兴的现实需要。另一方面，由于长期以来农业比较收益率低，农村人口大量流出，导致农村劳动力尤其是青壮年劳动力显著不足。加之农业生产的季节性特征明显，留守劳动力数量与农忙季节的需求缺口越来越大。已有研究表明，中国东部和中部区域的农业劳动力流出数量已经越过农业劳动力流出最优点，农业劳动力短缺问题严重①。2015 年，一个关于河南省南部的个案研究显示，山地、丘陵、准平原 3 个观测点的农业劳动力短缺率（短缺数量与必要劳动力数量的比值）分别为 23.2%、22.1% 与 18.5%，较 2011 年分别提高了 15.9 个、15.8 个与 11.9 个百分点，农业劳动力短缺率呈加速增长态势②。从实质上看，农村过剩的是年龄大、身体差、文化素质不高的劳动力，而短缺的则是青壮年劳动力，属于典型的结构性失衡。这种失衡使得农业生产的效率低下，用工成本不断攀升，劳动风险则有增无减，很大程度上制约了农业生产的规模化、专业化及农业竞争力。

解决上述问题的有效途径是推动就地就近城镇化。就地就近城镇化在消化一部分富余农业劳动力的同时，还可以有效引导青壮年劳动力投身农村农业发展。这是因为，就地就近转移的农村人口划入了小城市、小城

---

① 韩占兵. 农业劳动力流出最优点、农民荒与粮食安全 [J]. 华南农业大学学报（社会科学版），2014，13（02）：32 - 40.

② 李喜梅. 传统农区农业劳动力过剩与短缺并存的困境及其出路 [J]. 农业经济，2016（09）：74 - 75.

镇，但从实质上看他们并没有脱离农村地域。因此，可以从"数量供给"与"质量提升"两个层面解决农业劳动力不足的问题。一是充分发挥空间距离小、熟悉农业且拥有相关生产经验的优势，转移人口可以兼职从事农业生产，从而增加农业劳动力供给。现有研究也表明，就地就近城镇化的劳动力普遍有意愿兼职农业。二是青壮年人口兼职农业提升了农业劳动力质量，可以大幅度提高农业生产效率，有效降低农业对劳动力数量的要求，从而对农业劳动力短缺起到极大地缓解作用。

（二）就地就近城镇化的现实可行性

1. 人口规模、交通条件与农民意愿是就地就近城镇化的重要基础

第一，农村人口规模巨大是就地就近城镇化形成的先决条件。我国拥有 14 亿人口，2019 年常住人口城镇化率为 60.6%，也就意味着仍有超过 5.5 亿人口生活在农村。一些地区尤其是平原地区人口密度较高，部分村庄具有较大的人口规模，能够达到 2000～3000 人，相当于一些欧美国家定义的城市人口规模下限，且已经具备了城镇化人口的集约条件[①]。

第二，交通条件的改善是就地就近城镇化的重要驱动因素。经过改革开放 40 多年的持续建设，我国欠发达地区的交通运输条件已大幅度改善，为就地就近城镇化奠定了坚实基础。一是交通网络化、运输方式多样化与高级化，大大压缩了时空距离，加之现代通信方式的使用与普及，使得经济发展对"空间集聚"的依赖程度大大降低，中小城市、小城镇可以因此获得较快发展。二是交通越便捷，通勤的时间成本就越低，具备了居住地与工作地适当分离的条件，不再像过去那样一味追求"职住一体"，人们既可以在城里居住、乡村上班，也可以在城里上班、乡村居住，从而为就地就近城镇化农民提供了更多的居住地选择，也一定程度上满足了人们"乡土眷恋"的愿望。三是时空距离的缩短还可以促进"兼业化"，即农闲时就近就地在城镇或第二、第三产业务工，农忙时回乡种地，此举既可以有效解决就地就近转移人口的就业问题，也可以弥补农业生产季节性劳动

---

① 李强，张莹，陈振华. 就地城镇化模式研究 [J]. 江苏行政学院学报，2016 (01)：52–60.

力短缺,有助于实现农业产业化、规模化。此外,便捷的交通也让部分农业转移人口"保留承包地、宅基地或农房"的愿望有了更好的实现条件。

第三,农民意愿为就地就近城镇化提供了强大动力。尊重农民意愿是就地就近城镇化的必然要求,农民意愿也是就地就近城镇化的重要推动力。调查显示,40 岁以上的农民工就近就业、照顾家庭、回乡养老的意愿比较强烈。对四川省三台县的调查也发现,67.6% 的外出务工人员有返乡的意愿①。

2. 部分中小城市、小城镇与乡村具备就地就近城镇化的产业条件

就地就近城镇化的关键是产业发展,而产业发展不只是非农业,也包括农业。一方面,我国部分地区的农业已实现了产业化、规模化,有力促进了农村居民从小农生产者向现代职业从业者的身份转换,成为就地就近城镇化的重要推动力。另一方面,按照产业空间分布规律与特征,由于区域分工不同,大城市拥有更多的高端要素,适合发展知识与技术密集型产业,更适合成为现代工业与现代服务业的聚集地。而中小城市、小城镇的人工成本相对较低,适合培育劳动密集型产业,尤其在手工业、休闲旅游、文化创意等特色产业方面比较优势明显,从而与大城市形成互补型经济。从我国产业发展的实践来看,随着居民收入水平提升与消费观念转变,与现代产业的标准化、规模化生产相比,人们更加青睐多样化、个性化、地域性及文化性特征明显的产品。在此背景下,一些欠发达地区传统文化产业与手工业得到了较好的保护与传承,农业与手工业、文化创意产业加快融合发展,创造了众多具有文化内涵的新业态、新产品,发展前景广阔、市场竞争力较强。与此同时,现代物流、家政服务、电子商务等服务业快速发展也为就地就近城镇化提供了良好的产业支撑。此外,一些中西部地区发挥资源丰富、区位良好、交通便捷、环境优美、承载力较强的优势,因地制宜地打造了一批资源加工、文化旅游、商贸物流等特色中小城市、特色小城镇与特色小镇,成为就地就能城镇化的重要空间载体。

① 李强,张莹,陈振华. 就地城镇化模式研究 [J]. 江苏行政学院学报,2016(01):52–60.

3. 不断涌现的新产业、新业态、新模式，提供了农村劳动力转移就业的新动能

近年来，电子商务发展迅速，其与三产融合的广度与深度正不断加强，一方面极大地拓展了农业、加工业的消费市场，另一方面也推动了包括电商服务在内的第三产业，并衍生出更多的新业态、新模式、新产品，从而为农业劳动力就地就近转移提供了广阔的就业空间。商务部和农业农村部提供的数据显示，2018 年全国仅 1200 万家农村网店就解决了 3500 万人的就业问题，岗位多样化特征非常明显，涉及产前的原料供应、产中的生产制造、产后的物流服务与市场销售等行业或部门。统计表明，截至 2019 年 6 月底，全国共有 683 万个就业岗位是由 4310 个淘宝村提供的，平均每个淘宝村能创造约 1585 个就业机会。若按照此标准进行推算，同时预计到 2030 年全国淘宝村发展到 2 万个①，保守估计能带动 3170 万人的就业。类似的，县域"互联网 ＋"零工经济为农村劳动力就地就近转移提供了大量就业机会，在零工就业中比重最大，达到了 35.1%②。与此同时，随着城乡居民可支配收入水平的不断提升，以及闲暇时间的增多，乡村旅游异军突起，大有遍地开花之势，进而带动了休闲农业、观光农业、体验农业、设施农业的发展，成为又一个转移劳动力就业的主阵地。调查显示，2015 年仅休闲农业和乡村旅游业的从业人员就有 790 万人之多，到 2017 年已经发展到 900万人，两年时间增加了 110 万人，增长了 13.9%③，且 4/5 以上都是农民。此外，外出务工人员返乡创业对就业的带动效果越加明显。到 2019 年上半年，在 341 个试点县（市、区）中，有 200 多万人返乡创业，并带动超过700 万人就地就近就业。到 2019 年底，全国返乡创业人员迅速发展到 850多万人，增长了 3.25 倍，带动 3100 万人就业④。

---

① 淘宝村十年：数字经济促进乡村振兴 ［EB/OL］. 中国战略新兴产业，2019 – 10 – 1.

② 2019 中国县域零工经济调查报告：互联网成零工集散地 ［EB/OL］. 中国经济网，2019 –11 – 13.

③ 2018 年中国乡村旅游行业分析：政策利好推动万亿市场规模 ［EB/OL］. 前瞻产业研究院，2018 – 12 – 13.

④ 返乡入乡创业创新人员达 850 万人 农村创业创新正当时 ［EB/OL］. 中国经济网，2019 –11 – 21.

4. 乡村振兴战略的全面实施成为就地就近城镇化的助推器

（1）乡村振兴对区域发展差距的缩小，调动了农民就地就近转移的积极性。一是为就地就近城镇化提供产业支撑。农民向东部地区与大中城市转移的根本原因是区域及城乡之间的巨大发展差距，主要驱动力是对提高收入水平与分享现代文明的追求。比较而言，沿海发达地区与大中城市的产业聚集度高、就业空间大、选择机会多，而乡村地区产业类型单一、非农产业匮乏，加之农业比较收益低，跨区域转移自然就成为农民迫不得已的选择。乡村振兴，产业兴旺是基础。为此，各级政府陆续出台方方面面的配套政策，支持要素从城市向乡村流动与优化配置，助力乡村产业蓬勃发展。通过加快土地流转，促进农业规模化生产与集约化经营；通过推动产业融合，打造产业新业态并促进第二、第三产业聚集，为农民就地就近转移提供稳定性强、种类多、收益高的工作岗位，从而大幅度增强乡村的吸引力。

二是为就地就近城镇化创造良好的生产与生活条件。长期以来，我国农村公共产品供给严重不足，主要表现为医疗卫生条件差、基础教育薄弱，跟发达地区与大中城市的差距大。与此同时，基础设施不健全，欠账多、短板突出。尽管经过1998年以来的"村村通"工程建设，我国乡村交通、电力、通信等条件已有很大改善，但公路路况差、路面窄的问题仍然突出。此外，用水不便与饮用水安全问题并存，垃圾随意堆放与厕所破脏差同在。因此，在加快乡村振兴的号角下，公共产品短缺的局面将会很快改变，城乡差距会逐步缩小，通过垃圾"村收集、镇转运、县处理""厕所革命"以及乡风文明建设与社会有效治理等一系列举措，逐步改善乡村的整体面貌，从而形成宜业宜居的区域环境。

三是为就地就近城镇化创造了"体面"的职业。物质条件、岗位与区域形象很大程度上决定了群体或个人的社会地位。长期以来，由于农业弱、农民穷、农村差，人们普遍认为务农或生活在乡村"很不体面"，所以脱离农业农村就成为多数人的愿望。但是，随着乡村振兴战略的深入推进，特别是"农业强、农民富、农村美"这一最终目标的实现，会彻底提升农民的职业形象与社会地位。因此，无论从事非农产业还是继续务农，就地就近转移的农民都将从岗位平等中获得幸福感与满足感。

（2）乡村振兴对生计条件的改善，体现了对农民就地就近转移意愿的尊重。如前所述，我国现阶段存在农业劳动力过剩与短缺并存的问题，这必然会阻碍乡村发展，因为它很大程度上制约了农业生产的规模化、专业化及农业竞争力。这意味着，为了实现乡村振兴战略目标，一方面要千方百计留住必要农业劳动力，另一方面还要把部分农业人口转移出去，加快推进城镇化进程。与此同时，在乡村振兴过程中，随着不断夯实农业生产能力基础、加快壮大新型农业经营主体、持续强化农业科技支撑，农业生产效率将会大幅度提高，更多的劳动力被解放出来，这也使得加快城镇化不仅必要而且紧迫。因此，乡村振兴能较好地满足农民的"职业"与"身份"选择意愿，从而为就地就近城镇化创造有利条件。

一是提供更多与转移人口能力相适应的就业岗位。一般来说，在同等条件下，人们更愿意从事与自身能力相适应的工作。在我国推动经济高质量发展与加速建立现代产业结构新体系的背景下，大中城市吸纳的主要是高端要素，对劳动力的素质要求越来越高。显然，农村转移人口很难适应这一环境变化。与此同时，受产业多样化发展及空间分异的影响，小城市与小城镇在产业地域分工中，更适合承载对技能要求不高的劳动密集型产业。乡村振兴在强农业的同时，会通过链条的延伸及产业深度融合，孕育出类型多样的农产品加工业及其关联产业，并不断向小城镇集聚发展。因此，转移人口既可以在此从事非农生产，也可以利用地利之便兼职或专职农业。总之，就地就近城镇化的就业岗位与转移人口的能力更匹配，更好地体现了转移人口的"职业"选择意愿。

二是最大限度地保障农民选择"身份"的权利。为促进乡村振兴，国家将加快深化农地与宅基地的"三权分置"改革，坚决维护进城落户农民土地承包权、宅基地使用权、集体收益分配权，落实户籍变动与农村"三权"脱钩等政策。这也就意味着，农民没有了进城的"后顾之忧"，既可以选择是否放弃承包地与宅基地，也可以选择放弃其中的一项。如果选择不放弃，进城落户也不会受影响。承包地可以自种，也可以流转给他人经营；农村房屋可以自住，也可以租赁获取收益。与异地城镇化相比，由于空间距离较小，加之我国已基本消除了小城市、小城镇对落户的制度限制，就地就近转移人口有着更大的选择权，既可以"零门槛"落户，也可以不落户并享有与原城镇居民基本相同的公共服务。在这种情况下，为了实现利益最大化，多数转移人口都会选择保留农村土地的承包权、宅基地的使用权，从而享有城镇与农村的双重权益。

（三）本研究的理论意义与实践价值

1. 理论意义

2016 年中央经济工作会议提出，"推进城镇化，要更加注重以人为核心""促进区域发展，要更加注重人口经济和资源环境空间均衡"。就地就近城镇化既是实现我国新型城镇化、区域协调发展、城乡一体化发展三大战略目标的有效手段，也是落实上述两个"更加注重"的迫切需要。合理推进就地就近城镇化还能够避免人口长距离大规模流动、资源大跨度调运，从而降低经济社会运行和发展成本。本书对就地就近城镇化微观动力机制的揭示，可以一定程度上丰富城镇化基本理论问题的研究；对具有区域适应性的就地就近城镇化模式的探索，以及对转移人口就业等难题破解的尝试，可以为就地就近城镇化相关政策的制定提供理论支撑。

2. 实践价值

人口就地转移和异地转移是我国农村劳动力转移的两种方式，推动了人口就地城镇化和异地城镇化的发展。20 世纪 90 年代以来，长距离的异地迁移使得城市交通拥挤、住房紧张、环境恶化，以及农村留守老人与儿童、空心村等社会经济问题日益突出。在这种背景下，社会各界开始努力探寻包括就地就近城镇化在内的新型城镇化道路。本书研究一方面有助于人们更全面、更具体认识影响就地就近城镇化的主导因素与动力机制；另一方面为各地走出一条尊重农民意愿、满足农民需求，顺势而为、因地制宜的新型城镇化之路提供可靠数据、可行性方案与路径。

二、文献综述

就地就近城镇化是实现新型城镇化的有效途径，是推动区域协调发展、破解城乡二元结构的必然选择，因而成为近年来经济、地理、社会、政治等多学科关注的热点问题。

（一）国外就地就近城镇化研究动态

国外对于就地就近城镇化的研究久已有之，最早可追溯到 H. 钱纳里和 M. 塞奎因关于城镇化与工业化的关系以及布赖恩·贝里逆城镇化现象的理论研究。近年来的研究则呈现以下三个趋势。

第一，就地城镇化对城市空间结构、社会环境的影响等议题再次升温。就地城镇化在发达国家的快速推进导致了城市空间结构由最初的紧凑和密集型向多个中心分散型转变。低密度的蔓延式扩展降低了人口密度，促进了城市与郊区、乡村之间发展差距的缩小[1]，但也带来土地资源浪费、生态环境破坏、通勤时间与基础设施建设成本增加等诸多问题。这种情况引起了学者的广泛关注，并从不同视角展开了深入研究[2][3]。

第二，对不同地域的就地城镇化模式表现出新的热情。主要比较分析欧洲模式、美国模式、拉美模式、东亚模式的优缺点，重点是各种模式引发的问题、成因以及应对的政策手段。其代表性人物有布里格斯、伯曼、南希·弗兰瑟等。

第三，对城市空间"精明增长"（smart growth）的研究呈现出跨学科的态势[4]。其主要内容包括强调充分利用城市存量空间，减少在水平方向上的盲目扩张，旨在建成空间紧凑型城市。同时，发挥土地利用功能的多元化（也称功能混合），保护公共空间并创造舒适的环境；采取鼓励、限制、禁止和保护措施，实现经济、环境和社会的协调发展等[5]。

① 黄庆华，周志波，陈丽华. 新型城镇化发展模式研究：基于国际比较 [J]. 宏观经济研究，2016（12）：59 – 66.

② Shaftoe H. Convivial Urban Spaces，Creating Effective Public Spaces [M]. London：Earthscan：2008.

③ Kang S，Spiller M，Jang K，et al.. Spatiotemporal Analysis of Macroscopic Patterns of Urbanization and Traffic Safety [J]. Journal of The Transportation Research Board，2012，2318（01）.

④ Michaels G，Rauch F，Redding S J. Urbanization and Structural Transformation [J]. Quarterly Journal of Economics，2012，127（02）.

⑤ 孟春，高伟. 世界城镇化的发展趋势与我国城镇化的健康推进 [J]. 区域经济评论，2013（04）：94 – 98.

（二）国内就地就近城镇化问题研究

1. 研究现状

国内就地就近城镇化的学术研究最早可追溯至 20 世纪 80 年代初，这主要源于当时农村工业化对就地城镇化的带动。此后，随着人口转移模式的变化，研究主要转向异地城镇化。但进入 21 世纪以来，学术界又开始从迁徙距离的角度注意到就近和就地城镇化现象。弗里德曼（Friedmann，2005）认为，这种现象是中国自 20 世纪 80 年代以来最不寻常的转变过程之一[1]。一些学者还视其为当今城乡界限淡化条件下人类聚落系统发生重大改变的证据之一[2]。辜胜阻、易善策等（2009）指出，就近和就地城镇化是中国城镇化进程中有别于异地城镇化的一种独具特色的道路[3]。

缘于不同的研究视角以及对就地就近城镇化内涵的不同认识，人们对这一概念的称呼也不尽相同，甚至是"五花八门"，诸如农村城镇化、乡村城镇化、农村城市化、乡村城市化等。进入 21 世纪后，在延续使用上述名称的基础上，又出现了新的称呼，如就地城镇化、就地城市化、就近城镇化、就近城市化、就地就近城镇化、就地就近城市化、就近就地城镇化等。纵观全过程，直到 2013 年才正式使用"就地就近城镇化（城市化）"这一名称。

1983～2018 年，关于国内就地就近城镇化研究的学术文章共 3896 篇，年均 105.3 篇。其中，1983～1993 年是起步阶段，成果相对较少；1994 年开始进入快速增长时期；2000～2006 年出现第一个高峰期，年均 181.1篇；2004 年达到顶峰，为 218 篇；2007～2012 年增长较为平稳，年均 134.0 篇；2013～2015 年出现第二个高峰期，年均 239.0 篇，如图 1－4 所示。这主要与当时我国的城镇化政策有关，2012 年 11 月党的十八大报告把"城镇化质量明显提高"作为全面建成小康社会和全面深化改革开放的

① Friedmann J. China's Urban Transition. London ［M］. University of Minnesota Press，2006.

② Hugo G，Champion T. New Forms of Urbanization：Beyond the Urban/Rural Dichotomy ［M］. Ashgate Publishing，2003.

③ 辜胜阻，易善策，李华. 中国特色城镇化道路研究 ［J］. 中国人口·资源与环境，2009，19（01）：47－52.

重要目标，要求坚持走中国特色新型工业化、信息化、城镇化、农业现代化道路，推动工业化和城镇化良性互动、城镇化和农业现代化相互协调。2013 年，中央一号文件《中共中央 国务院关于加快发展现代农业进一步增强农村发展活力的若干意见》把推进人口城镇化特别是农民工在城镇落户作为城镇化的重要任务，同时要求加快改革户籍制度，落实放宽中小城市和小城镇落户条件的政策。在理论界，就地就近城镇化被认为是提高城镇化质量的有效途径，而"落实放宽中小城市和小城镇落户条件"则是实现就地就近城镇化的重要前提。上述相关政策的出台，为城镇化问题研究提供了新的方向与视野，从而在学术界掀起了新一轮的就地就近城镇化研究热潮。归纳来看，研究内容主要集中在以下四个方面。

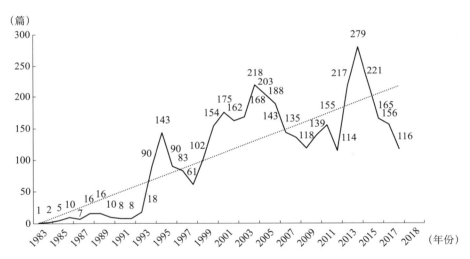

图 1－4　1983～2018 年国内关于就地就近城镇化问题研究的论文数量
资料来源：中国期刊全文数据库。

（1）就地城镇化的内涵与价值。就地城镇化是相对大范围跨区流动的异地城镇化而言的。尽管广大学者对其内涵的表述不同，但多数都认为，就地城镇化是指农村人口在原住地一定空间半径内，依托中心村、小城镇与小城市，就地就近实现非农就业和市民化的过程[1][2]。不难看出，这里把

---

①　厉以宁. 中国应走农民"就地城镇化"道路 [J]. 新农业，2013（22）：30.
②　马庆斌. 就地城镇化值得研究与推广 [J]. 宏观经济管理，2011（11）：25－26.

人口转移距离的"就地"与"就近"融为了一体。不过，也有学者对就近城镇化和就地城镇化进行了区分①。与大范围跨区域流动的异地城镇化方式相比，就地城镇化对突破我国城镇化发展困境有多方面的价值：推进大中小城市、小城镇协调发展；减轻大城市的压力，防治"城市病"；解决传统异地城镇化带来的农村问题以及"半城镇化"问题；增加农民收入、发展农村社会事业，从而缩小城乡差距、实现城乡协调发展等②③。

（2）就地城镇化的影响因素与动力机制。黄文秀等（2015）认为，社会保障、生计转型、城镇谋生能力、生活货币化、生活环境变化、原有生活方式和习惯、宅基地使用权流转补偿标准等是影响就地城镇化的主要因素④。在就地城镇化的动力机制方面，乡村的内部驱动力，即发达地区乡村拉力的作用强度要远高于大中城市的拉力⑤；也有学者分析了其外部驱动力，即农民通过宅基地的置换，进入重新规划的"城镇化功能型社区"集中居住；通过土地的股权置换，进入新的农业工厂、工业园区从事非农工作⑥。

（3）就地城镇化的区域模式。近年来，各区域积极探索因地制宜的城镇化推动方式，广大学者对此进行了归纳与总结。比如，"规划引领—基础设施建设—环境整治—产业化条件改善—社会事业建设—农民市民化"模式⑦、农业与服务业协同推动的"就地城镇化"模式⑧、"多村—社区"

① 李强，陈振华，张莹. 就近城镇化与就地城镇化［J］. 广东社会科学，2015（01）：186－199.

② 赵晓旭. 新型城镇化"人往哪里去"："就地城镇化"与"异地集聚发展"之争［J］. 中国名城，2015（07）：33－36.

③ 唐丽萍，梁丽. 适用与限度：我国就地城镇化研究［J］. 求实，2015（07）：63－69.

④ 黄文秀，杨卫忠，钱方明. 农户"就地城镇化"选择的影响因素研究——以嘉兴市海盐县为例［J］. 浙江社会科学，2015（01）：86－92.

⑤ 祁新华，朱宇，周燕萍. 乡村劳动力迁移的"双拉力"模型及其就地城镇化效应——基于中国东南沿海三个地区的实证研究［J］. 地理科学，2012，32（01）：25－30.

⑥ 潘海生. "就地城镇化"：一条新型的城镇化道——关于浙江省小城镇建设的调查与思考［J］. 中国乡镇企业，2010（12）：46－50.

⑦ 胡银根，廖成泉，刘彦随. 新型城镇化背景下农村就地城镇化的实践与思考——基于湖北省襄阳市4个典型村的调查［J］. 华中农业大学学报（社会科学版），2014（06）：98－103.

⑧ 卢红，杨永春，王宏光，杨佩. 农业与服务业协同推动的"就地城镇化"模式：甘肃省敦煌市案例［J］. 地域研究与开发，2014，33（05）：160－164.

发展模式、"两区同建"模式、"功能区带动型城乡一体化发展道路"模式等①。

（4）就地城镇化的困境与政策建议。思想认识误区、产业支撑乏力、制度藩篱、农业比较利益偏低、权责不匹配是阻碍就地就近城镇化的主要因素②。为此，在推进就地就近城镇化过程中，要把科学规划作为首要任务，将制度改革作为关键环节③，同时选择因地制宜的就地就近城镇化模式，并为模式的实施创造良好条件④⑤⑥，还要多措并举以提升进城农民就业能力、降低进城农户的转型成本、扩大镇级政府行政管理权限等⑦⑧。

2. 存在的问题

总体看来，学术界在上述几个方面取得了可喜的进展，但也存在一些有待深入探讨的问题。

（1）对具有区域适应性的就地就近城镇化模式的探索显著不足。我国地域辽阔，区域差异较大，各地自然条件、资源禀赋、经济发展水平、社会环境状况均有所不同，这就决定了全国不会（也不应该）有统一的就地就近城镇化模式。目前亟待对各地就地就近城镇化的方式与方法进行归纳与总结，同时探索新的就地就近城镇化模式，而目前关于这方面的研究还很欠缺⑨。

---

① 山东社会科学院省情研究中心课题组，王波. 就地城镇化的特色实践与深化路径研究——以山东省为例［J］. 东岳论丛，2014，35（08）：130 - 135.

② 焦晓云. 新型城镇化进程中农村就地城镇化的困境、重点与对策探析——"城市病"治理的另一种思路［J］. 城市发展研究，2015，22（01）：108 - 115.

③ 司洁萌. 新型城镇化建设呼唤财税体制改革［J］. 人民论坛，2018（17）：86 - 87.

④ 马海韵，李梦楠. 人口就地就近城镇化：理论述评与实践进路［J］. 江海学刊，2018（06）：105 - 111.

⑤ 胡恒钊. 中国农村就地城镇化的三维向度：战略意义、意愿分析与路径选择［J］. 云南民族大学学报（哲学社会科学版），2019，36（06）：56 - 60.

⑥ 彭斌，芦杨. 乡村振兴战略下就地城镇化发展路径析论［J］. 理论导刊，2019（12）：85 - 89.

⑦ 黄文秀，杨卫忠，钱方明. 农户"就地城镇化"选择的影响因素研究——以嘉兴市海盐县为例［J］. 浙江社会科学，2015（01）：86 - 92.

⑧ 胡银根，廖成泉，刘彦随. 新型城镇化背景下农村就地城镇化的实践与思考——基于湖北省襄阳市4个典型村的调查［J］. 华中农业大学学报（社会科学版），2014（06）：98 - 103.

⑨ 彭荣胜. 传统农区就地就近城镇化的农民意愿与路径选择研究［J］. 学习与实践，2016（04）：59 - 67.

（2）缺乏对农村人口转移意愿以及与此关联的制度创新和政策引导的研究。农民是城镇化的主体，新型城镇化必须尊重农民意愿、顺势而为。已有的研究多是从经济发展、社会环境等层面探讨就地就近城镇化形成的宏观机制，而很少从"农民意愿"的角度分析就地就近城镇化的微观驱动机制，在此基础上进行的制度与政策设计往往不能反映农民的真实意愿，因而大大降低了其推行的可行性与有效性①。

（3）有待加强对就地就近城镇化过程中转移人口就业问题的研究。实现城镇就业是城镇化的关键环节，也是新型城镇化的必然要求。作为就地就近城镇化区域主体的小城镇、小城市，很难通过承接产业转移等路径来创造更多的就业机会。在现阶段，寻求破解小城镇、小城市产业发展难题的办法，为转移人口提供与其"特质性"相适应的工作岗位，是就地就近城镇化研究中不可回避的课题②。

三、研究内容

（一）研究对象

本书针对我国在推进城镇化进程中对"农民意愿"关注不够，以及对具有区域适应性的就地就近城镇化模式探索不足等突出问题，在界定我国就地就近城镇化内涵及主体区域的基础上，测度农村人口就地就近转移的意愿，剖析就地就近城镇化的微观动力机制，探寻中小城市、小城镇就业空间不足的破解路径，比较分析各地城镇化模式的主导力量与实现途径，并以此为依据进行多个层面的制度创新与政策引导，以消除就地就近城镇化的制度供给约束。

（二）主要内容

1. 就地就近城镇化内涵的讨论与界定

科学把握就地就近城镇化的内涵，是探讨就地就近城镇化相关问题的基础与前提。在说明为何是"城镇化"而不是"城市化"，以及重新审视

---

①②　彭荣胜. 传统农区就地就近城镇化的农民意愿与路径选择研究［J］. 学习与实践，2016（04）：59－67.

城镇化本质的基础上，从就地就近城镇化道路提出的背景与国家政策文件中解读就地就近城镇化的内涵，并对学术界中有关就地就近城镇化的概念进行比较分析，然后根据就地就近城镇化的本质含义，聚焦农业人口转移的空间尺度和目的地，对就地就近城镇化的内涵进行界定，并厘清就地就近城镇化与相关概念的关系。这是本书研究的基础。

2. 我国就地就近城镇化的演变历程及驱动机制

在界定就地就近城镇化内涵与特征的基础上，对"就地城镇化"与"异地城镇化"道路之争的缘起与主要观点进行评析，然后按照时间脉络追踪新中国成立后就地就近城镇化的曲折历程及其原因，以探究其发生、发展的背景与驱动机制，并合乎逻辑地提出这一进程中的农民意愿问题。这是本书研究的切入点。

3. 就地就近城镇化的适用空间及我国的区域选择

就地城镇化与异地城镇化是城镇化的两条路径，并非所有地区都适合就地就近城镇化。本部分将根据灰色区域理论解读就地就近城镇化适用的主体区域，依据相对贫困假说等理论阐释农民就地就近转移的动因。在此基础上，结合促进区域均衡发展、城乡一体化发展以及城镇合理布局的战略目标，合理确定我国就地就近城镇化的重点空间。这是本书研究的起点。

4. 就地就近向中小城市转移的农民意愿测度与微观动力机制

《国家新型城镇化规划（2014—2020)》指出，加快发展中小城市是我国优化城镇结构的主攻方向。考虑到空间区位与发展状况的差异对农民转移意愿的影响，本部分将划分"大都市周边或城市群内部的中小城市"与"其他地区中小城市"两种类型，在提出研究假设的基础上，对代表性样点的农户进行走访和问卷调查，采用二分类测度法与 Multinomial Logistic 回归模型对农民就地就近转移意愿程度进行测量，并揭示制约农户"就地就近城镇化"选择的主要因素与驱动机制。这是本书研究的核心问题之一。

5. 就地就近向重点小城镇转移的农民意愿测度及其作用机理

我国新型城镇化规划要求"有重点地发展小城镇，促进大中小城市和小城镇协调发展"。"重点小城镇"是吸纳农村人口就地就近转移的主体空间之一。根据主要职能的差异，本部分将重点小城镇划分为三种类型，即大都市周边或城市群内部的重点镇（承担着疏解大城市中心城市功能的职能）、专业特色镇（具有特色资源或区位优势）与综合性小城镇（服务农村），借助问卷调查与深度访谈法对农民就地就近转移意愿及其影响因素进行深入分析。这是本书研究的核心问题之二。

6. 就地就近城镇化的农民就业意愿与实现途径

能否实现城镇就业是影响农民就地就近城镇化意愿的关键因素。本部分将对代表性样点区域中小城市、小城镇居民（重点是近年来的农村转移人口）的从业状况与就业意愿进行调查，剖析上述中小城市、小城镇的产业规模、产业结构，产业集聚状况以及发展困境，再根据转移人口的"特质性"探讨中小城市、小城镇产业发展的路径，以破解就地就近转移人口的就业难题。这是对第4~第5部分研究的细化。

7. 我国就地就近城镇化的区域模式与农民意愿

2014年12月，中央城镇化工作会议明确要求"坚持因地制宜，探索各具特色的城镇化发展模式"。近年来，全国各地在实践中也初步形成了一批具有鲜明区域特色的城镇化模式。本部分将按照区位、经济发展水平、地形地貌、资源丰度的差异，对就地就近城镇化主体区域内的典型城镇化模式进行归纳与总结，探寻不同模式的主导力量与实现途径，着重分析各个模式的农民意愿状况及实施效果与农民意愿程度的内在联系。这是对第4~第6部分研究的实践验证与深化，也是本书研究的核心问题之三。

8. 尊重农民意愿的就地就近城镇化制度供给创新与政策引导

走顺应农民意愿的就地就近城镇化道路，创新制度供给是最重要的前提。首先根据第4~第7部分的研究结论，并借鉴国内外就地就近城镇化的经验，归纳出就地就近城镇化过程中需要解决的几个关键问题；其次瞄准关键问题，分析目前存在的主要制度障碍并评述各地破解的办法与效果；最后围绕土地流转制度、户籍制度、住房制度、社会保障制度、财税制度等从宏观、中观、微观三个层面有针对性地进行制度供给创新，并提出可操作的政策建议。这是本书研究的落脚点。

（三）重点难点

1. 重点

（1）测度农村人口就地就近转移的"意愿"，从微观层面探寻就地就近城镇化的影响因素与驱动机制。

（2）对各地具有代表性的就地就近城镇化模式进行比较分析，探寻不同模式的主导力量与实现途径，剖析各个模式的实施效果与农民意愿程度的内在联系；准确掌握就地就近转移农村人口的就业意愿与影响因素，以及小城镇（市）的产业发展困局与破解路径。

（3）以尊重农民意愿为前提，进行就地就近城镇化的制度供给创新，进而构建起顺势而为、各具特色的城镇化模式。

2. 难点

（1）我国地域辽阔，区域差异较大，各地自然条件、资源禀赋、经济发展水平、社会环境状况均有所不同。在这种情况下，如何全面、准确把握就地就近转移的农民意愿与微观驱动机制，以及就地就近城镇化模式的实施效果与农民意愿程度的内在联系，是本书研究的难点之一。

（2）如何在顺应"农民意愿"的基础上创新制度供给，并在它们之间建立联系，以形成一个有机整体，从而使各项制度、政策在促进就地就近城镇化过程中既能单独发挥作用，又能够形成合力，这是本书要解决的又一个难点。

（四）实现目标

本书研究主要实现四个目标：一是界定就地就近城镇化的内涵与特征，在理论上解读就地就近城镇化适用的主体区域并阐释农民就地就近转移的动因；二是对我国就地就近城镇化主体区域的农村人口转移"意愿"进行测度，进而解析其微观形成机制；三是对各地具有区域适应性的城镇化模式进行总结与提炼，探寻不同模式的主导力量与实现途径；四是针对就地就近城镇化的制约因素，从宏观、中观、微观三个层面创新制度供给。

四、研究思路与方法

（一）研究思路

本书的研究思路如图 1-5 所示。

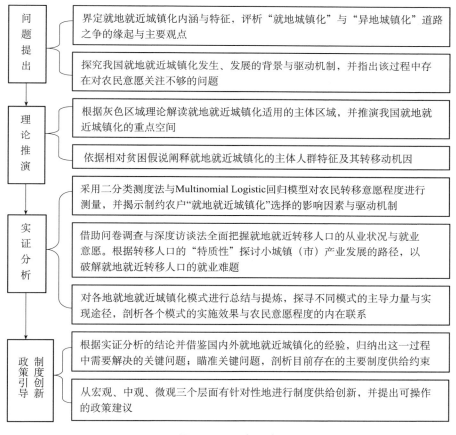

图 1-5　研究思路

首先，在界定就地就近城镇化内涵与特征的基础上，对"就地城镇化"与"异地城镇化"道路之争的缘起与主要观点进行评析，然后按照时间脉络追踪新中国成立后就地就近城镇化的曲折历程及其驱动机制，并合乎逻辑地指出这一进程中存在对农民意愿关注不够的问题。其次，根据相关理论解读就地就近城镇化适用的主体区域并阐释农民就地就近转移的动因，明确我国就地就近城镇化的重点区域，分别对农民就地就近向中小城市、重点小城镇转移的意愿进行测度，以探寻就地就近城镇化的影响因素与微观动力机制。再次，对各地具有区域适应性的就地就近城镇化模式进行总结与提炼，探寻不同模式的主导力量与实现途径，剖析各个模式的实施效果与农民意愿程度的内在联系。最后，以顺应"农民意愿"为前提，瞄准就地就近城镇化过程中需要解决的几个关键问题，从宏观、中观、微观三个层面进行制度供给创新，并提出可操作的政策建议。

（二）研究方法

1. 归纳与演绎相结合

该研究方法对我国就地就近城镇化的演变历程进行全面梳理，探究其发生、发展的背景与驱动机制，并合乎逻辑地指出这一进程中存在对农民意愿关注不够的问题。

2. 问卷调查与深度访谈相结合

该方法确定了我国就地就近城镇化的主体人群及其年龄、文化、收入等方面的特征；评估了农民就地就近转移的意愿程度；调查了转移人口的从业状况、就业意愿及其影响因素。

3. 计量分析与微观描述相结合

本书采用二分类测度法与 Multinomial Logistic 回归模型对农民转移意愿进行测度，并对就地就近城镇化的主体人群特征，以及转移人口"双退出"意愿、就业意愿的影响因素进行微观描述。

第二章　就地就近城镇化的内涵与适用区域

一、从城市化到城镇化

农村人口向各类城镇转移的过程，到底是城市化还是城镇化？厘清这个问题对于准确理解国家的城镇化方针，以及推动新时期就地就近城镇化有着重要意义。在新中国成立以来的一段时期内，社会各界普遍使用"城市化"这个概念，但从 2002 年 11 月党的十六大报告开始，中央和国务院的政策文件一般称之为"城镇化"，自此以后，从政界到学界一般都采用"城镇化"这一称谓。综合来看，"城镇化"较"城市化"的表述更加准确，更能反映农村人口转移的本质特征，也符合我国的特殊国情。

一是无论城市化还是城镇化，均来自同一外文"urbanization"，尽管翻译后的用词不同，但其本质并无不同，既是指"城市化"中的"城市"，也是泛指各类城镇，而不仅仅是"市"①。二是"城市化"的提法，很容易让一些人误认为就是发展"城市"，尤其是发展城市的主城区，而与农村联系密切的小城镇发展则会被忽视。事实上，我国仅建制镇大约就有 2 万个，远远超过城市的数量，小城镇吸纳农业转移人口的潜力大、成本低，户籍制度与土地管理制度的阻力小，作用不可替代。三是我国的一些城市，尤其是大城市与一线城市，无论是基础设施的完善程度、经济发展水平、公共服务水平，还是户籍人口的受教育程度、环境适应能力，都与小城市、小城镇形成了鲜明的反差，这种反差客观上会固化城乡居民的利

---

① 李秉仁. 我国城镇化道路问题的讨论 [J]. 城市规划，1983（02）：27 – 28.

益结构①。在这种情况下，为了维护自己高质量的生产与生活环境，很多城市居民对外来人口有着严重的排斥心理，同时也是导致部分地区户籍制度改革严重滞后的重要原因之一。因此，采用"城镇化"而不是"城市化"，一方面可以引导社会舆论转到正确的方向，另一方面发挥小城市、小城镇在吸纳农业转移人口方面的作用，以纾解城乡发展不平衡引发的社会矛盾。四是拉美、东南亚、南亚等发展中地区的城市化问题是前车之鉴，我国提出"城镇化"正是汲取经验教训，避免农村人口盲目涌入大城市而引发严重的"城市病"。此外，小城镇包括县城及其以下的区域都属于农村的统计范围，发展"城镇化"，支持小城镇的建设与发展，也体现了国家对农村工作的重视。

二、对城镇化本质的再认识

一般来说，城镇化拥有三个特征：一是城镇人口比重不断上升；二是农业、工业与服务业的比重此消彼长；三是城镇的生活方式不断向农村扩散②。就其本质而言，城镇化是农业转移人口生产方式、生活方式与思想观念的现代化转变，同时享有与城镇居民同等的公共服务。已有理论认为，城镇化需要实现两个转移，即人口从农村地域转移到城镇地域的"空间转移"以及劳动力从第一产业转移到第二、第三产业的"产业转移"。然而，从城镇化的本质内涵上分析，这种认识有一定的局限性。

第一，农村人口不进行空间转移也能实现城镇化。一般来说，空间转移有两种情形：一是农业人口从农村地域到城镇地域的绝对转移；二是伴随着城镇地域的扩大，曾经的农村地域转化为城镇的一部分，从而引致农业人口从农村到城镇的相对转移。人们经常提到的"离土不离乡"实质上指的是农业人口就近向小城镇或中小城市转移，属于上述第一种情形。不过，从本质上看，还存在一种"不离土不离乡"的城镇化，即居民在原居住地从事农业生产或非农生产，但享受的公共服务已经达到或接近城镇居

---

① 李铁. 城市精细化治理不能忽视的关键点 [N]. 北京日报，2019 – 12 – 09.
② 王胜今. 关于我国城市化道路、模式的若干思考 [J]. 人口学刊，1988 (02)：3 – 8.

民。很多人可能不认为这是一种城镇化，除了没有准确把握城镇化的本质特征外，还与我国当下的统计体系有关，这些地区与居民被统计为农村和农民。因此，只需要改变统计体系就可以了，也就是把这样的地区与居民都纳入城镇，这样更符合我国的实际，也能丰富中国特色的城镇化发展模式。厉以宁（2013）提出的"老城区＋新城区＋新社区"城镇化模式中的新社区模式本质上就是"不离土不离乡"的城镇化，即农民不仅要进入老城区、新城区，还要进入以新农村为基础发展而来的新社区。只要公共服务到位，实现城乡社会保障一体化，新农村就可以由村的管理变为社区管理模式。此外，浙江桐庐县荻浦村依托乡土文化实现"就地城镇化"也是典型的"不离土不离乡"的城镇化①。再如，英国在19世纪中叶的工业化完成时期，开展了旨在缩小城乡差别，按照城镇标准尤其是生活条件城市化的大规模乡村改造运动，进而推动了"不离土不离乡"的就地城镇化②。

总之，从城镇化的特征上可以看出，城镇化不仅是指农村人口向城镇聚集、加入城镇的生活空间与社会组织的过程，而且也涉及在城镇的辐射作用下，农村居民的生产方式、生活方式由传统走向现代，价值观不断转变、文明程度不断提升的嬗变过程。因此，不能把城镇化简单理解为农业人口的居住地必须从农村转移到城镇。换言之，农村人口不离开农村也能实现城镇化③，如农村原地改造的就地城镇化，以及城市扩张吞并周边农村地域而引发的城镇化（当然，后者也可以理解为发生了相对空间转移）。

第二，农村劳动力不发生产业转移亦可实现城镇化。城镇化的本质是居民的公共服务均等化，但大多数学者一般又强调就业的"非农化"④。这种认知主要跟产业发展规律有关，因为在生产力的推动作用下，第一产业比重持续下降且不可逆，工业比重先上升后趋稳再下降，服务业比重不断上升。值得说明的是，城镇化的本质指的是产业产值与就业比重变化的总

① 齐骥. 依托乡土文化实现"就地城镇化"的"荻浦样本"——浙江桐庐县荻浦村的调查与思考［J］. 中国发展观察，2014（01）：12－14.

② 刘景华. 英国就地城镇化呈现阶段性特征［N］. 中国社会科学报，2015－07－06.

③ 王胜今. 关于我国城市化道路、模式的若干思考［J］. 人口学刊，1988（02）：3－8.

④ 马庆斌. 就地城镇化值得研究与推广［J］. 宏观经济管理，2011（11）：25－26.

体格局及发展趋势，并非是微观层面的个人就业状况的描述。也就是说，城镇化不是指劳动力就业必须"非农化"。此外，第一产业既可以存在于农村地域，也可以出现在城镇地域，近年来各地如雨后春笋般涌现的"都市农业"正是这一现象的有力证明。随着科技的进步，产业加速融合发展已是大势所趋，产业之间必定你中有我、我中有你，不断衍生出大量新的业态、新的产品。如休闲农业具有农产品生产功能，属于第一产业，也具有观光旅游的功能，延伸到了服务业。而且随着社会进步，就业变得越来越多元化、综合化，"兼业"已成为一种常态，农村劳动力在非农产业中兼职非常多见，城镇人口兼职农业的现象也越来越普遍。那种关于城镇化必须发生产业转移（也就是"就业非农化"）的认识误区，在于把城镇化过程中的就业界定为一种单向转移，人为地在不同产业之间划出一道鸿沟，且机械地以职业定身份。事实上，就实质而言，从事农业还是第二、第三产业，都只是岗位或职业的不同，与人口的身份没有（也不应该有）任何关系①。换言之，不能以职业定身份。正如农村人口可以在城镇非农产业工作一样，城镇人口也可以在农村第一产业劳动。可以说，这也是"人的城镇化"的应有之义。

综上所述，城镇化与农业人口是否发生居住地的空间转移以及就业的产业转移并没有必然联系。从本质上看，无论人口从事何种工作、居住在哪里，只要发生了生产、生活方式的根本转变，并且拥有与城镇居民同等的公共服务，就是实现了城镇化。

三、就地就近城镇化内涵的讨论与界定

（一）就地就近城镇化内涵的讨论

1. 从国家政策中解读就地就近城镇化的内涵

2001 年，"十五"计划在明确走"大中小城市和小城镇协调发展的多样化城镇化道路"的同时，强调要"有重点地发展小城镇，积极发展中小

---

① 彭荣胜. 传统农区就地就近城镇化的农民意愿与路径选择研究［J］. 学习与实践，2016（04）：59－67.

城市"。小城镇的发展重点是县城和部分基础条件好、发展潜力大的建制镇，并引导各类农村企业向其聚集①。2006 年，"十一五"计划提出分类引导人口城镇化，要"鼓励农村人口进入中小城市和小城镇定居"。2011 年，"十二五"规划明确要"以中小城市为重点，促进大中小城市和小城镇协调发展"。值得关注的是，从"十五"时期到"十二五"时期，均提出促进相关产业向县城与有条件的小城镇聚集发展。2013 年，中央城镇化工作会议提出"全面放开建制镇和小城市落户限制，有序放开中等城市落户限制，合理确定大城市落户条件，严格控制特大城市人口规模"。《国家新型城镇化规划（2014—2020）》明确要求"有重点地发展小城镇，促进大中小城市和小城镇协调发展"，指出"加快发展中小城市是我国优化城镇结构的主攻方向"。在城镇化形态上，我国不同规模和层次的城镇发展不协调，城镇体系结构不够合理（如图 2 - 1 所示），表现为：中小城市发育不够，对区域发展的带动力不强；Ⅱ 型小城市比例低，小城镇数量多但规模小，1.9 万多个建制镇建成区平均人口仅 7000 多人，不少镇的镇区人口低于 5000 人。据此，引导农村人口就近向中小城市、小城镇转移，是就地就近城镇化的应有之义。

　　2016 年，中央一号文件再次聚焦新型城镇化问题，提出"大力发展特色县域经济和农村服务业，加快培育中小城市和特色小城镇，增强吸纳农业转移人口能力"。2021 年，中央一号文件明确指出，要"把县域作为城乡融合发展的重要切入点"，要"实现县乡村功能衔接互补"，把县城作为城镇化建设的重要载体，把乡镇建设成为连接城市、服务乡村、服务农民的区域中心，推动城乡一体化发展；要聚焦小城镇发展短板，加快完善基础设施和公共服务，逐步"推动在县域就业的农民工就地市民化"。显然，该政策文件从全面推进乡村振兴的层面，进一步强调了小城镇、县城在城

---

　　① 发展小城镇是推进我国城镇化的重要途径。小城镇建设要合理布局，科学规划，体现特色，规模适度，注重实效。要把发展重点放到县城和部分基础条件好、发展潜力大的建制镇，使之尽快完善功能，集聚人口，发挥农村地域性经济、文化中心的作用。发展小城镇的关键在于繁荣小城镇经济，把引导农村各类企业合理集聚、完善农村市场体系、发展农业产业化经营和社会化服务等与小城镇建设结合起来。

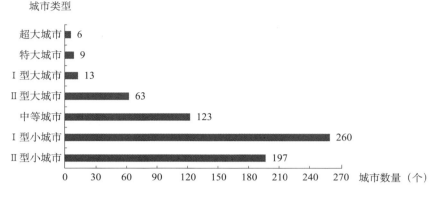

图 2 – 1　我国城市人口规模结构

资料来源：《中国城市建设统计年鉴 2018》。

镇化中的地位并明确了其发展方向，也更加凸显了县域经济社会发展对城乡融合的引领作用。

2. 学术界对就地就近城镇化内涵的认识

何谓就地就近城镇化？学术界的认识并不统一。不过，多数学者都是从农村人口转移的空间尺度来定义的。"就地就近" 城镇化是相对异地城镇化而言的，是指相对较小的空间尺度，但这一"空间尺度"到底是多少，人们的认识并不相同，甚至是模糊的。归纳来看，学界主要存在三种观点：一是把其界定为"县域尺度"，即凡是在县（市）域尺度内发生的城镇化就是就地就近城镇化，持这一观点的代表性学者有辜胜阻（1998）、厉以宁（2013）等。事实上，"县域"是一个行政区划概念。所谓的"县域尺度"，一般指的是把一个县域单元作为一个考察对象，这样就不可避免地忽视了一种常见情形，也就是虽跨县域但地理空间近邻的地域——在这样空间上发生的城镇化自然也属于就地就近城镇化的范畴。二是把其界定为"户籍所在地"，即农村人口在户籍所在地发生的城镇化就是就地就近城镇化[①]。但这一界定仍然不够清晰，因为通常的户籍信息要具体到特定乡镇，倘若如此，就地就近城镇化就是"乡镇尺度"的。如果按照"籍

---

① 潘海生，曹小锋. 就地城镇化：一条新型城镇化道路——浙江小城镇建设的调查［J］. 政策瞭望，2010（09）：29－32.

贯"信息的填写方法①，就应该是县域，这样一来，就地就近城镇化就是"县域尺度"的。三是对空间尺度"虚化"，如界定为"农村地域"②"原地或邻近"③"家乡及附近"④ 等，也有的将其界定为"原行政区域内"⑤。不过，我国的行政区域有层级之分，空间尺度差别很大，从最高层级的省、自治区、直辖市，到地级市、县（市、区），再到最低层级的乡、镇，因而具有很大的不确定性。

除了空间尺度外，就地就近城镇化还涉及农业人口转移的目的地指向。总体而言，广大学者对此的认识也分为五种类型：一是明确为小城镇，如辜胜阻、成德宁（1998），潘海生、曹小锋（2010）；二是从小城镇扩大到集镇与准城镇，如朱宇、祁新华、王国栋等（2012）；三是除小城镇外，还包括中心村，如庞新军、冉光和（2017）；四是明确为中小城市，如顾东东、杜海峰、王琦（2018）；五是除中小城市外，还包括中心城镇，如厉以宁（2013）、乔小勇（2014）等。据此可以看出，各位学者对就地就近城镇化的目的地指向看法也不一致，既有小城镇（集镇）、小城市、中等城市，也有中心村或新型农村社区。其中，小城镇获得了较多的认可，但认为是异地转移目的地的"大城市"均被排除在外。具有代表性的就地就近城镇化概念的比较，见表 2-1。

表 2-1 　　　　　　　　具有代表性的就地就近城镇化概念的比较

来源	核心思想	空间尺度	目的地指向
辜胜阻等（1998）	让县城和少数基础条件好的城镇成为城镇化"龙头"	县域	县城、县域首位镇
董宏林，刘刚，黄亚玲（2007）	尊重农民意愿、生存发展能力与经济实力进行就近迁移		县级市、县城、建制镇、乡集镇、中心村

---

① 当然，籍贯与户籍不是一回事，籍贯地与户籍地也经常不同。

② 祁新华，朱宇，周燕萍. 乡村劳动力迁移的"双拉力"模型及其就地城镇化效应——基于中国东南沿海三个地区的实证研究［J］. 地理科学，2012，32（01）：25-30.

③ 庞新军，冉光和. 传统城镇化与就地城镇化对农民收入的影响研究：基于时变分析的视角［J］. 中国软科学，2017（09）：91-98.

④ 顾东东，杜海峰，王琦. 就地就近城镇化背景下农民工市民化的成本测算与发现——基于河南省三个县市的比较［J］. 管理评论，2018，30（03）：240-247.

⑤ 杨卫忠. 农业转移人口就地城镇化的战略思考［J］. 农业经济问题，2018（01）：53-63.

续表

来源	核心思想	空间尺度	目的地指向
潘海生，曹小锋（2010）	实现职业的非农化、生活方式和思维方式的现代化	户籍所在地	小城镇
朱宇，祁新华，王国栋等（2012）	不经历大规模物理空间转移和社会关系重组的聚落模式变迁	农村地域	集镇、城镇或准城镇
厉以宁（2013）乔小勇（2014）	实现"就地守地"发展和生产、生活和居住方式的转变	所属县市域	中小城市、中心城镇
胡银根，廖成泉，刘彦随（2014）	实现生产、生活方式的城镇化转型的过程	原行政区域范围内	
李强，陈振华，张莹（2015）	强调中等规模城市发展，排除特大、超大城市与集聚效益低的小城镇	家乡附近	地级市、县级市、县城
庞新军，冉光和（2017）	发展与城镇相似的社会公共事业、生活方式等	原地或邻近	小城镇或者中心村
顾东东，杜海峰，王琦（2018）	实现职业、身份、社会生活等的市民化	家乡及附近	中小城市（城镇）
杨卫忠（2018）	实现人口城镇化，就业方式发生系统性转变，但转移人口仍可从事农业也可从事非农业	县市行政辖域内	

　　有些学者把就地就近城镇化区分为就地城镇化、就近城镇化两种类型。前者是指农村人口在原居住地完成生产、生活方式的根本变革，进而享有与城镇同等的公共服务；后者则是指农村人口离开原居住地，就近转移到小城镇或地级市①。从形式上看，二者具有不同的特征，就近城镇化尽管只是工作地、居住地转移到了邻近的小城镇，但毕竟还是发生了人口空间迁移；就地城镇化则更强调农村人口没有进行空间迁移，而是在世代居住的村庄通过就地改造完成生产方式、生活方式及思想观念的现代化转型②。当然，严格意义上讲，就地城镇化并非没有发生人口的空间转移，至少有一部分是发生了转移的，只是转移的空间尺度更小，往往局限于村域范围内。例如，通过撤村并居，引导村民入住中心村或新型农村社区，

---

　　① 李强. 就近城镇化与就地城镇化——以城市群为主体的大中小城市协调发展的重要支撑 [N]. 北京日报，2019 – 02 – 25.

　　② 李强，张莹，陈振华. 就地城镇化模式研究 [J]. 江苏行政学院学报，2016（01）：52 – 60.

即发生空间迁移的就地城镇化。也可能是基于这种认识，从不少学者对就地城镇化的定义来看，其中既包括农业人口向小城市、小城镇的转移，也包括村民在原居住地的就地转化①②③。换言之，这种就地城镇化实质上就等同于本书的就地就近城镇化。

（二）就地就近城镇化的内涵界定

1. 理论依据

（1）相对贫困假说。根据伊斯特林（Esterlin）与斯塔克（Stark）等学者的相对贫困假说理论，农业人口是否迁移以及如何迁移，除了受到城乡预期收入差距的影响，还与其感知到的相对贫困状况有关。根据参照对象的不同，相对贫困分为两个层面：一是在家乡感受到的相对贫困大小，也就是与同乡其他劳动者的收入差距；二是迁移到城市以后，参照城市居民的生活标准所感受到的相对贫困程度。据此，农业转移人口的迁移决策可以分为三种类型：一是农村相对贫困人口。一般会发生两次迁移决策，第一次是在如果预期迁入城市后可以一定程度地改善自己的经济状况，在不考虑迁移成本与迁移能力的情况下，则会作出迁移的决定。在迁移到城市后，他们还可能进行第二次迁移决策，因为参照的对象发生了变化，如果收入与城市的生活标准差距不大，往往就长期留住城市；相反，如果差距较大且超过了心理预期，则有可能出现"回流"，但由于思想观念发生了转变、就业能力有了提升，较少会回迁到农村原籍，更多的是回流到家乡附近的小城市、小城镇。二是农村绝对贫困人口。在改善经济状况的愿望驱动下，这类人多数也会作出向城市转移的决策，但受到就业能力的制约，同时也为了降低迁移成本，他们往往会就近迁移到小城市、小城镇。三是农村相对富裕人口。尽管这些人相对富裕，但收入、生活环境、文明程度等方面与城市相比仍然存在相当大的差距，加之较相对贫困人口而

---

① 厉以宁. 中国应走农民"就地城镇化"道路 [J]. 新农业, 2013（22）：30.

② 庞新军, 冉光和. 传统城镇化与就地城镇化对农民收入的影响研究：基于时变分析的视角 [J]. 中国软科学, 2017（09）：91 – 98.

③ 乔小勇. "人的城镇化"与"物的城镇化"的变迁过程：1978～2011 年 [J]. 改革, 2014（04）：88 – 99.

言，他们有更强的迁移能力，所以并不安心长期留守农村，具备一定的迁移动机。不过，为了规避大尺度的异地迁移可能带来的就业风险、心理风险、融入城市生活的风险，相当一部分人更愿意选择就近迁移到小城市、小城镇。

综上所述，按照相对贫困假说理论，农村转移人口的迁移决策主要取决于相对贫困因素，无论是农村相对贫困人口、绝对贫困人口还是相对富裕人口，小城市、小城镇均是其迁移的主要目的地。

（2）城乡统筹发展理论。作为主要的城乡关系理论，城乡统筹发展理论源于对城乡不平衡发展理论的不断审视，是对城市偏向（urban bias）论、乡村偏向（country bias）论短板的弥补，也是对区域经济系统空间关系认识的再提升。城乡统筹发展的核心思想，是把城镇与乡村看作一个有机整体，城乡之间相互作用、相互影响、相互依存、不可分割。城乡统筹的主要内容包括发展规划统筹、基础设施统筹、产业统筹以及社会保障统筹等。城乡统筹是一个动态发展的过程，不同国家或地区的不同发展阶段，城乡统筹的内容、方式与目标是不同的。现阶段，我国城乡统筹的阶段性目标是优化城乡功能和结构，消除城乡二元结构，打破城乡分割的局面，促进城乡要素双向流动与资源合理配置，建立新型城乡关系，促进城乡融合与协调发展。终极目标则是实现城乡地位平等、城乡开放互通、城乡共同繁荣进步①。

（3）系统理论。系统理论是把有多个相互影响、相互联系的要素组成的具有相应结构与功能的空间作为一个有机整体。系统具有整体性、联系性、动态性与调控性特征②。系统理论告诉我们，各地区之间相互依赖、相互依存，是不可分割的整体。只有"开放"才能与系统之外开展物质、能量、人才、科技与信息的交换，才能形成更有利的区域经济结构与功能，要全面而不是局部的、持续而不是间断的、动态而不是静态地看待系

---

① 徐静珍，王富强. 统筹城乡发展目标及其评价指标体系的建立原则［J］. 经济论坛，2004（15）：91 – 92.

② 黎鹏. 崇左县城镇体系的地域空间结构特点及其优化［J］. 广西师范学院学报（自然科学版），2003（S1）：106 – 110.

统这个整体。因此，各区域均有义务发展自己，协同与配合"他人"，协调运作、共同发展，以获得系统原理中的"实现功能最优""整体大于各部分之和"的效应①。

（4）区域相互依赖理论。区域之间具有相互依赖的必然性与必要性，尽管相互依赖在不同社会制度中有其独特的表现形式，但却具有共同的本质原因：一是生产力天然地拥有内在的扩张力，当其发展到一定程度后，必然会向新的空间转移、扩展与延伸，从而以物质生产链条的形式把各区域紧密地"捆绑"在一起；二是各区域的自然禀赋有差异，经济发展条件有不同，都在"发挥优势、扬长避短，有所为有所不为"中追求快速发展，从而形成了要素互补、产品互补、市场互补的局面，这不仅成为区域经济发展的内在动力，而且所形成的劳动地域分工也把不同区域紧密地联系在一起；三是随着社会的进步，市场经济不可阻挡地取代了分散、自给自足的自然经济，加之交通、通信手段的现代化大大缩短了时空距离，发展要素的流动更加便捷，使得区域之间的联系不断增强、依赖程度持续上升。

区域相互依赖理论告诉我们，区域是相互依存的关系，任何区域都不可能孤立存在，这也是经济社会发展的客观规律。相互依赖意味着不是一个区域对另一个区域的单向作用与影响，而是双方双向的交往与传递，从而在区域联系与相互依赖中，获得有利于自身发展的条件与资源。尽管历史基础与发展水平不同，在相互依赖中有时也不可避免地会产生一些负面影响，但不能因噎废食，割裂区域之间的联系，进而丧失利用外部条件发展自己的有利时机。

2. 内涵界定

结合国家相关发展计划（规划）中的城镇化政策导向，以及学术界对就地就近城镇化概念的认识，本书把就地就近城镇化界定为农村人口没有进行远距离迁移，而是在原居住地进行现代化改造或者就近向所在地中心

---

① 彭荣胜. 区域经济协调发展的内涵、机制与评价研究 [M]. 北京：经济科学出版社，2012.

村、新型农村社区、邻近的小城镇（含县城）、特色小镇、中小城市转移，并实现生产方式、生活方式与思想观念现代化的过程。

（1）就地就近城镇化的空间尺度。"就地就近"是一个相对概念，不能也不应该用绝对距离进行衡量。在综合考虑行政区划与区域经济联系的基础上，本书的就地就近城镇化最大空间尺度不是"县域"而是"市域"（中等规模的地级市）。其依据主要有三点：一是我国大多数地区采用的是市管县体制，也就是以区域中心城市作为一级政权来管辖周边的部分县、县级市，目的是形成城乡经济一体化与政府管理一体化。在区域中心城市（主要指中小城市的地级市）的聚集与辐射作用带动下，同一个市域内的地区经济、文化联系较为密切，其相对距离较小，同时考虑到市管县体制可能出现的问题，如受地理位置、资源禀赋、历史基础等因素的影响，可能存在行政区与经济区范围不一致的情况，最典型的表现是经济上关联度低的市县被划分到同一个行政区，而经济关系密切的市县则分属于不同的行政区。鉴于此，就地就近城镇化的空间尺度并不是机械的限制在一个地级市所在的行政区内，那些虽跨市域，但空间距离小或心理距离小的县市之间的人口转移也属于"就地就近"的应有之义。二是把就地就近城镇化的最大空间尺度界定为中等城市的"市域"，既可以避免人口长距离跨区流动，也可以缓解大城市人口过度聚集而引发的"城市病"。一方面，在"市域"范围内，拥有中小规模的地级市、县级市与县城，与小城镇相比，其产业发展的条件较好，可以提供更多的就业机会，能够一定程度上避免"县域"内产业支撑度不够、转移人口生计困难的问题；另一方面，由于存在空间近邻效应，同一"市域"内的语言文化、风俗习惯、生活方式等相同或相通，社会融入较为容易，有利于城乡一体化发展①。三是我国大多数中小城市都已经实现了"零门槛"落户，农业人口进城的制度阻力实质上已消除。与此同时，这类城市的人口规模还偏小，产业的规模效益不高，对周边的带动作用还不够强，客观上需要加快聚集人口。此外，从我国城市体系结构上看，中小城市数量偏少，不利于发挥城市在经济社会发

---

① 李强，陈振华，张莹. 就近城镇化与就地城镇化 [J]. 广东社会科学，2015（01）：186－199.

展中的强大引领作用。因此，把就地就近城镇化的空间尺度界定为中等城市的"市域"，引导农业人口向该地域内的小城镇（含县城）、小城市、中等城市转移，也有助于优化我国城市体系。

一般来说，城镇化中农村人口的流出地与流入地的空间距离或尺度，既可以用绝对距离来表示，也可以用相对距离来衡量。前者以两地的实际距离（公里数）来度量，后者以两地的时间距离（行程时间多少）或心理距离来度量。两地的绝对距离较大，但有可能相对距离却较小。比如，由于交通条件改善，两地的时间距离大幅度缩短；或者文化相近、经济联系密切、行政管理从属等原因，居民之间彼此了解，心理距离较小。再如，某个县域尽管距它所在的中心城市城区较远，但由于上述原因，民众的心理距离却是比较小的，该县域农村人口向此中心城市的转移仍然属于就地就近城镇化。类似地，两地的绝对距离较小，但相对距离可能较大。比如，受地形地貌与交通条件限制，两地的时间距离较大；或者文化隔阂、行政区划分隔，两地的心理距离增大。

（2）就地就近城镇化的目的地指向。农村人口就地就近转移的目的地指向有三个：一是原居住地（含中心村、新型农村社区）；二是邻近的集镇、建制镇（含县城）以及"非镇非区"的特色小镇；三是所在行政区中小规模的地级市、县级市。值得说明的是，除中小规模的地级市外，就地就近城镇化的目的地重点应是那些区位优越、资源丰富、人口规模较大、基础设施完善、产业发展基础较好，承载力较强的县城、县级市、中心镇、重点镇（尤其是全国重点镇）、特色镇，以及虽不属于建制镇范畴，但生产、生活与生态融合较好的"特色小镇"。

（3）就地就近城镇化劳动力的就业领域。前述研究表明，城镇化与农村人口是否实现就业的非农产业转移没有必然联系，无论从事何种生产，只要实现了生产方式、生活方式与思想观念的现代化，就意味着实现了城镇化，不能机械地以职业定身份。换言之，农业转移人口在城镇化过程中可选择从事农业，也可选择从事非农业①。归纳来看，就地就近转移农业

---

① 杨卫忠. 农业转移人口就地城镇化的战略思考［J］. 农业经济问题，2018（01）：53 - 63.

劳动力的就业方式有三种：一是继续从事农业生产，并从传统农业走向现代农业，这是农村居民熟悉的领域，也与其就业能力相适应；二是进入第二、第三产业，实现由农业向非农产业的转移；三是从事"兼业"，包括以非农为主的兼业与以农业为主的兼业两种类型，"就地就近"的特征为这种生计方式创造了有利条件，因而也成为就地就近城镇化劳动力就业的最普遍形式。

（三）就地就近城镇化与相关概念的关系

1. 就地就近城镇化与异地城镇化

就地就近城镇化与异地城镇化主要是从人口转移的空间尺度大小上进行划分。在市域（中等规模的地级市）空间范围内实现生产方式、生活方式与思想观念现代化转型的是就地就近城镇化；反之，人口转移半径超出所在市域范围的，则称之为异地城镇化。一方面，由于就业机会与工资待遇的区域差异，受经济利益的驱动，中西部地区农业富余劳动力在改革开放初期主要是跨区流向东部沿海地区的大城市。因此，人们一般认为异地城镇化的人口流动指向是"大城市"[1]，而就地就近城镇化的人口流动指向则是小城镇（含县城）、小城市与中等城市，这也成为二者的又一不同之处。另一方面，就地就近城镇化与异地城镇化的理论内涵都关注城乡关系统筹问题，但就地就近城镇化更加突出人本思想，更加强调对农民意愿的尊重，更多思考在快速城镇化过程中被"经济人"理性所掩盖的人的社会属性[2]。总之，就地就近城镇化与异地城镇化是区域城镇化的两种形式，虽有诸多不同，但又密不可分，二者同时并存、相互补充、缺一不可。

2. 就地就近城镇化与新型城镇化

新型城镇化是与传统城镇化相对而言的，而传统城镇化则主要是指人口大空间尺度转移的异地城镇化，尽管异地城镇化大大推动了城镇化进程、促进了经济社会快速发展，但由于其较少考虑人的全面发展、尊重农

---

① 李强，张莹，陈振华. 就地城镇化模式研究［J］. 江苏行政学院学报，2016（01）：52 – 60.

② 杨卫忠. 农业转移人口就地城镇化的战略思考［J］. 农业经济问题，2018（01）：53 – 63.

民的意愿，所以引发了诸多城镇化问题，这反过来又制约了经济发展与社会进步。在这种背景下，以人为本的新型城镇化应运而生，它强调尊重人的意愿、顺应人的需求。就地就近城镇化能让农业转移人口在熟悉的空间内转移，能为农民提供与自身能力相适应的就业岗位，尊重人们职业选择以及生产生活方式选择的权利，顺应了人们就近陪伴老人与子女的愿望，照顾到农民的乡土情结、亲情眷恋，注意到农民对异地城镇化生活成本高、难以融入城市生活的顾虑，大大提升了农业转移人口的获得感与幸福感，有力地促进了人的现代化转型。因此，就地就近城镇化是新型城镇化的必然要求，是实现新型城镇化的重要模式①。当然，就地就近城镇化并不等同于新型城镇化，新型城镇化有很多实现形式，就地就近城镇化只是其中的一种，也可以说是未来相当长时期内最为普遍、最为重要的一种形式。

3. 就地就近城镇化与农村城镇化

农村城镇化（rural urbanization）又称乡村城镇化。在早期，为了与农业人口向"城市"集中的"农村城市化"相区分，人们提出了这一概念。因此，农村城镇化主要是指农村人口向县域内城镇转移，农村城镇人口比重不断提升，城镇数量、规模不断增大，质量不断提高的过程②。

农村城镇化与就地就近城镇化的本质特征是相同的。一方面，从发展的内生动力上看，二者都是农村人口通过向非农产业转移、城镇转移来实现与城镇居民共享物质文明、精神文明的愿望；另一方面，从城镇化的地域范围上看，二者具有从属关系，即就地就近城镇化包含了农村城镇化。农村城镇化与就地就近城镇化也有三点不同：一是空间尺度不同，农村城镇化把农村人口转移的空间尺度明确为"县域"，而就地就近城镇化的空间尺度则是"市域"，后者的空间尺度更大；二是人口流动指向不同，农村城镇化的人口流动指向是"小城镇"，而就地就近城镇化的人口流动指向既有小城镇，也有中小城市、县城，还有中心村与新型农村社区；三是

---

① 杨卫忠. 农业转移人口就地城镇化的战略思考［J］. 农业经济问题，2018（01）：53-63.
② 辜胜阻. 中国城镇化的发展特点及其战略思路［J］. 经济地理，1991（03）：22-27.

从农村城镇化概念提出的背景看，其更强调的是在改革开放初期，由乡镇企业蓬勃发展而引致的城镇化，而就地城镇化则是在经济社会发展达到一定的水平后，城乡要素双向流动而产生的一种新城镇化模式。一定程度上而言，就地就近城镇化是农村城镇化在更高阶段的"回归"。

4. 就地就近城镇化与城乡一体化

城乡一体化是指生产力进步促使城乡之间在经济、社会、文化、生态、空间、政策或制度上协调发展，并逐步实现生产方式、生活方式和思想观念现代化转型的过程。就地就近城镇化与城乡一体化的共同点在于，二者均会促进居民生产方式、生活方式和思想观念的现代化转型。城乡一体化是现代化和城镇化发展的一种状态，也是城镇化发展的高级阶段；就地就近城镇化是实现城乡一体化的重要途径，而城乡一体化则是推进就地就近城镇化的必然结果。

二者的不同点在于，就地就近城镇化关注的重点是城乡空间布局和城乡统筹发展，是实现城乡统筹发展的重要手段①。城乡一体化更加强调把城乡视为一个整体，统筹谋划、整体推进，空间上兼顾城镇与乡村，产业上协调农业与非农业，主体上平等对待农村居民与城镇居民，通过制度创新、机制体制改革和发展政策调整，破除城乡二元结构，推进城乡一体规划、一体布局、一体建设、一体保护、一体发展，实现城乡政策平等、要素互融、信息互通、资源共享、产业互补、发展同向、公共服务均等，实现城乡居民物质文明与精神文明同享，促进城乡经济社会全面、协调、可持续发展。

四、就地就近城镇化的最优适用区域

（一）理论依据

麦吉（McGee）教授在对亚洲各国城乡关系观察分析的基础上，提出了灰色区域理论，并用印度尼西亚语 desakota 表示灰色区域。"灰色区域"（desakota）是农村与城市各种要素在一定地理区位上相互作用而形成的一

---

① 杨卫忠. 农业转移人口就地城镇化的战略思考［J］. 农业经济问题，2018（01）：53–63.

种特殊的空间形态①。它有四个主要特征：一是城乡联系紧密；二是城市的非农业行为与农村的农业行为在此高度混合；三是工业、服务业在该区域增长迅速；四是人口密度高。因此，从表征上看，它既不像城市也不像农村，但也可以说它既像城市也像农村。就实质而言，相对于传统意义上相对封闭的"农村"与"城市"空间，"灰色区域"是农村空间结构与城市空间结构转换后形成的一种新的空间系统。灰色区域有三种类型，即大城市外围的准城市化地区、连接大城市的主干道及其周边的发展走廊区（主要由两个或多个大城市的要素相互向对方扩散而形成）、人口密度高且与城市联系密切的农村地区（也称人口沉淀区），如图 2-2 所示。

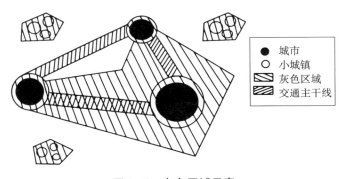

图例：
● 城市
○ 小城镇
▨ 灰色区域
▨ 交通主干线

图 2-2　灰色区域示意

灰色区域的形成是城市发展规律决定的。规模过大的大都市要素成本上升，交通拥堵，出现规模不经济与聚集不经济现象，迫使一些企业迁移到土地价格与生活成本相对较低的大城市外围，从而带动了这些地区第二、第三产业的发展。而从农村发展的角度看，由于毗邻大都市的区位优势，城市巨大消费市场的拉动作用与城市要素扩散的驱动作用，为加工业、服务业快速发展创造了良好条件。同时，在城市功能外移，人口不断增长、土地人口比率持续下降的情况下，农村可利用的土地越来越少，农业发展受到越来越大的空间制约，转向发展非农产业是一种适应性选择。此外，基于转移成本与收益的综合考虑，当地的农村劳动力也更加愿意就

---

①　胡必亮. 农业剩余劳动力的地域转移与中国的城市化道路选择［J］. 农村经济与社会, 1992（02）：49-58.

地就近向非农产业或小城镇转移。

灰色区域的出现，将改变发展中国家过去那种以单一城市发展为基础的城市化道路，并逐步进入以区域发展为基础的城市化新阶段，它也对传统的"农村—农业—农民"体系产生了重大冲击，步入一条城乡互动、合作共赢、协调发展的道路。

（二）适用区域

就地城镇化与异地城镇化是城镇化的两条路径，并非所有地区都适合就地就近城镇化。上述灰色区域理论告诉我们，就地就近城镇化的主要空间载体，是上述大城市外围的准城市化地区、连接大城市的主干道及其周边的发展走廊区、人口密度高且与城市联系密切的人口沉淀区的灰色区域。在此基础上，还应当进一步结合国情，尤其是我国促进区域均衡发展、城乡一体化发展以及城镇合理布局的战略目标，合理确定就地就近城镇化的重点空间。由于小城镇是城乡之间的缓冲地带，是大中城市与乡村的纽带与桥梁，是促进城乡融合与一体化发展的重要节点，是农村人口避免跨区长距离流动、实现就地就近转移的空间载体，同时根据《国家新型城镇化规划（2014—2020)》，我国的城镇化发展必须"有重点地发展小城镇，促进大中小城市和小城镇协调发展"，明确了"加快发展中小城市是我国优化城镇结构的主攻方向"，据此，中小城市的辐射范围是就地就近城镇化的最优适用区域，而符合条件的小城镇也适合开展就地就近城镇化，主要包括承担着疏解大城市（或中心城市）功能任务的重点镇、具有特色资源或区位优势的专业特色镇，以及规模较大、服务农村的综合性小城镇等。事实上，无论是城镇还是乡村，只要人口密度高、城乡联系密切，农业与非农业发育良好，且工业、服务业增长迅速的区域，都可以推动就地就近城镇化。

五、本章小结

从 2002 年党的十六大报告开始，中央和国务院的政策文件一般都采用"城镇化"这一称谓，自此以后，从政界到学界也都普遍称之为"城镇化"。综合来看，"城镇化"较"城市化"的表述更加准确，更能反映农村人口转移的本质特征，也符合我国的特殊国情。

城镇化的本质是农业转移人口生产方式、生活方式与思想观念的现代化转型，同时享有与城镇居民同等的公共服务。已有理论认为，城镇化需要完成两个转移，即居住从乡到城的"空间转移"，以及就业由农到非农的"产业转移"。从城镇化的本质内涵上看，这种认识有一定的局限性。分析认为，农村人口不进行空间转移也能实现城镇化，农村劳动力不发生产业转移亦可实现城镇化。换言之，城镇化跟农业人口是否发生居住地的空间转移以及就业的产业转移并没有必然联系。

学术界对就地就近城镇化内涵的认识并不统一。不过，多数学者都是从农村人口转移的空间尺度来定义的。"就地就近"城镇化是相对异地城镇化而言的，是指相对较小的空间尺度，但这一"空间尺度"到底是多少，人们的理解并不相同，归纳来看主要存在三种观点，即"县域尺度""户籍所在地"及"虚化"地域。除了空间尺度外，就地就近城镇化还涉及农业人口转移的目的地指向。大家对此看法也不一致，归纳来看可分为五种类型：小城镇；小城镇、集镇与准城镇；小城镇、中心村；中小城市；中小城市、中心城镇。据此可以看出，就地就近城镇化的目的地较为宽泛，既有小城镇（集镇）、小城市、中等城市，也有中心村或新型农村社区。其中，小城镇获得了较多的认可，而被认为是异地转移目的地的"大城市"则被排除在外。

结合国家相关发展计划（规划）中的城镇化政策导向，以及学术界对就地就近城镇化概念的认识，本书把就地就近城镇化界定为农村人口没有进行远距离迁移，而是在原居住地进行现代化改造或者就近向所在地中心村、新型农村社区、邻近的小城镇（含县城）、特色小镇、中小城市转移，并实现生产方式、生活方式与思想观念现代化的过程。

就地就近城镇化最大空间尺度不是"县域"而是"市域"（中等规模的地级市）。农村人口就地就近转移的目的地指向有三个：一是原居住地（含中心村、新型农村社区）；二是邻近的集镇、建制镇（含县城）以及"非镇非区"的特色小镇；三是所在行政区中小规模的地级城市、县级市。

除中小规模的地级市外，就地就近城镇化的目的地重点应是那些区位优越、资源丰富、人口规模较大、基础设施完善、产业发展基础较好，承载力较强的县城、县级市、中心镇、重点镇（尤其是全国重点镇）、特色镇，以及虽不属于建制镇范畴，但生产、生活与生态融合较好的"特色小镇"。就地就近转移农业劳动力的就业方式有三种：一是继续从事农业生产，并从传统农业走向现代农业；二是进入第二、第三产业，实现由农业向非农产业的转移；三是进行"兼业"，包括以非农为主的兼业与以农为主的兼业两种类型。就地就近城镇化与异地城镇化、新型城镇化、农村城镇化、城乡一体化等概念既有联系也有区分。

依据灰色区域理论，大城市外围的准城市化地区、连接大城市的主干道及其周边的发展走廊区、人口密度高且与城市联系密切的人口沉淀区的"灰色区域"，是就地就近城镇化的主要适用区域。同时，考虑到促进区域均衡发展、城乡一体化发展以及城镇合理布局的战略需求，我国就地就近城镇化也适用于虽在"灰色区域"之外，但具备一定人口规模、城乡互动频繁，农业与非农业发育良好，且工业、服务业增长迅速等条件的中小城市、小城镇。

第三章 我国城镇化空间模式演进及就地就近城镇化回归

改革开放以来，我国城镇化进程明显加快。根据城镇化走势及区间差异性特征，可把1978～2019年的城镇化进程划分为五个阶段：一是大幅波动阶段（1978～1990年），城镇化率从1978年的17.92%增长到1990年的26.41%，年均增长0.71个百分点，平均增长率为3.01%。然而，受多重因素的影响，此期间的城镇化率增长起伏较大。二是平稳增长阶段（1991～1995年），城镇化进程较为平稳，城镇化率从1991年的26.94%增长到1995年的29.04%，年均增长0.53个百分点，年均增长率为1.94%。三是高速平稳增长阶段（1996～2003年），城镇化进程也较为平稳，但增速较高，城镇化率从1996年的30.48%增长到2003年的40.53%，增长了10.05个百分点，年均增长1.44个百分点，年均增长率为4.16%。四是高位波动阶段（2004～2012年），城镇化率从2004年的41.76%增长到2012年的52.57%，增长了10.81个百分点，年均增长1.35个百分点，平均增长率为2.92%。不过，此期间的城镇化率增长起伏也较大[1]。五是增长趋缓阶段（2013～2019年），城镇化率从2013年的53.73%增长到2019年的60.60%，增长了6.87个百分点，年均增长1.15个百分点，平均增长率为2.03%[2]。在此期间，我国城镇化空间模式历经了从就地就近城镇化，到异地城镇化，再到就地就近城镇化的演变过程。

---

① 与2008年的亚洲金融危机有关。

② 根据历年《中国统计年鉴》的城镇化率数据计算所得。

一、20 世纪 80 年代的就地就近城镇化

(一) 主要特征

始于改革开放初期，衰退于 20 世纪 90 年代中期，这一阶段的就地就近城镇化主要表现为农村人口就地就近转移，推动了以小城镇为主要空间载体的城镇化。

(二) 形成原因

城镇化是多方面因素综合作用的结果。从本质上看，这个时期就地就近城镇化的主要力量源泉是各领域的改革与创新。其中，蓬勃发展的乡镇企业为就地就近城镇化奠定了物质基础[①]，城镇化政策与方针为就地就近城镇化提供了制度保障。

1. 乡镇企业的带动

人们对乡镇企业内涵的认识有所不同。最初，是按照所有制来界定的，主要指乡村集体经济开办的工厂、商店；后来，随着经济社会发展形势的变化，则主要是从地域上来界定，即地处乡村、利用乡村资源，以农村劳动力为主的企业，一般都被认为是乡镇企业。这一变化也体现在国家正式文件中，1984 年人民公社解体，当年的中央四号文件《关于开创社队企业新局面的报告》中将"社队企业"更名为"乡镇企业"，由乡镇政府的经委直接管理。1997 年《中华人民共和国乡镇企业法》颁布实施，不仅从法律层面明确了乡镇企业的地域属性，而且这一名称也被更加广泛的使用。在 20 世纪 80 年代至 90 年代初期，乡镇企业蓬勃发展主要归结于以下四个方面的原因。

(1) 顺应了市场需求。新中国成立之初，全国工业化水平极低，只有 20.8% （属于工业化起步阶段），并且空间分布极不均衡，有限的工业主要集中于东北三省与沿海地区的少数城市，中西部地区工业基础非常薄弱。同时，新中国在经济上还面临着西方国家的封锁与破坏。在此背景

---

① 辜胜阻，成德宁. 农村城镇化的战略意义与政策选择 [J]. 中国人口科学，1999 (03)：32 - 37.

下，我国在国土开发上采取的是均衡发展战略，集中力量发展内地，目的是建立起独立的工业体系与经济体系。

在此发展战略的推动下，我国在"一五"时期相继建成了宝成、天兰、兰新、兰渝铁路以及青藏、康藏等公路，形成了以兰州、西安、成都等城市为依托的新工业基地。"三五""四五"时期通过新建、迁建、改建等方式，建设了2000多个大中型骨干企业，45个大型生产科研基地和30个新型的工业城市[①]，从而大大改善了西部地区的交通基础设施状况，保持了边疆民族地区社会政治稳定，维护了民族团结和国家统一，同时奠定了中国西部工业化的物质基础，初步改变了工业过于集中在东部沿海地区的格局。至1978年，全国工业化率达到47.9%，较1952年提升了27.1个百分点[②]。

这一发展战略在取得巨大成就的同时，也带来了一系列不可忽视的问题。产业发展规律告诉我们，在工业发展的起步阶段，应遵循"先轻后重"的发展路径，即优先发展轻工业，以保障人民对生活产品的需求。然而，受多重因素的影响，我国在此阶段的区域均衡发展战略却是优先发展重工业，这种"重重轻轻"的产业发展战略一定程度上违背了产业发展的基本规律，导致人民生活必需品严重缺乏。在这种背景下，改革开放后蓬勃发展的乡镇企业广泛涉足轻工业领域。研究表明，在我国轻工业产品的市场供给中，乡镇企业的地位大幅度上升。其中，1980～1988年的贡献率达到了32%。1988年，电风扇、丝织品、呢绒等主要生活消费产品的占比分别达到了45.5%、68.7%与52.1%[③]。显然，乡镇企业的快速发展既对扭曲的产业结构体系起到了纠偏的作用，又紧贴市场需求，从而拥有巨大的发展空间。

（2）投资少、见效快。与重工业相比，投资少是轻工业与部分服务业的主要特点。20世纪80年代至90年代中期，大部分乡镇企业的突出特点是"三就地"，即就地取材、就地加工、就地销售，劳动力也主要来自本

---

① 陈映. 我国宏观区域经济发展战略的历史演变 [J]. 求索，2004 (09)：15－18.
② 根据《中国统计年鉴》对应年份的数据计算所得。
③ 刘斌，张兆刚，霍功. 中国三农问题报告 [M]. 北京：中国发展出版社，2004.

地乡村，其参与度较高的农副产品加工业、建筑业、交通运输业、农村商业及其他服务业的成本相对较低。为支持乡镇企业发展，国家给予了诸多优惠政策，1978 年规定新建乡镇企业 3 年免税。与此同时，发展乡镇企业容易获利。一方面，由于工农产品价格"剪刀差"的存在，工业品定价高，乡镇企业也因此可以从中受益；另一方面，这个阶段总体上属于短缺经济时代，绝大部分产品供不应求，乡镇企业用不着为产品销路犯愁，很容易获得规模效益。

（3）各级政策的扶持。乡镇企业脱胎于人民公社时期的"社办企业"（也称"社队企业"）①，有一定的发展基础。按照 1958 年党的八届二中全会确立的"两条腿走路"方针，优先发展重工业，同时兼顾轻工业，轻重工业并举；兼顾两个层面，中央工业与地方工业并举。在此方针指导下，各地开始重视"社办企业"。1970 年开始的"四五"计划，号召公社和生产队在农业之外，积极发展小钢铁、小水泥、小化肥、小水电（或小煤窑）、小农机等"五小工业"。1979 年，党的十一届四中全会通过的《中共中央关于加快农业发展若干问题的决定》指出，"社队企业要有一个大发展，逐步提高社队企业的收入占公社三级经济收入的比重"，要按照经济合理的原则，结合社队企业特点，充分发挥其近原料地的地域优势，逐步把适宜农村生产的农副产品转给社队企业加工；支持城市企业把适宜农村生产的部分零部件或产品外包给社队企业，并给予设备支援与技术指导，原则上允许社队企业自由生产、自由销售；采取各种措施，保障社队企业产、供、销渠道能畅通无阻；区分不同情况，对社队企业实行低税或免税政策。在这种背景下，一些工业原料和农副产品的粗加工工业与农业相关的手工业从大中城市向农村扩散②。截至 1978 年，全国的社队企业已达152.4 万个，企业总收入 431.4 亿元，占人民公社三级经济总收入的29.7%，安置农村劳动力 2826.5 万人。其中，江苏省社队企业发展更为迅猛，其收入已占人民公社三级经济总收入的 43%，该省社队企业总产值占

---

① 1984 年，人民公社解体，社办企业改称乡镇企业，由乡镇政府的经委直接管理。
② 周如昌. 对我国乡村城镇化的一些看法［J］. 中国农村经济，1985（12）：1－8.

到全国的 16.6%[1]。

此外，乡镇企业发展也得到了地方政府的大力支持。而且，层级越低的政府，支持本土企业发展的态度越积极，尤其是热衷支持那些只需要给优惠政策，而不需要投入资金的企业[2]。这与 20 世纪 80 年代的财政制度有关：当时在税收分配上基层有较大的自由度，下级政府只需上交一个定额或者一个比例，剩下的收入可以自留。这也就意味着，基层政府和乡镇企业的利益是一致的。在这种情况下，为扩大本地财源[3]，地方政府会积极为乡镇企业发展提供便利条件，帮助找贷款、做担保、找销路、找技术，以推动乡镇企业扩大再生产，从而获得更高的收益。

（4）"卖粮难"的推动。在改革开放以来农村生产力迅速发展的大背景下，我国"卖粮难"问题一直持续存在，粮食的相对富余及农村产业结构的调整，为从事农产品加工业的乡镇企业提供了丰富且多样化的生产原料。

第一次"卖粮难"出现在 1983～1984 年。随着家庭联产承包责任制的实施，广大农民粮食生产的积极性被广泛调动起来，全国粮食产量快速增长。1984 年粮食产量达到历史最高纪录，人均 390.3 公斤，较 1949 年的 208.9 公斤、1978 年的 316.6 公斤分别增加了 86.8% 与 23.3%[4]。然而，由于当时仓储容量远远不能满足需求，且破仓烂库多，加之相关配套政策没有跟上，无法及时收购农户手中的粮食，"卖粮难"问题开始出现。受此影响，各地纷纷减少粮食播种面积，年均减少 2000 多万亩，为非粮种植业腾出了大量土地[5]，为乡镇企业发展创造了有利条件。

第二次"卖粮难"出现在 1986～1992 年。受前期"卖粮难"的冲击，1985 年各地加大产业结构调整，粮食播种面积持续减少，人均粮食大幅下

① 马杰三. 当代中国的乡镇企业［M］. 北京：当代中国出版社，1991.

②⑤ 萧冬连. 农民的选择成就了中国改革——从历史视角看农村改革的全局意义［J］. 中共党史研究，2008（06）：32－43.

③ 由于制度不完善，在需要用钱时，地方政府还可以以管理费、摊派等名义从企业支取。

④ 1978 年的人均粮食产量与 1957 年（301.7 公斤）基本相当，20 多年没有明显增长；1984 年粮食产量虽然达到人均 390.3 公斤，但仍低于世界人均 432 公斤水平。

降，供求关系失衡。全国各地随之出现粮食抢购，从而引发所谓的"粮食大战"，产粮区为保护自身利益，纷纷禁止粮食外流，结果粮食流通受阻，产粮区仓储容量不足的矛盾更加突出，出现了"购不了，存不了，调不走"的现象。受此影响，农民种粮的积极性下降，使得 1988 年粮食再度减产。在这种背景下，产粮区仍然坚持以超过国际粮食市场价格的垄断价出售，导致一些销粮区（也称购粮区，主要集中于沿海地区）不得不从国外进口粮食，结果造成产粮区陈粮无处存放。1990 年，农业生产全面丰收，各地库满，粮食难以出售，以致托熟人、找关系、送礼物四处求售，许多农民不得不以低价把粮食卖给粮贩子。面对这种局面，农村再次大规模调整产业结构，有 7000 万公顷土地转产经济作物，从而刺激了农村加工业的发展①。

在上述四个方面因素的共同驱动下，我国乡镇企业发展迅猛。到 1983 年底，全国乡镇企业已达 134.6 万个，从业人员 3234.7 万人。快速发展的乡镇企业在扩大就业、吸收农业剩余劳动力、增加居民收入和推动我国城镇化进程方面发挥了重要作用。一是成为吸纳农村剩余劳动力的主渠道。1978~1988 年，乡镇企业共吸收容纳了 8500 万农村剩余劳动力②。其中，乡村工业 1979 年就吸纳了 1814.4 万劳动力，1985 年则达到 3126.5 万人，这大约是新中国成立 35 年来全部正式职工人数的 1/4③。1984~1988 年，乡镇企业的从业人员增加到 9545 万人，其中 1984 年和 1985 年每年新增就业近 2000 万人④。二是对国民经济的贡献日益凸显。1983 年，乡镇企业总收入 928.7 亿元，1979~1985 年的年均增速达到 25.2%。其中，1979 年我国乡村工业收入为 372.2 亿元，1985 年则快速增长到 1432.7 亿元，年均增长速度高达 25.2%⑤。乡镇工业在工业总产值中的比重由 1976 年 7.4% 上升到 1983 年的 12.4%，1979~1983 年全国乡镇工业在工业总产值

---

①④　萧冬连. 农民的选择成就了中国改革——从历史视角看农村改革的全局意义［J］. 中共党史研究，2008（06）：32 – 43.

②　王毅平. 从乡村工业发展看我国城市化的道路［J］. 社会，1989（04）：4 – 7.

③⑤　唐方杰. 对中国城市化问题的几点认识［J］. 武汉大学学报（社会科学版），1990（04）：64 – 69.

中的比重年均递增 14.5%①②。另一研究显示，1988 年乡镇企业在工业总产值的比重为24.0%，1991 年则上升到30.8%，提高了6.8 个百分点；其出口所占比重也由 1987 年的 11.0% 上升到 1993 年的 35.0%，增加了 24 个百分点③。1985～1990 年，在全国税收的净增长份额中，乡镇企业贡献了 21.6%，同时，各种筹资、摊派、收费、捐款等制度外财政收入，乡镇企业也贡献了约33.3%～66.7%④。1979～1982 年，全国乡镇企业实现利润 451.2 亿元，其中乡村工业超过一半。同时，在缴纳税收后，乡镇企业还把相当一部分利润投入农业生产，资金规模达到同期国家在农林牧渔和水利基本建设投资的0.3 %⑤。

2. 城镇化政策的引导

（1）调整城市发展方针。为了加快实现农业现代化、逐步缩小城乡差别和工农差别，1979 年党的十一届四中全会通过了《中共中央关于加快农业发展若干问题的决定》，该决定明确指出，要有计划地发展小城镇和加强城市对农村的支援，要通过工业、服务业发展强化小城镇的建设，作为改变农村面貌的空间支撑；加强对经济条件较好的集镇或公社所在地的合理规划，并在现有大城市的周围逐步建设一些卫星城镇，加强对农业的支援。

1980 年12 月《全国城市规划工作会议纪要》提出，我国城市发展的基本方针是"控制大城市规模，合理发展中等城市，积极发展小城市"，应优先把新建项目布局在小城市和区位、交通、资源等条件较好的小城镇，把部分新建项目和从市区迁出的工厂安排到特大城市和大城市周围的卫星城。1986 年《中华人民共和国国民经济和社会发展第七个五年计划》要求继续贯彻执行上述城市发展基本方针，同时强调"切实防止大城市人

①　唐方杰. 对中国城市化问题的几点认识［J］. 武汉大学学报（社会科学版），1990（04）：64 –69.

②　徐兴田，苗莲英. 发展乡镇企业的战略意义［J］. 社会科学辑刊，1984（06）：65 –68.

③　樊纲. 两种改革成本与两种改革路径［J］. 经济研究，1993（01）：3 –15.

④　林毅夫，蔡昉，李周. 中国的奇迹：发展战略与经济改革［M］. 上海：上海人民出版社，2002.

⑤　王毅平. 从乡村工业发展看我国城市化的道路［J］. 社会，1989（04）：4 –7.

口规模的过度膨胀，有重点地发展一批中等城市和小城市"，计划到1990年，建制镇发展到10000多个，同时积极扶持乡镇企业发展。

1991年《中华人民共和国国民经济和社会发展十年规划和第八个五年计划纲要》指出，在保持城市发展基本方针总体不变的同时，更加强调对大城市规模的控制要"严格"，对小城市的发展由"积极"转向"合理"。在乡村建设中，要以集镇为重点，以乡镇企业为依托，建设一批新型乡镇；继续实行农村剩余劳动力"离土不离乡、就地转移为主"的方针，同时，加快农村非农产业的发展，接纳劳动力就业。

1993年《中共中央关于建立社会主义市场经济体制若干问题的决定》（以下简称《决定》）与1996年《中华人民共和国国民经济和社会发展第九个五年计划》都强调了乡镇企业在繁荣农村经济中的重要地位，同时要求充分利用和改造现有小城镇，统筹乡镇企业发展与小城镇建设，以科学规划为引领，引导乡镇企业向小城镇适度集中。《决定》还明确要求"逐步改革小城镇的户籍管理制度，允许农民进入小城镇务工经商，……，促进农村剩余劳动力的转移"。

（2）放宽建制镇设立标准。1983年《中共中央 国务院关于实行政社分开建立乡政府的通知》要求，把实施政社分开、建立乡政府作为当前的首要任务，对具备条件的集镇，可以成立镇政府。在此政策作用下，仅仅一年的时间，全国建制镇的数量就从1983年的2786个上升到1984年的6211个，增长率达到122.9%，如图3-1所示。

1984年《国务院批转民政部关于调整建镇标准的报告的通知》强调"适当放宽建镇标准，实行镇管村体制"。该通知对1955年和1963年中共中央和国务院设镇的规定作了调整，放宽了建镇标准。

如表3-1所示，1963年的建镇标准是：常住人口在3000人以上的，非农人口比重须超过70%；常住人口不足3000人但超过2000人的，非农人口比重则须高于85%。显然，与1955年相比，常住人口规模与非农人口比重两项指标都有显著提高，这也就意味着建制镇门槛提高了。受此政策的影响，各地采取行政措施撤销了一大批不够新标准的建制镇，导致建制镇的数量急剧减少。在建制镇设立新标准之前的1961年，我国有建制镇

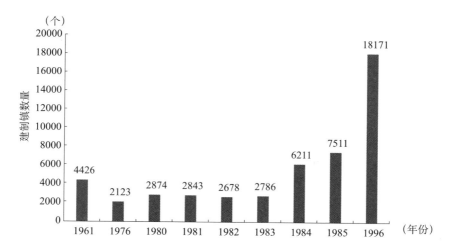

图 3 − 1　我国设镇标准调整前后建制镇数量的变化

资料来源：（1）林志群. 中国城镇化道路与"星火计划". 科学，1986（04）：242 − 250.
（2）殷志静，郁奇虹. 中国户籍改革. 北京：中国政法大学出版社，1996.

4426 个，到 1976 年就只剩下 2123 个，净减少 2303 个，建制镇数量不到原来的一半。此后，建制镇虽有所增长但总体增长缓慢，到 1983 年以前也没有超过 3000 个[①]。

表 3 − 1　我国建制镇设立标准的变化

年份	常住人口（人）	非农人口比重（%）	非农人口数量（人）	备注
1955	> 2000	> 50		
	1000 ~ 2000	> 75		
1963	> 3000	> 70		
	2000 ~ 3000	> 85		
1984	> 20000			少数民族地区、人口稀少的边远地区、山区和小型工矿区、小港口、风景旅游、边境口岸等地
	< 20000		> 2000	
	< 20000		< 2000	

资料来源：1955 年《中华人民共和国关于设置市镇建制的决定和标准》，1963 年《中共中央　国务院关于调整市镇建制、缩小城市郊区的指示》，1984 年《国务院批转民政部关于调整建镇标准的报告的通知》。

　　1984 年，国务院再次对建制镇标准进行了调整，要求县级政府所在地

---

① 林志群. 中国城镇化道路与"星火计划"［J］. 科学，1986（04）：242 − 250.

均应设置镇的建制。乡常住人口超过 20000 人、乡政府驻地非农业人口占全乡人口 10% 以上的，或者常住人口数量不足 20000 人、乡政府驻地非农人口数量超过 2000 人的即可设镇。对于少数民族地区、人口稀少的边远地区、山区和小型工矿区、小港口、风景旅游、边境口岸等地，非农人口数量少于 2000 人的，若确有必要，也可设镇。与 1963 年相比，1984 年的建制镇标准大幅度降低了。

（3）消除城镇化的制度障碍。改革开放前，无论是 1958 年的《中华人民共和国户口登记条例》，还是 1964 年公安部《关于户口迁移政策的规定》，都对农民进城和人口流动进行严格控制，形成了典型的二元城乡格局，任何自发流入城市的农民都被认为是非法的"盲流"，严格地实行收容和遣返。这种政策一直延续到 20 世纪 80 年代初期①，从而大大阻碍了城镇化进程。从 1984 年开始，这一限制农村人口进城的政策才有所松动，甚至还一定程度上鼓励农民到集镇务工、落户。

随着农村经济改革的深入发展和商品经济的渐趋繁荣，越来越多的农民脱离种植业而转入工业、建筑业、运输业、商业和其他服务业。为了顺应和积极引导农村产业结构巨变的历史潮流，1984 年中央一号文件《中共中央关于 1984 年农村工作的通知》提出，"农村工业适当集中于集镇……使集镇逐步建设成为农村区域性的经济文化中心""允许务工、经商、办服务业的农民自理口粮到集镇落户"②。

1984 年 10 月，《国务院关于农民进入集镇落户问题的通知》指出，"凡申请到集镇务工、经商、办服务业的农民和家属，在集镇有固定住所，有经营能力，或在乡镇企业单位长期务工的，公安部门应准予落常住户口，及时办理入户手续，发给《自理口粮户口簿》统计为非农业人口"。

---

① 1979 年 4 月 16 日，国务院批转国家计委《关于清理压缩计划外用工的办法》，要求对来自农村的临时工、合同工、协议工、亦工亦农人员"坚决进行清退，今后不得再使用"。1980 年和 1981 年，中共中央、国务院关于解决城镇就业问题的有关文件，要求继续清退来自农村的计划外用工，农村多余劳动力要"就地适当安置，不使其涌入城镇"。1981 年 12 月，国务院再次发出通知，要求各地"严格控制农村劳动力进城做工"。

② 只局限于本属于农村地域的集镇，不允许到县城以上的城镇落户。如此，实质上就是"离土不离乡"。

同时，地方政府要为他们建房、买房、租房提供方便，保护农民进入集镇兴业安居的合法权益。在此背景下，至1986年底，在仅仅两年多的时间里，全国办理自理口粮户口多达16338户，计4542988人[①]。其中，仅浙江省1987年就约有30多万农民自理口粮到城镇落户[②]。

受此影响，小城镇数量迅速增加。1978～1988年，我国新设城市241座，平均每年设24座。同期，新设建制镇5764个，平均每年新增576个[③]。1983年底共有建制镇2786个，截至1984年6月，建制镇的数量猛增到5698个，增长了104.5%；1984年建制镇上升到6211个，1985年则达到7511个[④]。到1996年，建制镇为18171个，是1983年的6.52倍。建制镇非农业人口从1981年的4477万人，增至1985年的5721万人，小城镇人口也从接近1亿人增加到1.6亿人[⑤]。全国城镇化进程加快，城镇化率从1978年的17.92%提高到1996年的30.48%[⑥]，提高了12.56个百分点。

对1986年我国建制镇、小城市、中等城市、大城市、特大城市五类城镇的比较可以发现：除大城市外，城镇人口规模越小，迁入人口比重越大。即建制镇、小城市、中等城市与特大城市的迁入人口比重依次为44.71%、38.95%、34.01%与32.66%。与此同时，对比迁入人口的来源还发现，五类城镇的迁出地都表现出本省大于外省的态势，其中尤以中小城市和镇更为明显。从迁出地类型来看，由农村迁入市镇的人口比重高于城市之间的迁移比重，也高于由镇迁入城市的人口比重，其中，由农村迁入小城镇的比重最高，达到56.9%。这种情况和我国控制大城市、合理发展中等城市、积极发展小城镇的城市发展政策基本吻合，也为20世纪80年代的就地就近城镇化提供了有力佐证[⑦]。

---

①④⑤　殷志静，郁奇虹. 中国户籍改革［M］. 北京：中国政法大学出版社，1996.

②　顾益康，黄祖辉，徐加. 对乡镇企业——小城镇道路的历史评判——兼论中国农村城市化道路问题［J］. 农业经济问题，1989（03）：13－18.

③　辜胜阻. 中国城镇化的发展特点及其战略思路［J］. 经济地理，1991（03）：22－27.

⑥　数据来源：《中国统计年鉴（2010）》。

⑦　马侠，王维志. 中国城镇人口迁移与城镇化研究——中国74城镇人口迁移调查［J］. 人口研究，1988（02）：1－7.

二、20 世纪 90 年代以来的异地城镇化

（一）主要特征

这一城镇化空间模式到目前为止仍然处于主导地位，其主要表现为农村劳动力向沿海地区转移，推动了以大中城市为主要空间载体的城镇化。

（二）形成原因

尽管改革开放初期，我国对农村劳动力流动有着种种限制，但仍然没有阻挡农民进城的步伐。截至 1986 年底，进城农民仅仅登记在册的就有 480 万人，若加上未登记入册的，全国应不低于 1500 万人①。受多重因素的影响，自 20 世纪 80 年代末开始，中西部地区的大量农村劳动力更是加快涌向沿海地区，并出现多轮波澜壮阔的"民工潮"。其中，流出地以安徽、江西、河南、湖北、湖南、广西、重庆、四川、贵州 9 个省（区、市）为主，约占流出劳动力的 81.0%；流入地以北京、天津、上海、浙江、江苏、广东、福建 7 个省市为主，约占流入劳动力的 82.0%。

第一次"民工潮"发生于 1989 年②，据估计，全国有 3000 万人跨区转移就业，主要流入地是广东省，主要流出时间是春节后的一个月左右，据 1989 年 3 月 2 日的《中国青年报》报道，期间每天有数万人甚至十几万人涌向广东。由于转移时间与转移目的地高度集中，规模巨大的"流动大军"对交通、社会管理产生了空前压力，因此国务院多次发布紧急通知，要求各地严格控制民工盲目外出和大量集中外出。1991 年 2 月，国务院办公厅再次发出通知，要求各地"劝阻民工盲目去广东"③。第二次"民工潮"出现于 1992 年，约 4000 万农民工涌向沿海地区，流动劳动力的数

① 王文杰，李维平. 在三个"1500 万"的背后——我国劳动就业方针初探 [J]. 瞭望周刊，1988（07）：22 - 24.

② 也有人认为第一次"民工潮"出现于 1984 年。当时由于乡镇企业蓬勃发展，大量农村劳动力进入乡镇企业就业。所以，这次"民工潮"属于就地就近转移，体现了"离土不离乡、进厂不进城"的特点。

③ 农村劳动力流动课题组. 中国农村劳动力流动的回顾与展望 [N]. 广州日报，2000 - 09 - 27.

量逐年稳步提高。其中，1993 年、1994 年分别达到 6200 万人、7000 万人[①]。1997 年，转移人口规模再上新台阶，突破 1 亿人大关，形成第三次"民工潮"。进入 21 世纪以后，仍然以每年 600 万～800 万人的数量迅速增长，2004 年外出农民工约为 1.2 亿人[②]。归纳来看，以下六个方面的因素推动了这个时期快速发展的异地城镇化。

1. 我国经济发展重心东移

区域经济理论表明，在经济发展初期，空间大国应优先开发资源与经济基础较好的地区，使其成长为区域经济增长极，进而带动其他地区较快发展。反观我国 1953 年开始实施的均衡发展战略，过分强调社会公平与区域平衡发展，忽视了经济发展和产业布局的效率原则，一定程度上违背了区域经济发展的基本规律，从而延缓了全国经济的发展。为了改变这种局面，1978 年我国开始对国土开发战略进行调整，也就是实施非均衡发展战略。空间开发重点从西部地区转向发展基础更好的东部沿海地区，从而实现全国经济整体较快增长的发展目标。为此，主要采取了三项措施，即国家基本建设投资向沿海地区倾斜、实行沿海地区优先的对外开放政策、实施有利于东部沿海地区发展的市场改革和财税政策改革。

1992 年，邓小平南方谈话后，沿海地区扩大开放，外商投资大举进入，个体私人企业迅速发展，大批国有小企业改制，城市第三产业逐步允许农民工进入[③]。20 世纪 90 年代中后期，伴随香港、澳门回归，港澳台制造业开始向珠三角大规模转移，近海外市场的区位、廉价的劳动力、良好的基础设施和巨大的消费潜力也使中国沿海地区成为国际制造业转移的重点承接地。在相关政策强有力的推动下，东部地区先于中西部快速发展起来，东部因而拥有更多的就业机会与更高的收入水平，从而吸引中西部地区大量农村富余劳动力到沿海地区务工。

2. 乡镇企业衰退（1994～2002 年）

1994～2002 年，由于多种原因，在 20 世纪 80 年代异常红火的乡镇企

---

① 农村劳动力流动课题组. 中国农村劳动力流动的回顾与展望 [N]. 广州日报，2000 - 09 - 27.

②③ 萧冬连. 农民的选择成就了中国改革——从历史视角看农村改革的全局意义 [J]. 中共党史研究，2008（06）：32 - 43.

业出现了发展瓶颈，衰退趋势异常明显，接纳劳动力的能力大幅度下降，使得中西部农村劳动力不得不向沿海地区转移以寻找出路。

（1）经济发展宏观环境的变化。为适应社会主义市场（商品）经济发展，以 1985 年《中共中央关于在城市进行经济体制改革的决定》为代表的一系列国有企业改制指导意见与实施方案出台，其中包括了从最初的放权让利、探索两权分离，到 20 世纪 90 年代的完善经营机制体制、建立现代企业制度为方向的深化改革与制度创新。传统计划经济体制有所松动，生产经营自主权逐步下放，企业开始成为相对独立的利益主体，员工的主人翁意识明显增强，生产劳动的积极性大幅度提升。与此同时，乡镇企业仍然沿袭着既有的发展路径，没有做到与时俱进，其弱质性在市场竞争面前更加充分地暴露出来，其他经营主体对其产生了越来越大的冲击。与国有企业相比，乡镇企业在技术、人才、资金、原材料供应等多方面处于明显的劣势[①]；与三资企业相比，除了技术短板外，乡镇企业还缺乏资金与管理经验；与个体和私营经济相比，乡镇企业的灵活性与市场适应性又明显不足。此外，20 世纪 90 年代宏观调控期间的金融紧缩，农村工业再也无法像 80 年代那样轻松得到贷款支持，加之受到 1997 年亚洲金融危机的冲击，许多企业的发展更是举步维艰。在此背景下，乡镇企业加速走向分化，一部分通过改制、联合经营，及时注入资金、引进技术，扩大生产规模，不断走向发展壮大，逐步融入城市工业体系；另一部分企业则因生产方式落后，产品与市场需求错位而加快萎缩、淘汰，并在 90 年代末期出现了乡镇企业"倒闭潮"。

（2）同构严重，市场竞争加剧。乡镇企业是在短缺经济时代孕育而生的，没有经历过市场竞争的洗礼。旺盛的市场需求，既为乡镇企业提供了良好的生存土壤，也为其初期的盲目发展及后期的快速衰退埋下了隐患。在利益驱动与自身条件约束下，各地企业在原料来源、空间布局、生产技术、产品类型甚至组织架构等方面竞相模仿、遍地开花，最终导致产值结

---

① 萧冬连. 农民的选择成就了中国改革——从历史视角看农村改革的全局意义［J］. 中共党史研究，2008（06）：32－43.

构高度趋同。一是乡镇工业与城市工业同构。由于生活必需品供不应求，城市工业也纷纷上马轻工业，对于劳动密集型产业而言，当时的城乡要素禀赋差异不足以驱动形成城乡不同的产业结构。同时，20 世纪 80 年代国家鼓励城市工业把部分产品分包给乡镇企业生产，也就使得乡镇工业成为城市工业的一部分，进一步加剧了二者的驱同。研究显示，1984 年，农村工业、建筑业和服务业的产值结构与城镇同类部门的相似度高达0.998。其中，对工业内部 14 个行业的城乡对比发现，其产值结构相似度也达 0.721[①]。二是乡镇工业与乡镇工业同构。这主要与两个方面的因素有关：一方面，企业的员工素质、技术水平、投资能力差别不大；另一方面，地方保护主义盛行、市场条块分割，不同区域之间的企业缺乏有效竞争。农村地域之间的非农产业结构高度相似，必然导致对原料、能源、市场的激烈竞争，从而引发了 20 世纪 80 年代爆发的"棉花大战""烟叶大战"。

（3）空间布局分散，缺乏集聚效益。相关产业或经济活动在特定地域集聚，既可以因为共建共享而降低基础设施的建设成本与维护成本，也可以因为空间近邻而减小运输成本、仓储成本、信息收集成本与交易成本，还可以因为生产与服务的关联与协作而就近获得原料、市场与劳动力。更重要的是，可以近距离地获得同类企业更多的技术与知识溢出，并在比较学习中加快升级换代，从而不断提高竞争力。我国的乡镇企业在相当长的时期内是按照就地取材、就地加工、就地销售的"三就地"原则发展生产的[②]，因此形成了乡镇办、村办、联户办、户办四种类型。在空间布局上，乡办企业办在乡（镇）、村办企业办在村、联户或户办企业办在家，呈明显的分散化和乡土化，"村村布点，处处冒烟"是其突出特征，无法获得上述聚集效益，也形成不了由此衍生的规模经济与范围经济。

（4）企业规模小，竞争力弱。我国乡镇企业大多数走的是"小型

---

① 远宝剑. 从产业结构变化趋势看我国的城市化道路［J］. 管理世界，1990（04）：202 - 203.

② 郝直，卢新生."城乡隔离"及其终结——兼论中国城市化的道路［J］. 人文杂志，1990（02）：62 - 65.

化"发展道路。这其实是一种无奈的选择：一是缺乏足够的资金投入用于扩大生产规模；二是企业规模越大，对管理与经营的能力要求越高，而当时乡镇企业的员工素质普遍较低，既不能满足大规模发展的需要，也不能适应市场的变化。尽管这种状况在理论上可以发挥"船小好调头"的优势，但却很大程度上丧失了规模效益，这又进一步阻碍了企业必要的技术改造与先进技术设备的使用，从而使得乡镇企业的技术水平整体上处在国民经济体系的下游。不难理解，与其他类型的企业相比，这种既无规模优势又无技术优势的生产企业难以有效抵御市场风险，很容易在日益增加的市场竞争中败下阵来。与此同时，改革开放让城市工业具有更大的活力与竞争力，加之在原材料供给、能源供应以及交通运输、生产技术等方面拥有相对优势，与城市工业相比，无论是价格竞争还是质量竞争，乡镇企业都处于明显的劣势地位，其发展空间受到了城市工业越来越多的挤压。

（5）发展条件欠佳，经济效益不高。自 20 世纪 80 年代末期开始，基础设施薄弱、能源供给不足等问题对经济发展的制约作用日益凸显，使得乡镇企业的经济效益每况愈下，也成为当时乡镇企业发展面临的又一个重要危机。一是交通运输落后，全国拥有农村公路 62 万公里，平均每 1 万农村人口仅有 7.5 公里。不通公路的乡镇有 5000 多个，不通公路的村（大队）有 26 万多个，而且路况差、运输工具数量少，交通运输的效率低、成本高。二是能源供给不足，农村缺油少电非常普遍，全国不通电的村庄约占一半。三是通信设施不健全、质量差，电话不通、邮政不畅、广播不响属于乡村常态，极大地影响了正常的信息传递。此外，仓储设施严重不足，不能满足乡村工业发展的需要，也制约了乡镇企业生产效益的提升①。受上述因素的影响，自 1980 年以来，我国乡镇企业的 6 个主要经济指标均以年均 5% 左右的速度下降，这些指标既包括百元资金创利税、百元固定资产创利税、百元流动资金创利税，也包括百元成本创利税、百元收入创

---

① 王毅平. 从乡村工业发展看我国城市化的道路 [J]. 社会，1989（04）：4-7.

利税与百元工资创利税等①。

3. 沿海地区就业机会多、收入高

在多个因素的共同作用下，沿海地区为农村劳动力提供了巨大的就业空间：一是东部沿海地区是承接国外劳动密集型产业的主阵地。20 世纪 80 年代，正当我国实施改革开放政策之际，恰逢世界劳动密集型产业新一轮转移浪潮。为大幅度降低生产成本并扩大国际市场，欧美日等发达国家与亚洲"四小龙"等新兴工业化国家纷纷到中国对外开放的前沿阵地——东部沿海地区投资办厂，对劳动力的需求旺盛。二是沿海地区城市为农村劳动力创造了众多"结构性"就业岗位②。改革开放后，在国家优惠政策的驱动下，东部城市各个领域均得到了快速发展。其中，纺织、服装、鞋类、玩具、家具、皮革制品等技术含量不高的加工业需要大量农村劳动力，蓬勃发展的建筑业的也离不开农村瓦工、木工和青壮年劳动力，环卫、家政、保安、餐饮等低端服务业更需要农村劳动力。三是农村劳动力对劳动条件与待遇的要求相对较低。跨区转移就业的农村劳动力主要从事的是当地居民排斥的工作③，要么是苦、累、脏、险，如装卸、高空作业等；要么是社会地位较低，如勤杂工、补鞋、补锅等手工匠及保姆、保安等；要么是劳动报酬较低、稳定性差，如受雇于个体工商户的雇工、往返于城乡之间进行短途或长途贩运的小商贩等④。事实上，即使就职于涉外企业的状况也不过如此。例如，由于制度不健全或管理不规范，沿海地区的众多"三来一补"企业⑤往往违背我国的劳动政策，千方百计压低劳动力雇用价格，且很多企业不提供基本的劳动保护，工作环境恶劣，引发的职业病非常普遍，严重损害了职工的身

---

① 朱林兴. 关于小城镇的作用和城市化模式的思考——对"小城镇化"观点的商榷［J］. 财经研究，1989（02）：39 – 43.

② 萧冬连. 农民的选择成就了中国改革——从历史视角看农村改革的全局意义［J］. 中共党史研究，2008（06）：32 – 43.

③ 王文杰，李维平. 在三个"1500 万"的背后——我国劳动就业方针初探［J］. 瞭望周刊，1988（07）：22 – 24.

④ 根据第五次人口普查资料，农民工在各产业从业人员中所占比重，第二产业为 58%，第三产业为 52%，在第二产业中，加工制造业为 68%。

⑤ "三来一补"指来料加工、来样加工、来件装配和补偿贸易。

体健康与权益。显然，对转移就业的农村劳动力而言，因为对劳动条件与待遇的要求较低，所以更容易获取工作机会；对于企业而言，则可以大幅度降低用工成本，从而拓展更大的发展空间。

4. 农村的推力上升

随着农村人口规模持续增长，人地矛盾日益尖锐，农业生产力水平逐步提升，农村富余劳动力数量不断增加，从而农村人口向非农产业与城镇地域转移就业就成了客观需要。进入20世纪90年代，"三农"问题日益突出，农民增收困难，农业比较收益持续走低。尽管国家按照保护价收购粮食，市场粮价也有所上涨，但是由于农资与涉农服务的价格增长更快，很大程度上削弱了农产品价格上升对农民收益的贡献，往往出现增产不增收的情形，甚至还会出现农业产出低于成本投入的情况。这也就意味着，投入得越多，产量越大，亏损就越严重，极大地挫伤了农民从事农业生产的积极性。在相当长的一个时期内，农民不仅要上缴农业税①，而且还要缴纳名目繁多的各种"费"。其中，全国性及中央部门涉农收费项目就达150余项，另外还有"三提五统"、农村教育费附加等收费项目②。与此同时，随着经济社会发展，农村的老人赡养与子女教育等生活成本也越来越高，完全依靠农业收益必然是入不敷出。在这种情况下，越来越多的农村劳动力就把外出务工作为增加收入的主渠道，以此维持家庭生计、缴纳各种税费。此外，尽管经过多年的改革开放，农村与城市的发展差距却越来越大。除了较低的物质生活水平外，农村的生产生活环境、教育资源、医疗条件、文化娱乐体育设施等都与城市无法同日而语。因此，对更高的生活质量与精神文明的追求也是农村劳动力向沿海地区或城市转移的重要驱动力。青壮年劳动力大量外流进一步抑制了农业农村发展，农民的身份认同

---

① 2005年十届全国人大常委会第十九次会议审议通过废止《农业税条例》，从2006年1月1日起，征收了2600多年的农业税从此退出历史舞台。

② 1984年国务院颁布了《关于筹措农村学校办学经费的通知》，开征了农村教育事业经费附加。

感降低，农村的离心力随之增强。值得一提的是，在农村劳动力异地转移就业过程中，少数"成功人士"起到了重要的示范效应及"领头雁"作用。

5. 人口流动的阻力变小

1984 年 4 月，国务院发布了《中华人民共和国居民身份证试行条例》，我国开始正式实施身份证制度；为方便群众生活、适应地区与城乡之间人口流动量日益增加的需要，1985 年 7 月，公安部出台《关于城镇暂住人口管理的暂行规定》，明确保障暂住人口的合法利益，同时，为规范流动人口管理，对暂住时间较长且符合条件的人员，发放《暂住证》或《寄住证》。

1992 年 8 月，公安部发布的《关于实行当地有效城镇居民户口制度的通知》规定，"在小城镇、经济特区、经济开发区、高新技术产业开发区实行当地有效城镇户口制度……享受与城镇常住户口同等待遇"。同年年底，国务院成立户籍制度改革文件起草小组，随后有条件地松动了城镇户籍控制。小城镇户籍实际上已经放开，一些省市也尝试在大中城市有条件放开户籍。1993 年 2 月，国务院发布《国务院关于加快粮食流通体制改革的通知》，要求积极稳妥地放开粮食价格和经营。这也就意味着，长期阻碍农村人口向城镇流动的粮食计划供给体制，在实施了40 年后被正式废止。同年，中央明确提出发展劳动力市场，鼓励农村过剩劳动力转移。

2003 年开始，国家又出台了一系列户籍制度改革政策，支持符合条件的农民进城落户。2003 年 1 月，国务院办公厅《关于做好农民进城务工就业管理和服务工作的通知》，取消行政审批、职业工种限制、干涉企业自主合法用工等对农民进城务工就业的不合理限制，多举措解决拖欠和克扣农民工工资问题，改善农民工的生产生活条件，多渠道安排农民工子女就学，在入学条件等方面一视同仁地保障农民工子女义务教育权利。2008 年10 月，党的十七届三中全会通过的《中共中央关于推进农村改革发展若干重大问题的决定》提出，要"着力破除城乡二元结构、形成城乡经济社会发展一体化新格局"，引导农民有序进入城镇就业，促进劳动力在城乡之间自由流动；逐步让进城民工与当地居民在劳动报酬、子女就学、公共卫生、住房租购等方面享有同等的权益。同时，继续推进户籍制度改革，按照大中小城市协调发展的要求，着重降低中小城市的落户门槛，使符合条件的农村人口有序转变为城镇居民。2010 年 5 月 27 日，国务院转发了国家发改委《关于 2010 年深化经济体制改革重点工作的意见》，这是首次在国务院文件中提出在全国范围内实行居住证制度。户籍制度改革让农民有了更多的自主权，向城镇流动的制度阻力大幅度降低，可以在异地就业、生活，并可享受一部分城镇基本公共服务。

6. 城镇化政策的调整

从我国历次国民经济和社会发展五年计划纲要中，可以清晰地看到我国城镇化方针的变迁，1991 发布的第八个五年计划仍然明确要求"严格控制大城市规模"。"九五"计划则没有明确提到这一要求，可以认定为继续沿袭此前的城镇化方针，但到了 2001 年的"十五"计划则指出，要"走符合我国国情、大中小城市和小城镇协调发展的多样化城镇化道路，逐步形成合理的城镇体系"。这也就意味着，我国自此开始放弃了实施 20 年的限制大城市发展的政策[1]。

（三）城镇化效果

上述各项举措的实施，大大加快了我国城镇化发展步伐。2010 年城镇化率达 49.95%，较 1990 年（26.41%）上升了 23.54 个百分点，年均提高 1.18 个百分点。同期，大城市数量和规模快速上升。200 万人以上的城市数量增长了 1 倍以上，100 万~200 万人的大城市和 50 万~100 万人的中型城市也增长 30%~40%[2]。在城镇化率快速提升的同时，这期间的城

---

[1]　1980 年 12 月《全国城市规划工作会议纪要》提出，我国城市发展的基本方针是"控制大城市规模，合理发展中等城市，积极发展小城市"。

[2]　1989 年制定的《中华人民共和国城市规划法》按照非农业人口数量对城市规模进行了划分，这部规划法于 2008 年 1 月 1 日废止。2014 年国务院印发《关于调整城市规模划分标准的通知》，以城区常住人口为统计口径，把城市规模划分为五类七档。

镇化也带来了一系列的问题：一方面是交通拥堵、地价上升、污染加剧为主要标志的"城市病"；另一方面则是乡村空心化、人口老龄化、农业兼业化为代表的"农村病"。此外，在全国范围内，还导致人口长距离大规模流动、资源大跨度调运，不仅大大增加了经济社会运行和发展的成本，而且也使得区域发展不平衡问题越发突出，对经济社会持续发展构成威胁。

三、2010 年开始的新时期就地就近城镇化

（一）主要特征

近年来，我国农村劳动力转移就业总量不断上升（见表 3 - 2），从 2008 年的 22542 万人增加到 2019 年的 29077 万人，11 年共增加 6535 万人，增长了 29.0%，年均增速约 2.3%，但增速自 2010 年开始呈现下降的态势，从 2010 年的 5.4% 下降到 2019 年的 0.8%（如图 3 - 2 所示）。异地转移就业的绝对规模也一直呈上行趋势，从 2008 年的 14041 万人增加到 2019 年的 17425 万人，增加了 3384 万人，增长了 24.1%，年均增速约 2.0%，但增长速度从 2010 年的 5.5% 下降到 2019 年的 0.9%。就地转移就业从 2008 年的 8501 万人增加到 2019 年的 11652 万人，增加了 3151 万人，增长了 37.1%，年均增速约 2.9%，但从 2011 年开始增速呈下降态势，从 2011 年的 5.9% 下降到 2019 年的 0.7%。换言之，尽管异地转移就业、就地转移就业的增速分别自 2010 年、2011 年开始出现下降，但就地转移就业的增速高于异地转移，高了 0.9 个百分点。与此同时，本地转移就业的比重从 2010 年开始逐步增加，从 2010 年的 36.7% 上升到 2019 年的 40.1%。上述情况表明，自 2010 年以来，我国农村人口转移出现新变化，表现为异地城镇化的动能在减弱，而就地就近城镇化步伐开始加快（如图 3 - 3 所示）。与 20 世纪 80 年代的城镇化相比，这是就地就近城镇化在更高阶段的"回归"。

表 3 - 2　　　　2008～2019 年我国农村劳动力转移就业变化趋势

年份	转移总量（万人）	增速（%）	异地转移（万人）	异地转移增速（%）	本地转移（万人）	本地转移增速（%）	本地转移占比（%）
2008	22542	—	14041	—	8501	—	37.7
2009	22978	1.9	14533	3.5	8445	3.5	36.8
2010	24223	5.4	15335	5.5	8888	5.2	36.7
2011	25278	4.4	15863	3.4	9415	5.9	37.2
2012	26261	3.9	16336	3.0	9925	5.4	37.8
2013	26894	2.4	16610	1.7	10284	3.6	38.2
2014	27375	1.9	16821	1.3	10574	2.8	38.6
2015	27747	1.3	16884	0.4	10863	2.7	39.2
2016	28171	1.5	16936	0.3	11237	3.4	39.9
2017	28652	1.7	17185	1.5	11467	2.0	40.0
2018	28836	0.6	17266	0.5	11570	0.9	40.1
2019	29077	0.8	17425	0.9	11652	0.7	40.1

注：外地转移是指在本乡镇以外从业 6 个月及以上的外出农民工；本地转移是指在本乡镇内从事非农产业 6 个月及以上的本地农民工。我国自 2008 年开始对农民工进行专门监测。

资料来源：中华人民共和国国民经济和社会发展统计公报（2010～2019 年）、全国农民工监测调查报告（2008～2019 年）。

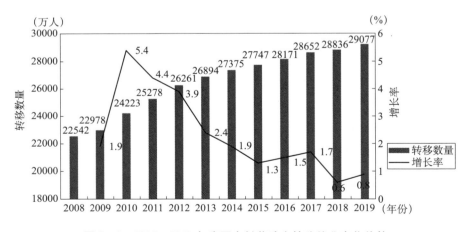

图 3 - 2　2008～2019 年我国农村劳动力转移就业变化趋势

资料来源：中华人民共和国国民经济和社会发展统计公报（2010～2019 年）、全国农民工监测调查报告（2008～2019 年）。

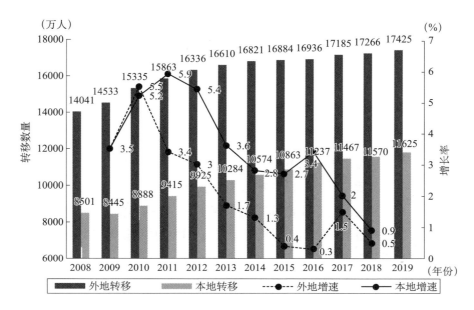

图 3 – 3　2008 ~ 2019 年我国农村劳动力转移就业变化的比较

资料来源：中华人民共和国国民经济和社会发展统计公报（2010 ~ 2019 年）、全国农民工监测调查报告（2002 ~ 2019 年）。

（二）形成原因

从成因上看，以下五个方面的因素推动了这个时期的就地就近城镇化。

1. 农村发展形势向好

农村的发展空间大，许多异地务工人员开始陆续回乡，从事农业生产、农副产品加工和经营等方面的工作。

2. 区域经济发展差异明显，劳动密集型产业向中西部转移

改革开放 40 多年来，我国经济发展迅猛，经济发展水平迅速提升，但区域经济发展差距也越拉越大。目前，全国总体上处于工业化后期前半阶段，但从区域差异看，东部沿海地区已经步入工业化后期后半阶段，而中西部相当一部分地区还处在工业化中期或早期阶段。换言之，我国区域之间的发展差距是阶段性的。这也就意味着，当东部经济发展已经依靠知识、技术推动工业化时期，而中西部地区还主要依靠劳动力、自然资源带动。

根据产品生命周期理论，一个产品一般要历经诞生、发展、成熟、衰退、消亡的过程。由于区域差异的存在，同一产品在不同区域可能会处于不同的发展阶段。当其在先发区域逐步丧失竞争力而走向衰退的时候，往往会通过区域转移（也就是转移到此类产品正处在诞生或成长期的后发区域）以获得进一步的发展机会，即产业转移本质上是产品或产业在不同区域的生命周期不同步现象。在我国，经过 40 多年的快速发展，东部沿海地区的工资成本大幅度上升，劳动密集型产业的发展空间越来越小，不得不向劳动力相对丰富、工资成本相对较低的中西部转移。研究表明，在 2004 年刘易斯拐点之后，制造业在沿海地区的集聚效应已然式微，而要素成本效应在产业转移发展过程中的作用越来越强①。这就解释了为何东部地区拥有产业集聚效益但仍然不能阻挡劳动密集型产业向内陆转移的原因。

3. 区域发展定位不同，沿海地区产业升级

根据 2010 年 12 月国务院发布的《全国主体功能区规划》，东部沿海地区的珠三角、长三角、环渤海地区等地被定位为优化开发区。优化开发区是指国土开发密度较高、资源环境承载力开始减弱的区域。这类区域是带动全国经济发展的龙头和参与经济全球化的主体，其主要任务是着力提高产业的技术水平，化解资源环境瓶颈制约。据此要求，国家优化开发区域应率先加快转变经济发展方式，调整优化经济结构，提升参与全球分工与竞争的层次。在优化产业结构方面，主要任务是推动产业结构向"三高"（高端、高效、高附加值）的方向转变，发挥高新技术产业、现代服务业、先进制造业对经济增长的引领和带动作用。现代农业要重点发展高科技、高品质的节水农业、绿色有机农业和都市农业。高新技术产业要提高自主知识产权，先进制造业要节能、节地、环保，现代服务业要从劳动密集走向资金和技术密集，同时积极发展科技含量和附加值高的海洋产业②。不难理解，沿海地区产业结构升级对传统的劳动密集型产业与总体文化素质偏低的劳动力形成了挤出效应。

4. 国家乡村振兴战略的推动

2017 年，党的十九大决定实施乡村振兴战略。2018 年发布的《乡村

---

① 曲玥. 区域发展差异与劳动密集型产业转移［J］. 西部论坛，2015，25（01）：42 - 50.
② 《国务院关于印发全国主体功能区规划的通知》（国发〔2010〕46 号），2010 - 12 - 21.

振兴战略规划（2018—2022年）》明确指出，应完善城乡布局结构，推动农业转移人口就地就近城镇化。就地就近城镇化是乡村振兴的必然要求，而乡村振兴又会反过来推动就地就近城镇化，二者相辅相成、互促互进。农民是新型城镇化与乡村振兴的主体，尊重农民意愿是其共同要求。理论上，乡村振兴战略的实施能够通过四个方面的作用，有效提升农民就地就近城镇化的意愿。一是打造农民就地就近转移的空间载体。我国城乡发展极不平衡，广大农村地区（尤其是中西部地区）的工业化水平还非常低，自我发展的动力不足。所以，对于地域辽阔的农村地区而言，要实现振兴目标，首要任务就是遴选一批区位条件好、交通便利，或是人口规模大、资源丰富，或是有一定产业基础的中小城市、小城镇，完善基础设施建设，引导各种要素聚集，提升人口与产业的承载力，逐步把其培育成为引领乡村振兴的区域经济增长极，从而为承接农村人口转移提供良好的空间条件。二是拓展就地就近城镇化的就业空间。乡村振兴，产业兴旺是基础。为此，各级政府将陆续出台方方面面的配套政策，支持要素从城市向乡村流动与优化配置，助力乡村产业蓬勃发展；通过加快土地流转，促进农业规模化生产与集约化经营；通过推动产业融合，打造产业新业态并促进第二、第三产业聚集，为农民就地就近转移提供稳定性强、种类多、收益高的工作岗位，从而大幅度增强乡村的吸引力。三是孕育就地就近城镇化的生产生活条件。在加快乡村振兴的号角下，农村医疗卫生、基础教育等公共产品短缺以及基础设施不健全、欠账多的局面将会很快改变，城乡差距会进一步缩小。乡风文明建设与社会有效治理等一系列举措，将逐步改善乡村的整体面貌，从而形成宜业宜居的区域环境。四是释放更多的农业劳动力并更好地满足农民转移意愿。在乡村振兴过程中，随着不断夯实农业生产能力基础、加快壮大新型农业经营主体、持续强化农业科技支撑，农业生产效率将会大幅度提高，更多的劳动力被解放出来，这也使得加快城镇化不仅必要而且紧迫。与异地城镇化相比，由于空间距离较小，加之我国已基本消除了中小城市、小城镇对落户的制度限制，就地就近转移人口有着更大的选择权，既可以"零门槛"落户，也可以不落户并享有与原城镇居民基本相同的公共服务，还可以自主决定是否保留土地承包权、宅基地使用权、集体收益分配权，从而最大限度地保障农民选择"身份"的权利。

5. 城镇化道路的政策调整

2001 年的"十五"计划在明确走"大中小城市和小城镇协调发展的多样化城镇化道路"的同时，强调要"有重点地发展小城镇，积极发展中小城市"。小城镇的发展重点是县城和部分基础条件好、发展潜力大的建制镇，并引导各类农村企业向其聚集。2006 年，"十一五"计划提出，分类引导人口城镇化，要"鼓励农村人口进入中小城市和小城镇定居"，用经济办法等控制特大城市人口过快增长。2008 年 10 月，党的十七届三中全会通过的《中共中央关于推进农村改革发展若干重大问题的决定》提出，要引导城市生产要素向农村流动，大力发展农村服务业和乡镇企业；鼓励农民就近转移就业，扶持外出务工农民返乡创业；推进户籍制度改革，让满足就业和居住要求的农民有序转变为城镇居民；赋予符合条件的小城镇相应行政管理权限，形成城镇化和新农村建设互促共进机制，从要素下乡、产业发展、就业创业、机制体制改革等方面推动就地就近城镇化。

2011 年，"十二五"规划明确要"以中小城市为重点，促进大中小城市和小城镇协调发展"。对中小城市积极挖潜，优先发展区位优势明显、资源环境承载能力较强的中小城市。对小城镇分类施策，赋予发展基础好的小城镇更多的行政管理权限，壮大部分具备条件的发达地区中心镇、欠发达地区县城和重要边境口岸，使其逐步成长为中小城市。值得关注的是，从"十五"时期到"十二五"时期，均提出促进相关产业向县城与有条件的小城镇聚集发展。2013 年中央城镇化工作会议提出，"全面放开建制镇和小城市落户限制，有序放开中等城市落户限制，合理确定大城市落户条件，严格控制特大城市人口规模"，并促进"大中小城市和小城镇合理分工、功能互补、协同发展"。

2014 年 3 月印发的《国家新型城镇化规划（2014—2020 年）》进一步明确了我国未来一段时期城镇化的指导思想、发展目标与实施路径，确立了以提升质量为主、大中小城市和小城镇协调发展的"两横三纵"城镇化战略格局。除了沿海地区三大城市群外，更加注重引导人口向轴线上的中西部城市群与节点城市聚集，加快推进欠发达地区城镇化进程，从而形成引领区域发展的新的经济增长极。在优化城镇规模结构方面，把加快发展中小城市作为主攻方向，聚焦资源环境承载力强、发展潜力大的中小城市和县城，加快基础设施建设，提高教育医疗等公共资源供给，强化产业支撑，不断增强集聚要素的吸引力。在落户限制方面，建制镇和小城市要"全面放开"，中等城市要"有序放开"，Ⅱ型大城市要"合理放开"，Ⅰ型大城市要"合理确定"，特大城市和超大城市的人口规模则要"严格控制"①。

2014 年 3 月，国务院总理李克强的政府工作报告指出，要走以人为核心的新型城镇化道路，着力提升城镇化质量，着重解决好现有"三个 1 亿人"问题，要"引导约 1 亿人在中西部地区就近城镇化"，加大对中西部地区新型城镇化的支持，加快推进该地区城市群和城镇基础设施建设，增强其发展后劲，提高产业发展和集聚人口能力，促进农业转移人口就近就业。2016 年，中央一号文件再次聚焦新型城镇化问题，提出"大力发展特色县域经济和农村服务业，加快培育中小城市和特色小城镇，增强吸纳农业转移人口能力"。这意味着，就地城镇化已经成为我国新型城镇化建设的重要战略。城镇化道路的政策调整见表 3 - 3。

表 3 - 3　　　　　　　　　　我国 21 世纪以来城镇化政策的调整

年份	政策性文件	指导思想	重点内容
2001	"十五"计划	走大中小城市和小城镇协调发展的多样化城镇化道路	有重点地发展小城镇，积极发展中小城市
2006	"十一五"规划	分类引导人口城镇化	鼓励农村人口进入中小城市和小城镇定居；用经济办法等控制特大城市人口过快增长
2008	党的十七届三中全会通过的《中共中央关于推进农村改革发展若干重大问题的决定》	形成城镇化和新农村建设互促共进机制	引导城市生产要素向农村流动，大力发展农村服务业和乡镇企业；鼓励农民就近转移就业，扶持外出务工农民返乡创业；赋予符合条件的小城镇相应行政管理权限

---

①　划分标准的依据是 2014 年国务院印发的《关于调整城市规模划分标准的通知》，此前采用的标准是 1989 年制定的《中华人民共和国城市规划法》（2008 年 1 月 1 日废止）。

续表

年份	政策性文件	指导思想	重点内容
2011	"十二五"规划	以大城市为依托，以中小城市为重点，促进大中小城市和小城镇协调发展	对中小城市积极挖潜，优先发展区位优势明显、资源环境承载能力较强的中小城市。对小城镇分类施策，赋予发展基础好的小城镇更多的行政管理权限，壮大部分具备条件的发达地区中心镇、欠发达地区县城和重要边境口岸，使其逐步成长为中小城市
2013	中央城镇化工作会议	促进大中小城市和小城镇合理分工、功能互补、协同发展	全面放开建制镇和小城市落户限制，有序放开中等城市落户限制，合理确定大城市落户条件，严格控制特大城市人口规模
2014	《国家新型城镇化规划（2014—2020年)》	确立了以提升质量为主、大中小城市和小城镇协调发展的"两横三纵"城镇化战略格局	把加快发展中小城市作为主攻方向，聚焦资源环境承载力强、发展潜力大的中小城市和县城，加快基础设施建设，提高教育医疗等公共资源供给，强化产业支撑，不断增强集聚要素的吸引力。在落户限制方面，建制镇和小城市要"全面放开"，中等城市要"有序放开"，Ⅱ型大城市要"合理放开"，Ⅰ型大城市要"合理确定"，特大城市和超大城市的人口规模则要"严格控制"
2014	国务院总理李克强的政府工作报告	要走以人为核心的新型城镇化道路，着力提升城镇化质量，着重解决好现有"三个1亿人"问题	要引导约1亿人在中西部地区就近城镇化；加快推进该地区城市群和城镇基础设施建设，增强其发展后劲，提高产业发展和集聚人口能力，促进农业转移人口就近就业
2016	中央一号文件		大力发展特色县域经济和农村服务业，加快培育中小城市和特色小城镇，增强吸纳农业转移人口能力

四、我国城镇化空间模式演进的启示

从我国城镇化空间模式演进过程可以得到三点结论：一是在一个开放的地域系统，就地城镇化与异地城镇化是并存的。在工业化早期，为了提高经济和社会效益，并节约土地资源，应走以大中城市为依托的异地城镇化道路（也称集中式城镇化道路）；在工业化后期，随着区域承载力的约束越来越明显，大城市聚集不经济日益凸显，发展要素从集中走向分散，大中小城市的投入产出效益差距减小，则应走以中小城市（镇）为主要载体的就地就近城镇化之路。二是城镇化是一个自然而然的过程，其根本推动力是生产力发展。尽管区域差距、城乡差距、不同时期的城镇化方针、城镇化政策以及区域开发战略等因素对城镇化进程有着重要影响，可以迟滞或促进城镇化，但并非决定性力量，改变不了城镇化发展规律。换言之，与生产力水平相适应的城镇化道路才是唯一正确的道路。三是城镇化的本质是人们对美好生活的向往，城镇化模式的选择应尊重农民意愿。农民的城镇化决策是基于利益最大化的考量，由于认知水平、自身素质、转移能力以及家庭状况的差异，人们的利益关切点有所不同，因而决策的方向呈现多元化，转移的目的地既有大城市、中小城市，也有小城镇、中心村或新型农村社区，同时随着经济社会环境的变迁，农民城镇化的倾向性也会随之发生变化。无论如何选择，都是农民个人或者家庭的理性决策，也是其意愿的现实表达。因此，顺应农民意愿的城镇化才是可持续、高质量的城镇化。

五、本章小结

改革开放以来，我国城镇化空间模式历经了从就地就近城镇化，到异地城镇化，再到就地就近城镇化的演变过程。

20 世纪 80 年代的就地就近城镇化，始于改革开放初期，衰退于 90 年代中期，这一阶段的就地就近城镇化主要表现为农村人口就地就近转移，推动了以小城镇为主要空间载体的城镇化。从本质上看，该时期就地就近城镇化的主要驱动力量是各领域的改革与创新。其中，蓬勃发展的乡镇企业为就地就近城镇化奠定了物质基础，城镇化政策与方针为就地就近城镇化提供了制度保障。其中，顺应市场需求、投资少见效快、各级政策扶持以及"卖粮难"的推动，是该时期乡镇企业迅猛发展的原因。与此同时，我国明确了"控制大城市规模，合理发展中等城市，积极发展小城市"的城市发展方针，并放宽建制镇设立标准，降低了城镇化的制度门槛。

20 世纪 90 年代以来的异地城镇化，这一城镇化空间模式到目前为止仍然处于主导地位，其主要表现为农村劳动力向沿海地区转移，推动了以大中城市为主要空间载体的城镇化。归纳来看，五个方面的因素推动了这个时期快速发展的异地城镇化：一是我国经济发展重心东移，东部沿海地区是承接国外劳动密集型产业的主阵地，为农村劳动力创造了众多"结构性"就业岗位，且能获得更高的收入。二是由于经济体制改革，经济发展宏观环境发生变化，市场竞争加剧，加之企业规模偏小、空间布局分散，缺乏规模效益与聚集效益等，导致自90年代中期开始我国乡镇企业出现明显的衰退现象。三是人地矛盾日益尖锐，农村富余劳动力不断增加，"三农"问题更加突出，农业比较收益持续走低，农民增收困难，以及农村与城市的发展差距越来越大，使得农村的"推力"显著上升。四是随着身份证制度、"蓝印户口"政策的实施、粮食计划供给体制的废止、城镇户籍管控的有条件松动，以及对农村过剩劳动力转移的政策支持，农村人口向城市流动的阻力变小。五是2001年的"十五"计划指出，"走符合我国国情、大中小城市和小城镇协调发展的多样化城镇化道路，逐步形成合理的城镇体系"，这标志着我国再次调整了城镇化发展方向，开始放弃了实施20年的限制大城市发展的政策。

2010年开始的新时期就地就近城镇化，表现为异地城镇化的动能在减弱，而就地就近城镇化步伐开始加快。与20世纪80年代的城镇化相比，这是就地就近城镇化在更高阶段的"回归"。从成因上看，五个方面的因素推动了这个时期的就地就近城镇化：一是农村发展形势向好，许多异地务工人员开始陆续回乡，从事农业生产、农副产品加工和经营等方面的工作；二是劳动密集型产业向中西部转移的步伐加快，为就地就近城镇化提供了产业支撑；三是沿海地区产业升级，对传统的劳动密集型产业与文化素质偏低的劳动力形成了挤出效应；四是国家乡村振兴战略有效提升了农民就地就近城镇化的意愿、培育了农民就地就近转移的空间载体、拓展了就地就近城镇化的就业空间、创造了就地就近城镇化的生产生活条件；五是"走大中小城市和小城镇协调发展的多样化城镇化道路"得到了延续与确认，从"十五"计划到"十二五"规划，先后从不同侧面强调"有重点地发展小城镇，积极发展中小城市"，提出促进相关产业向县城与有条件的小城镇聚集发展。2013年中央城镇化工作会议要求，"全面放开建制镇和小城市落户限制，有序放开中等城市落户限制"，为农村人口就地就近转移扫清了制度障碍，2016 年中央一号文件再次聚焦新型城镇化问题，提出"加快培育中小城市和特色小城镇，增强吸纳农业转移人口能力"，进而从要素下乡、产业发展、就业创业、机制体制改革等方面推动就地就近城镇化，即就地就近城镇化已经成为我国新型城镇化建设的重要战略。

从我国城镇化空间模式演进过程可以看出，在一个开放的地域系统，就地城镇化与异地城镇化是并存的。在工业化早期，应走以大中城市为依托的异地城镇化道路；在工业化后期，则应走以中小城市（镇）为主要载体的就地就近城镇化之路。城镇化是一个自然而然的过程，其根本推动力是生产力发展，与生产力水平相适应的城镇化道路才是唯一正确的道路。城镇化的本质是人们对美好生活的向往，城镇化模式的选择应尊重农民意愿，也只有顺应农民意愿的城镇化才是可持续、高质量的城镇化。

第四章　就地就近城镇化的农民意愿、影响因素及驱动机制

一、研究现状

（一）研究内容

近年来，广大学者从不同视角对多个地域的农民就地就近城镇化意愿进行了调查分析，主要研究内容集中在以下两个方面。

1. 农民就地就近城镇化的意愿

由于调研区域、调研时间、调研对象（农村人口、农业转移人口、回流农民工）、城镇化类型（就业城镇化、居住城镇化、户籍城镇化）不同，甚至对就地就近城镇化内涵的理解不同，人们的研究结论也不尽相同，农民就地就近城镇化意愿往往差别很大[1][2][3]。

向丽（2017）对广西壮族自治区 14 个地级市的调查显示，农业转移人口具有就近城镇化意愿的比例为 34.4%；张甜、朱宇、林李月（2017）对河南省永城市（县级市）的分析发现，回流农民工居住区位（居住城镇化）选择主城区比重为 33.7%，选择乡镇中心的比重为 12.7%，二者合计占比 46.4%；陈轶、刘涛、李子豪等（2018）对南京市江北新区农民就

---

① 吴翌琳，张心雨. 城镇化背景下农民进城定居意愿及影响因素分析 [J]. 经济学家，2018（02）：88 – 92.

② 齐嘉楠. 空间、规模与结构：城镇化背景下农业流动人口居留意愿变动研究 [J]. 人口与社会，2018，34（05）：29 – 39.

③ 陈艳，张立. 基于"年龄"视角的农村留守人口与外出人口的城镇化意愿研究 [J]. 城乡规划，2018（01）：59 – 68.

地城镇化意愿的调查表明，大城市边缘区居村农民总体就地城镇化意愿较高，达到 67.5%；孙博、段文婷、许艳（2019）对胶东地区 3 个地级市 13 个县市的研究显示，74.9% 的农民有城镇就业意愿，而 86.8% 的被调查者选择在本县就地就近就业。其中，倾向在本镇镇区、县城、本县其他镇工作的比重分别为 52.6%、27.3% 与 6.9%。与此同时，农民居住城镇化意愿为 34.7%，明显低于就业城镇化，居住城镇化地点选择以县城为主。杜巍、车蕾（2019）对深圳市、河南省与陕西省的 3 个县区的调查发现，户籍为中小城镇的农民工更倾向于在县城发展，就地就近城镇化模式下的农民工多选择在家乡城镇发展；第一代农民工比较眷恋农村生活，第二代农民工更倾向于留城发展。严瑞河（2017）对北京 13 个地区农民的问卷调查发现，约 41.2% 的农民具有就地就近城镇化意愿，这一意愿与其是否有子女教育存在正相关性。彭荣胜（2016）对豫南地区的 4 个小城镇的农村人口转移意愿及其成因分析显示，农村人口就地就近转移的意愿强烈，占比达到 61.1%，并呈现出"购房但不落户"的转移特征。李云、陈宇、卓德雄（2017）对福建省与海南省 7 镇 21 个行政村的调查显示，农村人口在就业城镇化、居住城镇化与落户城镇化方面有明显的弱化趋势，小城镇户籍吸引力明显不足。张荣天、李传武（2020）对皖北、皖南各一个典型县的调查分析显示，农民就地城镇化意愿强烈（75.0%）。曾鹏，向丽（2017）对中西部地区 15 个省市农业转移人口就近城镇化意愿的问卷调查表明，具有就近城镇化意愿的农业转移人口占比为 35.0%。李俊鹏、王利伟、谭纵波（2017）对河南省禹州市（县级市）22 个乡镇居民城镇迁居意愿的分析发现，居民就近向城镇迁居的意愿强烈，其中 51.0% 的居民倾向于搬迁至禹州市区居住，13.0% 的居民具有迁居许昌市区的打算。

2. 农民就地就近城镇化意愿的影响因素

广大学者把就地就近城镇化的影响因素主要归结为三个方面：一是个体特征因素，包括年龄、婚姻状况、受教育程度、就业质量、就业能力、外出务工时间、务工形式、职业类型、对进城定居政策了解程度、主观不公平感的感知、本地方言熟悉程度、社会认同度等；二是家庭因素，包括家庭人口数、宅基地面积、现居住环境满意度、住房类型、子女成家、子女教育、家庭经营耕地面积、家庭纯收入、非农收入比重、社会网络关系等；三是区域因素，包括经济发展水平、公共设施建设水平、城乡（镇村）空间联系、土地流转支持度、生活成本、政府就业政策及教育政策、乡村邻里关系、村庄交通便利度、基本公共服务、城市物价水平及居住条件的改善程度等。在研究中，多数学者都采用问卷调查与深度访谈的方式获取第一手调查数据，并鉴于农民就地就近城镇化意愿可以转化为0、1的二分变量，在影响因素分析时普遍采用二元 Logistic 回归模型①②③④⑤；也有学者在因变量中增加了"不确定"选项，因而采用了多元 Logistic 回归模型⑥或者排序选择模型（ordered choice model）⑦。此外，少部分学者采用了二元离散型选择模型，即 Probit 模型，该模型也是人口迁徙决策的经典模型⑧⑨。

从研究结论来看，大家普遍认为，文化程度、外出务工时间、家庭纯收入、非农收入比重、学龄儿童数量等因素对就地城镇化具有正向促进作用，而户主年龄、家庭经营耕地面积，宅基地面积或居住环境满意度、乡

① 陈轶，刘涛，李子豪，尹俊超，陈文珺，羊妍玙. 大城市边缘区居村农民就地城镇化意愿影响因素——以南京江北新区为例［J］. 地域研究与开发，2018，37（06）：70－75.

② 孙博，段文婷，许艳，赵悦君. 职业分化视角下的农民城镇化意愿与影响因素研究——以胶东地区为例［J］. 城市发展研究，2019，26（05）：10－15.

③ 张荣天，李传武. 中部地区农民城镇化意愿及其影响因素研究——以安徽典型县域为例［J］. 世界地理研究，2020，29（01）：112－119.

④ 王丽英，张明东，刘后平. 家庭生产要素配置对西部地区农户城镇化意愿的影响［J］. 西部论坛，2017，27（03）：8－13.

⑤ 张勇，包婷婷. 城镇化进程中农民进城定居意愿影响因素的实证分析［J］. 干旱区资源与环境，2019，33（10）：14－19.

⑥ 张甜，朱宇，林李月. 就地城镇化背景下回流农民工居住区位选择——以河南省永城市为例［J］. 经济地理，2017，37（04）：84－91.

⑦ 严瑞河. 基于子女教育视角的北京郊区农民城镇化意愿分层［J］. 中国农业大学学报，2017，22（04）：188－198.

⑧ 徐丽，张红丽. 农户就地城镇化的影响因素及其福利影响——基于四省农户微观数据的实证分析［J］. 社会科学家，2016（06）：72－77.

⑨ 郑永兰，汤绮. 新生代农民工就近城镇化意愿影响因素研究——基于江苏省的调查［J］. 山东科技大学学报（社会科学版），2019，21（01）：79－85.

村邻里关系、村庄交通便利度等对就地城镇化具有抑制作用①②③；子女成家、子女教育等是农户在城镇购房的主要动机所在，而城镇就业难度大、生活成本高、不愿意放弃农村承包地等是转移人口"不落户"的主要原因④⑤。此外，职业类型或就业质量也是影响就地就近城镇化意愿的重要因素⑥⑦。

（二）存在的问题

上述研究为认识就地就近城镇化的农民意愿及其影响因素提供了有价值的参考，但也存在值得进一步思考与探讨的问题。

一是对农民就地就近城镇化意愿的总体状况了解不够。大部分学者均选择一个省（区、市）的部分乡镇作为研究区域，既有欠发达地区，也有发达地区，但以中西部劳动力输出大省为主。中西部主要涉及江西省、四川省、安徽省、河南省、湖北省、陕西省、甘肃省、广西壮族自治区等，东部地区主要包括江苏省、广东省、山东省、辽宁省、福建省、海南省、北京市、上海市等。此外，为了对比研究，李云、陈宇、卓德雄（2017）把福建省、海南省的7镇，杜巍、车蕾（2019）把深圳市、河南省与陕西省的3个县区作为调研区域；为了提高研究的代表性，徐丽、张红丽（2016）把江西省、四川省、安徽省和辽宁省4个农业大省的40个村，曾鹏、向丽（2017）把中西部地区部分省市作为调查区域。总体来说，已有

①　张荣天，李传武. 中部地区农民城镇化意愿及其影响因素研究——以安徽典型县域为例［J］. 世界地理研究，2020，29（01）：112－119.

②　张勇，包婷婷. 城镇化进程中农民进城定居意愿影响因素的实证分析［J］. 干旱区资源与环境，2019，33（10）：14－19.

③　徐丽，张红丽. 农户就地城镇化的影响因素及其福利影响——基于四省农户微观数据的实证分析［J］. 社会科学家，2016（06）：72－77.

④　彭荣胜. 传统农区就地就近城镇化的农民意愿与路径选择研究［J］. 学习与实践，2016（04）：59－67.

⑤　王新志，王亮. 新型城镇化进程中农民的进城意愿与利益诉求研究——以齐河县为例［J］. 经济动态与评论，2016（02）：24－47.

⑥　向丽. 农业转移人口就地就近城镇化意愿的代际差异分析——基于就业质量视角［J］. 改革与战略，2017，33（01）：117－121.

⑦　胡继亮，李栋，李邱帆. 非农就业、农民工进城落户意愿与城镇化区位选择——基于微观调查数据［J］. 农林经济管理学报，2019，18（05）：598－606.

研究主要把局部地区作为观测对象，因而分析的是个别地区就地就近城镇化的农民意愿，但缺乏对全国整体性的把握，难以为国家城镇化政策的制订提供更加科学的指导。

二是缺乏对农民就地就近城镇化意愿的理论锤炼与现实解读。影响农民就地就近城镇化决策的因素很多，厘清主导因素并科学把握要素之间的内在联系至关重要。现有研究在因素遴选上多是依据刘易斯（Arthur Lewis）二元经济理论与托达罗（Michacl P Todaro）预期收入理论，但对新时代背景下城镇化进程中农民最为关切的问题关注不够，也对各个因素在就地就近城镇化中所起的作用及其内在关系缺少应有的阐释。在这种情况下，相关研究所得到的结论，就可能在一定程度上没有准确反映农民就地就近城镇化的真实意愿，城镇化政策的着力点就容易出现偏差。

二、研究方法、研究假设与数据来源

（一）研究方法

分析个体决策行为的模型较多，诸如 Logistic 模型、二元离散型选择模型（即 Probit 模型）、排序选择模型（ordered choice model）等，但适用条件与使用效果各不相同。其中，二元 Logistic 模型是适用于因变量为二分变量的非线性概率模型。鉴于农民就地就近城镇化意愿可以转化为 0、1 的二分变量（"是"赋值为 1，"否"赋值为 0），因而本书采用该模型分析农民就地就近城镇化意愿的影响因素，具体模型表达式如下。

$$\ln(P_i/1 - P_i) = \alpha + \sum_{j=1}^{m} \beta_j X_{ij} + \varepsilon$$

其中，P_i 表示农民 i 就地就近城镇化意愿的概率，α 为常数项，X_{ij} 表示影响农民 i 就地就近城镇化意愿的第 j 个解释变量，m 表示解释变量的个数，β_j 表示解释变量的回归系数，ε 为扰动项。农民愿意就地就近城镇化的概率与不愿意就地就近城镇化概率的比值 $P_i/1 - P_i$ 为事件发生概率比。

（二）研究假设

1. 理论依据

影响农民就地就近城镇化意愿的因素，可以从相关理论中得到答案。

刘易斯二元经济理论与托达罗预期收入理论认为，具有经济人属性的农民是否向城镇迁移，主要取决于迁移前后的综合收益比较。进城后的收益越大，则农民向城镇迁移的意愿则越强。而伊斯特林（Easterlin）与斯塔克（Stark）等学者的相对贫困假说理论则认为，农业人口是否迁移以及如何迁移，既取决于城乡预期收入差距的高低，也取决于其感知到的相对贫困状况。据此，农业人口迁移决策的影响因素有三类：一是与城市劳动者的预期收入差距；二是在家乡感受到的相对贫困大小，也就是与同乡其他劳动者的收入差距；三是迁移到城市以后，参照城市居民的生活标准所感受到的相对贫困程度。显而易见，按照相对贫困假说理论，农村转移人口的迁移决策主要取决于相对贫困因素，无论是农村相对贫困人口、绝对贫困人口还是相对富裕人口，小城市、小城镇均是其迁移的主要目的地。

农民的转移意愿是一个复杂的家庭决策系统。在我国，人民普遍具有较强的家庭观念，每个成员承担的角色并不相同，存在着事实上的分工关系，且这一分工会随着年龄的增长而发生变化，具有鲜明的代际特征。也就是说，家庭某个成员关于是否向城镇迁移的决策，看似是个人意愿，实质上却往往是基于整个家庭利益的整体考量①。

综上所述，同时参照已有研究②③④，本书把影响农业人口就地就近城镇化意愿的解释变量划分为 3 大类、15 个因素：（1）个人因素，包括性别、年龄、受教育程度、务工年限、从事职业、农民身份认同；（2）家庭因素，包括家庭成员数量、家庭中 65 岁以上老人数量、家庭中 16 岁以下少儿数量、家庭年收入水平、家庭非农收入比重；（3）城乡差距认知因素，包括子女教育认知、社会保障认知、生活成本认知、谋生能力认知。

① 龚维斌. 从历史维度看乡村振兴过程中的户籍制度改革 [J]. 国家行政学院学报，2018（03）：19 – 25，152 – 153.

② 张荣天，李传武. 中部地区农民城镇化意愿及其影响因素研究——以安徽典型县域为例 [J]. 世界地理研究，2020，29（01）：112 – 119.

③ 张勇，包婷婷. 城镇化进程中农民进城定居意愿影响因素的实证分析 [J]. 干旱区资源与环境，2019，33（10）：14 – 19.

④ 徐丽，张红丽. 农户就地城镇化的影响因素及其福利影响——基于四省农户微观数据的实证分析 [J]. 社会科学家，2016（06）：72 – 77.

设立这类因素的原因是：初步调查已获知，在就地就近城镇化的三种形态中，农民居住城镇化、就业城镇化的意愿较强，而户籍城镇化的意愿最弱，那么研究中就需要厘清有哪些城乡差距因素影响农民的迁移意愿。

从实际情况看，农民的城镇化意愿，既取决于城乡预期收益高低而产生的"转移动力"，也取决于其是否具备相应的"转移能力"，还取决于城镇拥有的"转移空间"（就业空间），以及在此过程中可能存在的"转移阻力"。一般来说，农民的转移动力与转移能力越强、转移空间越大、转移阻力越小，则城镇化的意愿则越强。当然，这四个方面又是彼此关联的。总体来看，由文化素质与收入水平决定的"转移能力"往往在农民城镇化决策中起着主导作用。这是因为，农民转移能力的提高，能够有效提升转移动力、拓展就业空间、一定程度上克服转移阻力，从而增加转移的稳定性。总体而言，上述 15 个因素对农民就地就近城镇化意愿的影响，主要表现为它们对这四个方面的促进或抑制作用，如图 4 - 1 所示。

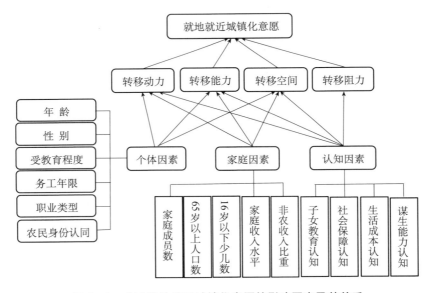

图 4 - 1　农民就地就近城镇化意愿的影响因素及其关系

2. 研究假设

假设 1：个体因素的差异，对农民就地就近城镇化意愿有着重要影响。相对于中老年人口而言，年轻人对新鲜事物的接受能力强，更渴望改变落后面貌，以获得更好的物质与精神生活，因而有着更强的迁移动力。一般来说，受教育程度高低是"素质能力"大小的体现，而务工年限长短，一定程度上反映了融入城镇生活的难易程度。因此，受教育程度越高、务工年限越长，迁移动力、迁移能力往往也越强。从事职业的非农程度越高，意味着对第二、第三产业的适应能力越强，因而拥有更强的迁移能力、更大的迁移空间。此外，农民越是不认同农民身份，越是倾向于向城镇迁移。

假设2：家庭因素，是从家庭整体利益（迁移动机）、迁移能力两个方面影响着就地就近城镇化的意愿。获得良好的教育条件，是城镇化的主要动力之一，因而家庭中16岁以下少儿数量越多，农户就地就近城镇化的意愿越强。家庭收入，反映了农户城镇化的"支付能力"；家庭非农收入比重，体现了在第二、第三产业中的谋生能力，这也就意味着，家庭收入水平越高、家庭非农收入比重越大，向城镇地域的迁移能力越强，就地就近城镇化的意愿也就越强。

假设3：认知因素，主要反应的是现行制度或政策对农民就地就近城镇化意愿的影响。一般来说，城镇生活的各种开支较农村要高，若担心迁移后的教育成本与生活成本，则一定程度上说明农户城镇化的"支付能力"不高，因而就地就近城镇化的意愿就较弱。类似地，若担心在城镇的谋生能力，要么是农民自身的"素质能力"不高，要么是城镇的就业容量（迁移空间）较小，这种情况势必会对农民的就地就近城镇化意愿起到抑制作用。此外，担心不能享有与城镇居民同等的社会保障，也是阻碍就地就近城镇化的因素之一。

（三）数据来源

1. 调查区域

考虑到调查的科学性、便利性与代表性，本书首先在全国范围内选取一定数量的省区市，然后再从每个省区市选取一定数量的样点作为调查地域。为此，本书借鉴样带分析法来实现这个目标。样带是沿某一主导驱动因素在梯度上有规律变化的线状区域[①]，其与以往强调"地带内部具有一

---

① 刘彦随，杨忍. 中国县域城镇化的空间特征与形成机理 [J]. 地理学报，2012（08）：1011 – 1020.

致性，地带间具有明显差异性"的经济区划分方式不同，它更加强调区域内部的显著差异特征。在国际地圈生物圈计划（IGBP）推动下，样带分析已在自然地理学科内得到广泛应用，并拓展至经济地理学、城乡规划学、区域经济学等领域，其优势是能更显著地揭示不同自然条件、不同经济社会发展状况对个人或群体行为影响的地域差异性，也有利于不同学科背景的学者围绕特定区域，在相关问题的研究上开展深度合作，并能将小尺度过程研究与长时段区域性、全球性研究进行耦合①。

具体方案如下：为了兼顾东西差异与南北差异，以确保东中西部及经济发达与欠发达地区均有省域进入调查范围，本书在南北方向选择京港澳高速公路（G4）、京昆高速公路（G5），东西方向选择连云港—霍尔果斯高速公路（G30）、厦门—成都高速公路（G76）共4条高速公路沿线作为样带。前2条样带是中国南北经济发展要素差异显著的一条典型样带，后2条样带是刻画中国自然地理与人文地理分异的一条典型样带。

在样带涉及的空间范围内，遴选省域若干，随后在上述每个省域中，结合地形地貌差异、距离中心城市远近等因素，选择代表性样点若干。京港澳高速公路（G4）纵贯京、冀、豫、鄂、湘、粤，京昆高速公路（G5）连接京、冀、晋、陕、川、云，连云港—霍尔果斯高速公路（G30）横穿苏、皖、豫、陕、甘、新，厦门—成都高速公路（G76）途径闽、赣、湘、桂、贵、川。上述两纵两横4条高速公路共经过18个省区市（扣除重叠省域）。据此，按照东中西部各取1/3的省区市作为研究地域的基本原则，共遴选出10个省域，即东部3个省（河北、江苏、广东）、中部3个省（河南、湖南、安徽）、西部4个省（陕西、甘肃、四川、贵州）。

2. 数据获取

本书采用分层抽样的方法，在上述选定的10个省域中兼顾地理位置、自然条件、经济发展状况等因素选取3个县（区），然后从每个县（区）中选取3个乡镇，再从每个抽取的乡镇中选取3个村委会或居委会（即

---

① 王俊帝，刘志强，刘俪甡，洪亘伟. 基于地理探测器的中国典型样带建成区绿地率空间分异的影响机理研究［J］. 生态经济，2020，36（10）：104－111.

"333"分层抽样）。在每个居委会/村委会中，本书结合随机抽样、等距抽样与配额抽样，根据人口多少，分别调查20～25个家庭。以16周岁以上的农村劳动力为调研对象（在条件许可的情况下，以农户为主），采取问卷调查与深度访谈相结合的方式获取相关数据与信息。

考虑到农村人口的总体文化素质不高，可能会影响对调查内容的理解，因此，为最大限度地保障调查的客观性与准确性，问卷是在调查人员的指导下进行填写，同时鉴于问卷无法全面体现农户行为的深层次原因，所以有针对性、有选择地开展一对一的访谈，以提高问卷调查质量。由于调查的工作量大，在时间安排上，本书采取了分阶段的调查方式，主要集中于2018年7月至2019年10月。调查中，共发放问卷6020份，获得有效问卷5282份，占比87.7%。从被调查者的性别、年龄、教育程度、家庭人口规模与结构、从事职业特征来看，样本具有广泛代表性。

如前所述，农民不转移到城镇，而是在原地实现生产方式、生活方式、思想观念的现代化以及公共服务的均等化，本质上也达成了城镇化目标，这是就地就近城镇化的一种特殊形式。鉴于它是一个自然而然的过程，也就无须了解农民的城镇化意愿，在实践中应更加关注农民从乡村向城镇迁移的意愿。因此，本书的农民城镇化意愿，特指农村人口就地就近向中小城市、小城镇转移的意愿，而不包括在原居住村落、中心村、新型农村社区的就地城镇化意愿。

三、农民就地就近城镇化的意愿及解读

（一）总体意愿与城镇化类型

我国农民参与城镇化的形式比较复杂，主要有：就业在城镇、居住在农村的就业城镇化；就业在农村、居住在城镇的居住城镇化；在城镇落户的户籍城镇化，以及就业与居住均在城镇但未落户的城镇化。因此，基于我国的现实国情，城镇化可以分为三种类型，即就业城镇化、居住城镇化与户籍城镇化。一般来说，户籍城镇化才是真正意义上的城镇化，而就业城镇化、居住城镇化则属于"半城镇化"。从发展过程看，就业城镇化、

居住城镇化是具有中国特色的城镇化形态，是完全城镇化的过渡阶段。有意愿进城就业或居住的农民，都是潜在的城镇落户人口。因此，本书所提的就地就近城镇化包括城镇化的全部三种形态。

调查显示，在有效问卷涉及的 5282 位农民中，2958 位有就地就近城镇化意愿，占比为 56.0%，2324 位无就地就近城镇化意愿，占比 44%。其中，在存在就地就近城镇化意愿的农民中，包括就业城镇化 1500 位、居住城镇化 2148 位、户籍城镇化 479 位，占比分别为 50.7%、72.6% 与16.2%。由于部分农民的意愿同时属于就业城镇化与居住城镇化，因而三种城镇化的比重之和大于 1。从调查统计中也可以看出，农民的就地就近城镇化意愿总体格局是居住城镇化、就业城镇化、户籍城镇化的比重依次递减。户籍城镇化的意愿最低，只有 16.2%，较就业城镇化、居住城镇化分别低了 34.5 个、56.4 个百分点（见表 4 - 1）。

表 4 - 1　　　　　　　　就地就近城镇化的类型统计（N = 2958）

类别	频率	百分比（%）
就业城镇化	1500	50.7
居住城镇化	2148	72.6
户籍城镇化	479	16.2

注：部分农民的就地就近城镇化意愿同时属于就业城镇化与居住城镇化，因而三种城镇化的比重之和大于 1。

与已有区域性就地就近城镇化意愿研究结论相比，本书得到的意愿低于部分地区，如皖北与皖南的 75.0%、南京江北新区的 67.5%[1][2]，但高于另一些地区，如中西部地区一些省市的 35.0%、广西部分地市的34.4%[3][4]（见表 4 - 2）。导致这一差异的原因可能有三个：一是本书调查区域范围广，涉及我国东中西部地区，基本能反映全国的一般状况，而其

---

　　① 陈轶，刘涛，李子豪，尹俊超，陈文珺，羊妍玙. 大城市边缘区居村农民就地城镇化意愿影响因素——以南京江北新区为例［J］. 地域研究与开发，2018，37（06）：70 - 75.

　　② 张荣天，李传武. 中部地区农民城镇化意愿及其影响因素研究——以安徽典型县域为例［J］. 世界地理研究，2020，29（01）：112 - 119.

　　③ 向丽. 农业转移人口就近城镇化意愿的代际差异分析——基于就业质量视角［J］. 改革与战略，2017，33（01）：117 - 121.

　　④ 曾鹏，向丽. 农业转移人口就近城镇化意愿的地区差异［J］. 人口与经济，2017（04）：89 - 97.

他相关研究更多的是面向特定地域；二是本书在调查时设置了 5 年的时间段限制，而其他大部分研究没有这一限制；三是本书的调查对象包括 65 岁以上的人口，而其他研究一般不包括这一农民群体。

表 4 - 2　　　　　　就地就近城镇化的农民意愿比较

类别	本书的农民意愿	其他研究农民意愿	来源
就业城镇化	50.7%	胶东地区：74.9%（含市区，下同）	孙博，段文婷，许艳，等（2019）
		海南农业主导型村镇地区：73.0%	李云，陈宇，卓德雄（2017）
		福建工贸综合型村镇地区：52%	李云，陈宇，卓德雄（2017）
居住城镇化	72.6%	胶东地区：34.7%	孙博，段文婷，许艳，等（2019）
		海南农业主导型村镇地区：69.0%	李云，陈宇，卓德（2017）
		福建工贸综合型村镇地区：33%	李云，陈宇，卓德（2017）
		河南永城（县级市）：46.4%	张甜，朱宇，林李月（2017）
		河南禹州（县级市）：64.0%	李俊鹏，王利伟，谭纵波（2018）
户籍城镇化	16.2%	胶东地区：30.4%	孙博，段文婷，许艳，等（2019）
		海南农业主导型村镇地区：15.0%	李云，陈宇，卓德雄（2017）
		福建工贸综合型村镇地区：18.0%	李云，陈宇，卓德（2017）

1. 居住城镇化高的动机

（1）子女成家。这一动机再次印证了城镇化决策往往是基于家庭利益的整体考量。调查统计显示，在居住城镇化中，约 57.5% 的户主表示购房并非自住，而是为子女成家或在城镇生活创造条件。其中，有男孩的家庭这一意愿表现得更加强烈。出现这种情况的主要原因有两点：一是农村性别比例严重失衡，居住城镇成为成家立业的重要条件。2019 年我国总人口性别比为 104.45，而 2021 年 5 月 11 日第七次全国人口普查公报显示，全国人口性别比为 105.07。不过，性别比具有年龄段与城乡差异。其中，20～40 岁适婚年龄男性比女性多 1752 万人，性别比达到 108.9，而农村人口性别比远高于城镇。调查显示，我国部分地区乡村 18～35 岁青年的性别比高达 135.0[①]，性别比例失调的直接后果是男性结婚压力持续增大。这样，在城镇置房自然就成了增强吸引力的重要举措。二是城乡发展不平衡，居住城镇成为青年人的普遍追求。农村的大部分适婚人口都有外出务工的经历，对城镇的生活方式较为熟悉，对城镇相对方便、舒适的购物条件与多样化的娱乐设施心向往之。与此同时，乡村与城镇的发展落差加剧了居住城镇的"体面"，而同龄人的从众与攀比心理也强化了居住城镇的意愿。在这种背景下，拥有城镇住房很容易成为女方谈婚论嫁的首要条件，而要求居住城镇这一提高婚前"要价"的行为，也被很多家长视为是保障女儿婚后幸福的重要手段。

（2）子女教育。随着人们生活水平的提升与思想观念的转变，越来越多的农户渴望子女能接受更好的教育。因此，为孩子读书提供便利条件是农户在城镇购房或租房居住的又一主要目的，占比达到 40.9%。受多重因素的影响，越来越多的农村家庭选择送孩子到城镇学校接受教育：一是进入 21 世纪以来，随着生源持续下降，农村中小学撤并步伐加快，客观上导致更多的农村适龄儿童转移到邻近的城镇就读；二是县城或中小城市的公立学校不断增设，民办学校相继涌现，招生规模持续扩大，大大挤压了农村学校的生存空间，导致越来越多的学校（尤其是农村高中）面临日益严峻的生源不足问题，进而不得不停招减招，这使得更多的农村学龄人口不得不进城读书；三是薪酬待遇、工作条件与生活环境的城乡或区域差异，造成农村学校优秀师资不断流失，城乡教育资源更加不平衡，城乡教育质量差距进一步扩大。如此一来，对优质教育资源与更高教育质量的追求，自然成为农村孩子到城镇求学的重要诱因。

2. 户籍城镇化低的原因

（1）城镇就业难度大。就业是民生之本，能否在城镇稳定就业是影响农民落户城镇的最主要因素。调查显示，约82.3%的受访对象认为就业难是其不落户城镇的主要原因。中小城市、小城镇就业难的主要原因有四

---

① 彭荣胜. 传统农区就地就近城镇化的农民意愿与路径选择研究［J］. 学习与实践，2016（04）：59 - 67.

点：一是除少数规模较大、特色鲜明的小城镇、中小城市外，大部分小城镇的产业聚集度不高，第二、第三产业总体规模小，能够提供的就业空间较为有限；二是第二产业发育不足，工业企业数量少、规模小、层级低，对农业转移劳动力的吸纳能力不强；三是第三产业结构单一、比重低，构成上以交通运输、批发和零售贸易餐饮业等低端服务业为主，而金融保险业、房地产管理业、居民服务业、公用事业、旅游业等高端服务业则严重缺乏，没有体现出第三产业行业多、门类广、劳动密集的应有优势，创造的就业空间无论是广度还是深度都严重不足；四是规模以上企业少、增加值低且波动性大，而民营企业占比高、管理不规范，"地摊经济"与"门店经济"较为普遍，劳动者的权益得不到有效保障，就业岗位的稳定性差。

（2）不愿意放弃承包地。土地是生产资料，对农民有着重要的生计保障功能。因此，在小城镇、中小城市实现稳定就业难度较大的情况下，不落户城镇、保留农村土地，是农户规避城镇化风险的理性选择。尽管根据我国现有政策，进城落户的农民可以自愿选择是否退出承包地，但大家有理由担心，土地承包到期后，已经落户城镇的人口很有可能失去续包农村土地的资格。除此之外，农户希望保留承包地还基于三点考量：一是由于传统农业生产的比较收益低，大部分农村劳动力在就业方式上属于"非农为主兼业型"，农业收入在其家庭收入中所占的比重一般都比较低，因而对土地所带来的收益并没有很高的期待。同时，在国家一系列惠农政策的支持下，种田既无须向国家缴税，也不存在集体提成，还可以获得各种农业补贴。尽管农户因此获得的直接收益可能不高，但这也足以让人们对土地产生眷恋。二是随着社会进步以及农业规模化、产业化发展，土地经营方式日趋多样化且更加灵活，既可以自种、代种，也可以转让、转包、转租、互换、入股等，农户据此可以选择最适合的利用方式，从而实现既保留农村土地又不被土地束缚的目的。三是随着乡村振兴战略的加快实施，以及新闻媒体的广泛宣传与报道，农民对国家土地制度改革充满了信心，对农村土地的未来价值愈发看好，一定程度上提升了土地回报的预期，相信保留承包地将能带来更大的收益。

（3）是否落户对子女教育影响不大。进城落户的适龄人口可以按照就近入学的原则于所在城镇接受义务教育。不过，对就地就近城镇化的农村人口而言，多重因素决定了"身份"对子女教育的影响不大。最主要的原因是，相当一部分迁移农户更倾向于让子女在私立中小学读书，因此，无须落户城镇。这主要是因为进入 21 世纪以来，社会力量投资办学的越来越多，私立学校如雨后春笋般涌现，提供了较多的基础教育学位，同时这类学校用人方式相对灵活，提供的工作条件与薪资待遇好，对公立学校的优秀师资产生了"虹吸效应"，往往有着更高的教育质量，因此，在社会上产生了更强的吸引力。尽管私立学校收费较高，但我国社会各阶层都有重视教育的优良传统，且随着社会环境的变化与市场竞争压力的增强，越来越多的家庭渴望子女能接受更优质的教育，因此，进入私立学校读书在各地都很普遍。此外，对高中阶段教育而言，无论是公立学校还是私立学校，一般都是依据成绩高低进行录取，在同一个县域内部完全不受户籍限制。

（二）农民意愿差异的描述性统计

1. 目的地指向差异

调查发现，农民就地就近城镇化的目的地选择不平衡。从表 4-3 中可以看出，农村人口就地就近转移的目的地由高到低依次为县城、重点镇或中心镇、小城市、中等城市与一般镇或集镇，占比分别为 39.9%、19.4%、18.2%、14.1% 与 8.4%。县城之所以能独占近 40%，是因为其基础设施较为完善，公共服务、居住环境也与小城市相差不大，因而对农业转移人口有较强的吸引力。不过，单从统计数据上看，小城市对农村人口的吸引力似乎比县城小了很多，占比只有 18.2%。这是因为在就地就近城镇化决策过程中，人们总是倾向于选择自己较为熟悉的城镇，而在本研究的观测地域中，小城市的数量远远少于县城。与一般镇或集镇相比，重点镇或中心镇在人口规模、产业基础或交通区位等方面具有显著优势，因此，也成为就地就近城镇化的主要目的地之一。对中等城市而言，其生活成本一般比较小城市、小城镇要高，社会融入也较为困难，加之受制于空间距离的约束，农户在转移后继续经营农村承包地、使用农村住房的便利程度降低，这些因素都成为中等城市对转移人口的吸引力不及小城市、县城的重要原因。综上所述，农村人口更愿意向小城市、县城、重点镇或中心镇转移，因此这些地方也成为就地就近城镇化的重点区域。

表 4 – 3　　　　　　　　　　农民就地就近城镇化的目的地比较

类型	中等城市	小城市	县城	重点镇或中心镇	一般镇或集镇	合计
频次	417	538	1181	574	248	2958
占比（%）	14.1	18.2	39.9	19.4	8.4	100

资料来源：根据实地调查整理。

2. 农民意愿的区域差异

表 4 – 4 显示，农民就地就近城镇化意愿有着明显的区域差异，主要表现为东部地区农民就地就近向中小城市、小城镇转移的意愿较低，只有48.1%，较平均值（56.0%）低了 7.9 个百分点，较中部地区、西部地区分别低了 13.7 个、9.7 个百分点，而中部与西部地区农民就地就近城镇化的意愿差距不大，只相差 4 个百分点，这主要与不同区域乡村与城镇的差距大小有关。一般来说，在不考虑转移能力等因素的基础上，城乡差距越大，农民城镇化的意愿越强，反之，城镇化的意愿则越弱。在东部发达地区，无论是收入水平、基础设施、就业机会，还是公共服务、居住环境，乡村与中小城市、小城镇的差距都相对较小。在这种情况下，农民要么就地就近在中心村及新型农村社区实现城镇化，要么向综合收益更高的大城市、超大城市转移，走异地城镇化的道路。相比较而言，就地就近向中小城市、小城镇转移的意愿就较弱，实地访谈也证明了这一点。与之相反，在中西部欠发达地区，交通、通信、用水、用电等基础设施，教育、医疗等公共服务以及居住条件、生活水平等，乡村与城镇的总体差距较大，因此，农民就地就近城镇化的意愿较强。

表 4 – 4　　　　　　农民就地就近城镇化意愿的区域差异

地区	样本数量（个）	就地就近城镇化意愿人数（人）	百分比（%）
东部地区	1682	809	48.1
中部地区	1701	1051	61.8

地区	样本数量（个）	就地就近城镇化 意愿人数（人）	百分比（%）
西部地区	1899	1098	57.8
合计	5282	2958	56.0

注：不包括向中心村及新型农村社区转移的就地城镇化人口。

资料来源：根据实地调查整理。

3. 地形地貌对农民意愿的影响

我国地貌类型多样，山地（含高原）约占 59.0%，平原（含盆地）占 31%，丘陵占 10.0%。地形地貌对农民就地就近城镇化的意愿有着较大影响，主要表现为平原地区与典型山区的城镇化意愿显著高于丘陵地带。如表 4 - 5 所示，山地（含高原）、丘陵、平原（含盆地）地带被调查农户占比分别为 52.7%、16.6% 与 30.7%，这与我国地形地貌的面积构成基本一致，而有意愿就地就近城镇化的户数占比分别为 55.2%、49.4%、60.9%，丘陵地带农民城镇化意愿最低，较山地（含高原）、平原（含盆地）分别低了 5.8 个、11.5 个百分点。

表 4 - 5　　　　不同地貌类型的就地就近城镇化农民意愿（N = 5282）

类别	被调查户数（户）	百分比 A（%）	有意愿就地就 近城镇化户数（户）	百分比 B（%）
山地、高原	2784	52.7	1538	55.2
丘陵	877	16.6	433	49.4
平原、盆地	1621	30.7	987	60.9
合计	5282	100.0	2958	—

注：百分比 B 是指有意愿就地就近城镇化户数与被调查户数的比值。

资料来源：根据实地调查整理。

导致上述差异的主要原因是：地形地貌一定程度上决定着一个地区的土地利用类型、耕作方式，也影响着该区域的交通条件，以及农民的就地就近城镇化意愿。（1）平原（盆地）地带的农民城镇化意愿。在平原地带，土地利用类型单一，客观上难以实现多样化经营；同时由于耕地占比高、基本农田多，按照国家土地用途管制要求，这些农田只能用于粮食生产，主观上限制了多样化经营，即在人均耕地面积较小的情况下，单一粮食生产所带来的经济收益非常有限，这也是我国许多平原地区经济落后的重要原因之一。在此情况下，进入城镇就业、获取更高的经济收入，是平原地区不少农村人口摆脱困境的主要手段之一。（2）丘陵地带的农民城镇化意愿。在丘陵地区，平地、坡地兼备，水田、旱地均有（秦淮以南与东北地区较为普遍），农林牧渔业均可发展，在每一个农业部门内部还可以开展多样化经营，可以获得多个收益增长点，大大增强了农业收入的稳定性。调查同时发现，在土地流转过程中，承包经营大户更愿意流转坡地，因为坡地不仅价格低于平地（多属于基本农田），而且更容易实现多样化经营，可以按照市场需要进行果木、花卉、养殖等农业生产，并实现农业与旅游业的融合发展，大力发展市场前景广阔的乡村旅游。在乡村旅游的带动下，休闲农业、观光农业、体验农业会获得快速发展，从而进一步增强农业收益的稳定性，进而对农村人口形成"黏附力"。（3）山地（含高原）地带的农民城镇化意愿。在典型山区，三方面因素所形成的"推力"提高了农业人口就地就近城镇化的意愿：一是耕地面积小且碎片化，不利于规模化、机械化生产。二是由于容易产生水土流失，较大坡度的山地不适宜发展种植业。为此，《中华人民共和国水土保持法》对5度以上的坡耕地开垦均作了限制或禁止性规定，5～25度的坡耕地应采用横坡耕作或梯田耕作的保护性开垦措施，禁止在25度以上的区域开垦种植农作物，即使种植经济林也要科学选择树种并控制种植规模。三是受自然条件的影响，典型山区交通网络的完备程度往往低于平原与丘陵地区，很大程度上降低了其可进入性与通达性，既增加了经济发展的成本，也削弱了区内外的经济联系。

4. 就业满意度对城镇化意愿的影响

能否在城镇稳定就业，在农民就地就近城镇化决策中起着关键作用。一般来说，城镇就业越稳定、就业质量越高，农民就地就近城镇化的意愿则越强。为此，有学者从职业类型的视角探讨了农民工城镇化意愿，并把非农就业划分为低端工业、高端工业、低端服务业与高端服务业四种①，这无疑是为了解就业与城镇化的关系提供了进路。然而，"高端"与"低端"是相对而言的，不存在绝对界限，在实践中很难区分。比如，"高端"产业中也有"低端"岗位，"低端"产业中也可能存在"高端"岗位。事实上，农村人口的城镇化意愿本质上不是取决于工作岗位的高端或低端，而是取决于就业满意度。因为就业满意度既受到客观因素的影响，如工作条件与环境、劳动强度、劳动收入、心理压力、稳定性及社会形象等，也受到主观因素的制约，如自身条件所决定的心理预期等。如果一个人的心理预期较高，即使供职于高端岗位，其就业满意度也可能较低；相反，如果一个人的心理预期较低，即使供职于低端岗位，其却有着更高的就业满意度。在城镇的就业满意度高，就倾向于留在城镇，在乡村的就业满意度高，就倾向于留在乡村。基于此，为深入了解农户城镇就业满意度与其就地就近转移决策之间的关系，本书进一步调查了农户对城镇就业的满意程度，并与其就地就近城镇化的意愿进行了分析对比。

表4-6显示，在全部被调查对象中，有3089人在邻近中小城市、小城镇就业，其中对就业状况评价为非常满意、比较满意、一般、比较不满意、非常不满意的分别为355人、562人、1193人、602人与377人，占比分别为11.5%、18.2%、38.6%、19.5%与12.2%，就业满意度呈倒"U"形分布。进一步分析发现，对就业"非常满意"的被调查者中，有就地就近城镇化意愿的人数为348人，占比高达98.0%；对就业"比较满意"的被调查者中，有就地就近城镇化意愿的人数为514人，占比为91.5%。与之相反，对就业"比较不满意"的被调查者中，有就地就近城镇化意愿的人数为342人，占比为56.8%；对就业"非常不满意"的被调查者中，有就地就近城镇化意愿的人数为111人，占比仅为29.4%（如图4-2所示）。若按归类处理，对就业"非常满意"与"比较满意"的被调查者中，有意愿就地就近城镇化的比重最高，达到了94.0%；对就

---

① 胡继亮，李栋，李邱帆. 非农就业、农民工进城落户意愿与城镇化区位选择——基于微观调查数据［J］. 农林经济管理学报，2019，18（05）：598-606.

业评价"一般"的次之，为 70.8%；对就业"比较不满意"与"非常不满意"的意愿最低，为 46.3%，前者较后两者分别高了 23.2 个、47.7 个百分点。显而易见，农民城镇就业满意度越高，就地就近城镇化的意愿则越强。

表 4 – 6　农户城镇就业满意度与就地就近城镇化决策的关系（频次/占比）

项目	非常满意	比较满意	一般	比较不满意	非常不满意
有意愿（户数）	348	514	845	342	111
占比（%）	98.0	91.5	70.8	56.8	29.4
无意愿（户数）	7	48	348	260	266
占比（%）	2.0	8.5	29.2	43.2	70.6
合计（户数/占比）	355/100	562/100	1193/100	602/100	377/100

资料来源：根据实地调查整理。

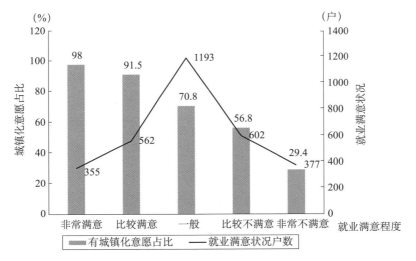

图 4 – 2　农户就业满意度与就地就近城镇化决策的关系

四、农民就地就近城镇化意愿的影响因素与动力机制

（一）变量定义与模型分析结果

1. 变量定义

本书对被解释变量"农民就地就近城镇化意愿"与 15 个解释变量分别进行定义，具体内容见表 4 – 7。就地就近城镇化标本农户基本信息统计

见表 4 – 8。

表 4 – 7 农民就地就近城镇化意愿测度的变量定义

变量类型	变量	变量定义	最小值	最大值
被解释变量	就地就近城镇化意愿	否 = 0，是 = 1	0	1
解释变量 1：个人因素	性别	女 = 0，男 = 1	0	1
	年龄	16 ~ 25 岁 = 1；26 ~ 35 岁 = 2；36 ~ 45 岁 = 3；46 ~ 55 岁 = 4；56 ~ 65 岁 = 5；65 岁以上 = 6	1	6
	受教育程度	小学及以下 = 1；初中 = 2；高中、中专 = 3；大专 = 4；本科及以上 = 5	1	5
	务工年限	2 年以下 = 1；2 ~ 4 年 = 2；5 ~ 7 年 = 3；8 ~ 10 年 = 4；10 年以上 = 5	1	5
	从事职业	农业 = 1；以农为主兼业 = 2；非农为主兼业 = 3；非农业 = 4	1	4
	农民身份认同	排斥农民的职业形象 = 0；不排斥农民的职业形象 = 1	0	1
解释变量 2：家庭因素①	家庭成员数	1 人 = 1；2 人 = 2；3 人 = 3；4 人 = 4；5 人 = 5；6 人及以上 = 6	1	6
	家庭中 65 岁以上人口数量	0 人 = 0；1 人 = 1；2 人 = 2；3 人 = 3；4 人及以上 = 4	0	4
	家庭中 16 岁以下少儿数量	0 人 = 0；1 人 = 1；2 人 = 2；3 人及以上 = 3	0	3
	家庭收入水平	低于当地平均水平 = 1；相当于当地平均水平 = 2；高于当地平均水平 = 3	1	3
	家庭非农收入比重	0% = 1；20% 以下 = 2；20% ~ 50% = 3；50% ~ 80% = 4；80% 以上 = 5	1	5
解释变量 3：认知因素	子女教育认知	不担心子女在城镇的教育 = 0；担心子女在城镇的教育无法解决 = 1	0	1

---

① 被调查者一般不会吐露自己的真实收入，而此项研究也无须知道农户收入的绝对值。鉴于乡村基本上还是熟人社会，大家彼此熟悉，对本村农户收入高低及所在的层次能有一个大致的判断。

续表

变量类型	变量	变量定义	最小值	最大值
解释变量3：认知因素	社会保障认知	不担心能否享受与城镇居民一样的社会保障=0；担心不能享受与城镇居民一样的社会保障=1	0	1
	生活成本认知	不担心城镇的生活成本=0；担心无法承担城镇的生活成本=1	0	1
	谋生能力认知	不担心在城镇的工作=0；担心在城镇找不到合适的工作=1	0	1

表 4-8   就地就近城镇化标本农户基本信息统计（N=5282）

类别	内容	频次	百分比（%）	类别	内容	频次	百分比（%）
性别	男	2673	56.2	家庭成员数	1人	391	7.4
	女	2609	43.8		2人	1014	19.2
年龄	16~25岁	206	3.9		3人	1183	22.4
	26~35岁	1072	20.3		4人	1606	30.4
	36~45岁	1284	24.3		5人	613	11.6
	46~55岁	1627	30.8		6人及以上	475	9.0
	56~65岁	734	13.9	家中65岁以上老人数量	0人	798	15.1
	65岁以上	359	6.8		1人	1447	27.4
受教育程度	小学	1458	27.6		2人	2123	40.2
	初中	3005	56.9		3人	634	12.0
	高中、中专	771	14.6		4人及以上	280	5.3
	大专	37	0.7	家中16岁以下少儿数量	0人	164	3.1
	本科及以上	11	0.2		1人	850	16.1
务工年限	2年以下	327	6.2		2人	2916	55.2
	2~4年	555	10.5		3人及以上	1352	25.6
	5~7年	1078	20.4	家庭收入	低于当地平均水平	1690	32.0
	8~10年	1880	35.6		相当于当地平均水平	2525	47.8
	10年以上	1442	27.3		高于当地平均水平	1067	20.2
身份认同	排斥农民的职业形象	3216	60.9	家庭非农收入比重	0	259	4.9
	不排斥农民的职业形象	2066	39.1		20%以下	750	14.2

类别	内容	频次	百分比（%）	类别	内容	频次	百分比（%）
家庭非农收入比重	20%~50%	1067	20.2	社会保障认知	不担心能否享受与城镇居民一样的社会保障	2477	46.9
	50%~80%	1960	37.1				
	80%以上	1246	23.6				
从事职业	农业	813	15.4	城镇生活成本认知	担心无法承担城镇的生活成本	2921	55.3
	以农为主兼业	1326	25.1				
	非农为主兼业	2086	39.5		不担心城镇的生活成本	2361	44.7
	非农业	1056	20.0				
子女教育认知	担心子女教育无法解决	3127	59.2	谋生能力认知	担心在城镇找不到合适的工作	3180	60.2
	不担心子女教育无法解决	2155	40.8		不担心在城镇的工作	2102	39.8
社会保障认知	担心不能享受与城镇居民一样的社会保障	2805	53.1				

数据来源：根据实地调查整理。

2. 计量结果

计量模型分析结果显示，农民的受教育程度、务工年限、从事职业的非农化程度、家庭中16岁以下少儿数量、家庭收入水平五个因素在1%水平上显著，年龄、农民身份认同、子女教育认知、生活成本认知、谋生能力认知五个因素在5%水平上显著，家庭非农收入比重在10%水平上显著，而性别、家庭成员数量、家庭中65岁以上老人数量、社会保障认知四个因素不显著，见表4-9。

表4-9　　农民就地就近城镇化意愿影响因素的模型估计结果

因素分类	解释变量	系数（B）	标准误差（S.E.）	优势比（Exp（B））
个人因素	性别	0.014	0.066	1.003
	年龄	-0.583**	0.108	0.606
	受教育程度	0.856***	0.126	2.526
	务工年限	0.749***	0.155	1.447

续表

因素分类	解释变量	系数（B）	标准误差（S. E.）	优势比（Exp（B））
个人因素	从事职业	0.733***	0.131	1.336
	农民身份认同	−0.612**	0.109	0.514
家庭因素	家庭成员数	0.008	0.079	1.048
	家庭中65岁以上人口数量	0.012	0.086	1.088
	家庭中16岁以下少儿数量	0.776***	0.156	2.058
	家庭收入水平	0.831***	0.202	1.286
	家庭非农收入比重	0.693*	0.211	1.472
认知因素	子女教育认知	−0.648**	0.164	0.682
	社会保障认知	0.018	0.102	1.074
	生活成本认知	−0.633**	0.188	0.761
	谋生能力认知	−0.547**	0.167	0.675
常数项		3.472	0.566	10.862
观测值		5282		
对数似然值		967.544		
R2		0.877		

注：*、**和***分别表示通过显著性水平为10%、5%和1%的统计检验。

（二）分类因素对农民就地就近城镇化意愿的影响

1. 个体因素对农民就地就近城镇化意愿的影响机制

在个体因素中，受教育程度、务工年限、职业非农化程度对就地就近城镇化有显著的正向促进作用，年龄、农民身份认同则与就地就近城镇化负向相关，性别对就地就近城镇化的意愿影响不显著。

（1）受教育程度。受教育程度反映了农民城镇化的"素质能力"，该能力越高，农民就地就近城镇化的意愿就越强。一方面，农村人口是否向城镇转移与其获取信息和作出决策的能力有关。具有较高文化水平的农村居民能更为有效地对劳动力市场的信息进行收集、综合和判断，有更为广泛的现代信息获取渠道。其获取的信息质量高、数量多，决策的正确程度也自然较高，这就强化了其向城镇转移的动机和意愿。另一方面，农村劳动力转移到城镇主要是在进入"门槛"较低的行业或部门工作，而在当前生产技术更新较快、经济结构调整和升级力度加大的背景下，低端的就业岗位将会越来越少，而对技术要求较高的技能型岗位的比重却会大幅度上升。在这种情形下，农村劳动力在城镇找到工作的难度显著增大，即使找到工作，也都为临时性、季节性工作，很不稳定，容易"回流"。相反，文化素质高的农村劳动力在城镇能够找到更合适的岗位，对自己的收入有着较高预期，其迁移的动机和意愿就会更强烈。此外，我国劳务市场目前尚处于发育的初级阶段，农村劳动力的合法权益经常受到侵害，与素质低的劳动力相比，文化程度高的劳动者保护自身权益的意识更强，因而较少受到雇主的伤害，这也进一步增强了农村劳动力向城镇转移的意愿。

（2）务工年限。务工经历越长，城镇化的意愿越强。究其原因有两个：一是更长的务工年限，往往意味着更丰富的非农就业与城镇生活经验、更多的资金积累甚至是更多的城镇人脉资源，从而城镇迁移能力更强，融入目的地社会也更容易；二是长期的务工生活，对城乡差距了解得更全面、更深刻，进而强化了对城镇的认同，增强了对"农民"身份的排斥。与此同时，长期的务工生活也导致在心理上与农村、农业渐渐"疏离"，土地情感逐步弱化，从而进一步提升了城镇化意愿。

（3）职业非农化程度。职业非农化程度越高，农民就地就近城镇化的意愿则越强。在大多数情况下，城镇化的实现一般要涉及空间转移与产业转移，即居住上从农村向城镇转移，就业由农业向非农业转移。一方面，从事职业以非农业为主的农民，对第二、第三产业的适应能力更强，在城镇更容易获得就业机会，因此，就地就近城镇化的意愿也更高。另一方面，在非农领域投入更多的时间、获得更高的收入，必然对第二、第三产业产生浓厚的"情感"，而那种农民固有的土地情结会逐步弱化。所以，与以务农为主的人口比较，职业以非农为主的农民进城工作与生活的倾向更强。

（4）年龄。总体上看，农村人口的城镇化意愿与年龄大小呈现反相关关系，即20世纪60年代出生的人口城镇化意愿最弱，90年代及其以后出生的人口城镇化意愿最强。究其原因，年龄越大，往往对土地的感情越深厚，且大多数熟悉农业生产方式，加之文化程度偏低、转移能力不强，因而更倾向于在原居住地生活。相反，1990年以后出生的人口，一方面，对土地没有太多的感情，不熟悉农业生产技术；另一方面，文化程度较高，绝大多数有外出务工的经历（俗称"第三代农民工"），熟悉并向往城镇生活。此外，这种状况也跟我国就业市场上的"中年歧视"有关。多年来，一部分用人单位只招聘 35 岁以下的人员，存在收割"青春红利"现象。从微观层面来看，年轻人精力充沛、充满活力、身体状况好，具有更强的适应能力与可塑性，创新创业意识更强、成长空间大，对薪资待遇的要求相对较低，且生活与家庭牵绊少，因此更容易受到市场的青睐。从宏观层面看，我国经济结构中的众多下游企业运营模式基本相同，同质化竞争激烈，进一步排斥了年龄偏大的劳动力。

（5）农民身份认同。就理论层面而言，身份认同与职业认同是不同的概念，但在我国城乡二元经济结构下，农民兼具身份与职业的双重属性[①]。换言之，不喜欢农民这个身份，实质上就是不喜欢农业与农村，或者认为务农不体面、农村生活不体面。务农不体面的根本原因是农业比较收益低、农业生产方式落后，农业在产业体系中的地位"低"。农村生活不体面归根结底是农村落后、农村居住条件差，与城市的差距大，做农民的获得感与幸福感较低。而且，改革开放以来数千万农民涌向城市务工本质上就是不喜欢或"逃离"农业与农村的体现，是排斥农民身份的理性选择。而且，越是不认同农民身份，越是倾向城镇化。统计显示，共有 3216 位被调查者不喜欢农民身份，占比为 60.9%，这一结论较稍早时期的同类研究高了 2.9 个百分点[②]。在不认同农民身份者中，有 2402 位有就地就近城镇化意愿，占比高达 74.7%，而在认同农民身份的 2066 位被调查者中，只有 556 位有就地就近城镇化意愿，占比为 26.9%。

2. 家庭因素对农民就地就近城镇化意愿的影响机制

在家庭因素中，16 岁以下少儿数量、家庭收入水平、家庭非农收入比重对就地就近城镇化有正向促进作用，而家庭成员数量、65 岁以上人口数量对就地就近城镇化的意愿影响不显著。

---

① 毛安然. 乡村振兴背景下农业劳动体面化的必要性与可行性［J］. 兰州学刊，2019（06）：195－208.

② 周强. 农业生产者体面劳动水平研究［M］. 长沙：中南大学出版社，2011.

（1）家庭中 16 岁以下少儿数量。家庭中 16 岁以下少儿数量越多，农户就地就近城镇化的意愿越强。其原因主要有三点：一是主观上，随着社会的进步、人们生活水平的提高与思想观念的转变，越来越多地农户渴望子女能接受更好的教育；二是客观上，城镇的教育资源较乡村更加丰富，教学质量更高，城乡形成了较大的教育差异；三是 21 世纪以来，由于生源持续下降，大量乡村中小学被撤并，而留存学校教学方式普遍落后，教学质量难以保障，乡村的教育"推力"增强；同时城镇学校的数量不断增加，招生规模持续扩大，拥有雄厚的师资力量、先进的硬软件设施，对教育适龄人口的"拉力"上升。

（2）家庭收入水平。家庭收入水平越高，就地就近城镇化的意愿就越强。这是因为家庭收入反映了农民城镇化的"支付能力"。农村人口是否向城镇转移，是综合比较转移成本与收益的理性抉择。人口向城镇转移需要支付各种必要的流动成本、机会成本、心理成本和风险成本，只有转移后所获得的各种收益能弥补转移成本，且实际收入水平超过农业生产纯收入，才会使作为"经济人"、以脱贫致富为目标的农村劳动力具有做出转移决策的愿望和动力①。显然，收入越高的农户就越有条件和能力在城镇购买或租借房屋，从而获得合法固定住所，进而在城镇落户，成为真正意义上的城镇居民。所以说，农村劳动力转移能力的提高，能在一定程度上克服转移过程中的制度阻力。相反，如果"支付能力"不足，则难以承担城镇化所需的各项费用，诸如为寻找工作而支付的信息搜集费、培训费、房屋租赁（购买）费以及其他生活费等。事实上，如果农村劳动力要真正实现在城镇的安家落户，其需要支付的费用则更高。比如，城镇化费用还应当包括其供养人口的生活支出。随着近年来许多欠发达地区城乡收入差距的进一步扩大、物价水平的不断攀升，农村劳动力向城镇迁移的绝对成本与相对成本也随之大幅度提高。与这一要求相比，许多农村地区由于人均耕地面积小、生产方式落后、增收渠道少，如果扣除医疗费用、教育费

---

① 彭荣胜. 农村劳动力转移对欠发达地区城镇化的影响［J］. 学术交流，2011（10）：169 - 172.

用等基本开支，农户的家庭积累就非常有限，导致"支付能力"显著不足，因而难以支付就地就近城镇化所需要的各种费用。

（3）家庭非农收入比重。在同等收入的情况下，家庭非农收入比重越高，意味着农户对工业、服务业的生产与经营活动越熟悉，在第二、第三产业中谋生的能力更强，也意味着农户已经在非农领域拥有相应的就业机会，更能适应城镇的生活环境。换言之，与以农业收入为主的家庭相比，以非农收入为主的农户拥有更强的转移能力、更大的转移空间，因此，就地就近城镇化的意愿更高。

（4）家庭成员数量、65岁以上人口数量。如前所述，是否就地就近城镇化，不完全是农户户主的个人行为，而是基于整个家庭综合利益最大化的集体决策。同时，受中国传统文化的影响，家庭中的长辈会更多地考虑其他成员在就业、教育、生活条件与发展前景等方面的利益。因此，在具备转移能力的前提下，家庭人员规模以及65岁以上人口数量对就地就近城镇化的决策影响不大。

3. 认知因素对农民就地就近城镇化意愿的影响机制

在认知因素中，农民担心迁移到城镇后不能解决子女教育、无法承担城镇生活成本、难以获得合适的就业机会，对就地就近城镇化起到抑制作用，而能否享受与城镇居民一样的社会保障，对就地就近城镇化的影响不显著。

（1）子女教育与生活成本认知。一方面，随着市场竞争加剧以及农民思想观念逐步转变，大部分农户都很重视未成年子女教育问题。由于在具有就地就近城镇化意愿的农户中，绝大多数选择居住城镇化和就业城镇化，而不是户籍城镇化。受此影响，进城农户还不能平等地享有义务教育等公共服务，相当一部分家庭只能选择就读私立中小学，这样就大大增加了教育成本。另一方面，农村宅基地是无偿分配的，农户一般都有自建住房，而迁移到城镇后，就需要购买或租赁房屋，同时粮食、蔬菜等农产品也不再是"自给自足"而是要"市场化"，加之生活水准往往也较农村要高。换言之，与农村相比，城镇居民生活开支的范围更大、标准更高。因此，就地就近向城镇转移的农户往往对教育成本、生活成本较为敏感，越是担心其"支付能力",就地就近城镇化的意愿就越弱。

（2）谋生能力认知。农业人口向城镇迁移的愿望能否最终实现，归根结底取决于能否在城镇找到与自身能力相适应的就业机会。而就业机会的多少又与转移人口的"素质能力"（主要用受教育程度来衡量）以及城镇的经济规模和产业结构有关。一般来说，劳动者的素质越高，第二、第三产业越发达，就业岗位与劳动者的能力越匹配，农户就地就近城镇化的意愿就越强。在就业空间不变的情况下，劳动者素质的提高，有助于获得更多的就业机会。反之，素质不高的人口，意味着谋生能力不强，自然就会担心进城后的生计问题，其就地就近城镇化的意愿则较弱。

（3）社会保障认知。社会保障对就地就近城镇化的影响不显著，其主要原因是大部分农村人口本来就没有意愿落户城镇，因而对城镇的社会保障状况并不是特别关注。当然，对有意愿落户城镇的农村人口来说，社会保障的影响也较小，这跟中小城市、小城镇与乡村的社会保障差距不大有直接关系。一般来说，城乡社会保障的落差是促使农村人口转移到城镇落户的重要诱因。落差越大，城镇的"拉力"越强。社会保障体系中，最核心的是医疗与养老。在医疗保险方面，2003 年我国开始试点建立新型农村合作医疗制度，到 2010 年基本实现全覆盖，实施的是个人缴费与政府补贴的筹资方式，农民担负的比例很低，参保标准和报销比例也不断提高[①]；城镇人口参加城镇居民医疗保险（有工作单位的也可参加城镇职工医疗保险，由用人单位和个人共同缴费）。2014 年，新型农村合作医疗和城镇居民基本医疗保险的各级政府补助标准进一步提高，人均补助达到 320 元。也就是说，城镇居民医疗保险所形成的"拉力"不强，从而降低了农村转移人口在城镇落户的意愿。在养老方面，2009 年新型农民养老保险开始试点，到 2012 年基本实现了全覆盖，2014 年新型农村社会养老保险和城镇居民社会养老保险合并实施，全国统一的城乡居民基本养老保险制度初步形成。保险基金的筹资实施个人缴费、集体补助和政府补贴相结合的方

---

① 龚维斌. 从历史维度看乡村振兴过程中的户籍制度改革 [J]. 国家行政学院学报，2018（03）：19－25，152－153.

式。个人缴费标准城乡统一为 12 个档次，多缴多得，政府则按照缴费标准的档次差异予以差额补贴。因此，由于实施了养老保险的城乡一体化，是否在城镇落户对养老保险的影响不大。

五、本章小结

考虑到调查的科学性、便利性与代表性并兼顾东西与南北差异，本书借鉴样带分析法，选择南北方向的京港澳高速公路（G4）、京昆高速公路（G5），东西方向的连云港—霍尔果斯高速公路（G30）、厦门—成都高速公路（G76）共 4 条高速公路沿线作为样带，在样带涉及的空间范围内，在东中西部各取 1/3 的省区市作为研究地域，共遴选出 10 个省域，即东部3 个省（河北、江苏、广东）、中部 3 个省（河南、湖南、安徽）、西部 4个省（陕西、甘肃、四川、贵州）。然后，采用"333"分层抽样方法，也就是在每个选定的省域中兼顾地理位置、自然条件、经济发展状况等因素选取 3 个县（区），接着从每个县（区）中选取 3 个乡镇，再从每个乡镇中选取 3 个村委会或居委会。最后，在每个居委会/村委会中，结合随机抽样、等距抽样与配额抽样，根据人口多少，分别调查 20～25 个家庭，以16 周岁以上的农村劳动力为调研对象，采取问卷调查与深度访谈相结合的方式获取相关数据与信息，采用二元 Logistic 模型分析就地就近城镇化的影响因素及其形成机理。

在就地就近城镇化意愿方面，（1）56.0% 的被调查者有就地就近城镇化意愿（不包括向中心村及新型农村社区转移的就地就近城镇化人口）。其中，在城镇化的三种形态中，呈现"居住城镇化 > 就业城镇化 > 户籍城镇化"的特征。访谈显示，子女成家、子女教育是居住城镇化比例高的主要动机，而城镇就业难度大、不愿意放弃承包地、落户与否对子女教育影响不大，是户籍城镇化低的主要原因。（2）农村人口更愿意向小城市、县城、重点镇或中心镇迁移，因而也成为就地就近城镇化的重点区域。（3）就地就近城镇化意愿存在一定的区域差异，中部地区最高，西部地区次之，东部地区最低。（4）地形地貌也影响着就地就近城镇化意愿，表现为平原地区与典型山区的城镇化意愿显著高于丘陵地带。（5）农户城镇就业满意度与其就地就近转移决策之间有着密切关系,农民城镇就业满意度越高,就地就近城镇化的意愿则越强。

在就地就近城镇化意愿的影响因素方面,(1)在个体因素中,受教育程度、务工年限、职业非农化程度对就地就近城镇化有显著的正向促进作用;年龄、对农民职业的认同程度则与就地就近城镇化负向相关;性别对就地就近城镇化的意愿影响不显著。(2)在家庭因素中,16岁以下少儿数量、家庭收入水平、家庭非农收入比重对就地就近城镇化有正向促进作用,而家庭成员数量、65岁以上人口数量对就地就近城镇化的意愿影响不显著。(3)在认知因素中,担心迁移到城镇后不能解决子女教育、不能承担城镇生活成本、不能获得合适的就业机会,对就地就近城镇化起到抑制作用,而是否担心享有与城镇居民一样的社会保障对就地就近城镇化的影响不显著。

第五章 农民就地就近城镇化的就业状况与就业意愿

一、研究现状

就地就近城镇化是新型城镇化的重要实现形式，也是促进区域协调发展、城乡一体化与农业现代化的必然要求。实现稳定就业是加快新型城镇化的关键所在。为此，近年来广大学者围绕城镇化与就业增长的关系[1][2][3]、失地农民的就业问题[4][5][6]、农民工就业问题[7][8][9][10][11][12]三个方面的

① 辜胜阻，高梅，李睿. 就业是城镇化及社会稳定的基石——以新疆为视角 [J]. 中央社会主义学院学报，2014（06）：82 – 86.

② 段炳德. 适应产业结构变迁趋势实现有就业的城镇化 [J]. 发展研究，2017（08）：26 – 29.

③ 岳雪莲. 民族地区人口城镇化与城镇就业增长协同态势分析 [J]. 中南民族大学学报（人文社会科学版），2015（06）：58 – 62.

④ 王轶，王琦. 新常态背景下特大城市失地农民的就业问题研究 [J]. 当代财经，2016（05）：3 – 11.

⑤ 吴婧. 失地农民的再就业困境及就业率提升的路径探索 [J]. 江苏社会科学，2017（03）：100 – 105.

⑥ 邓文，乔梦茹. 社会支持体系对失地农民再就业的影响分析 [J]. 江汉论坛，2017（09）：44 – 49.

⑦ 秦磊，张守伟. 新型城镇化背景下的农民工就业问题探讨 [J]. 内蒙古农业大学学报（社会科学版），2014（06）：150 – 153.

⑧ 李晓梅. 新型城镇化进程中的农民工稳定就业影响因素研究 [J]. 农村经济，2014（12）：100 – 104.

⑨ 马德功，尚洁，曾梦竹，刘素含. 成都新型城镇化进程中的农民工就业问题研究 [J]. 经济体制改革，2015（01）：100 – 105.

⑩ 任远，施闻. 农村劳动力外出就业视角下的城镇化发展趋势 [J]. 同济大学学报（社会科学版），2015（02）：48 – 56.

⑪ 王琦. 城镇化中散工就业保障制度存在的缺失与完善 [J]. 学术界，2015（11）：223 – 232.

⑫ 李亦楠，邱红. 新型城镇化过程中农村剩余劳动力转移就业研究 [J]. 人口学刊，2014（06）：75 – 80.

内容展开了广泛探讨，并取得了丰硕成果。但总体来看，仍有些问题有待深入研究。其一，对非失地、自发性就地就近向小城镇转移农村人口的就业问题关注得不够。一方面，失地农民向非农产业转移本质上是被动的城镇化，而非失地农民向城镇转移则是主动的城镇化，二者面对的就业问题有较大差别；另一方面，已有对农民工就业问题研究的考察，对象主要是异地转移的农村劳动力，而就地就近转移与异地转移的农村人口所处的环境有很大差别，因而二者需要解决的就业问题也不可能完全相同。其二，缺乏对转移人口就业问题破解路径的针对性研究。解决转移人口就业问题的根本途径是发展城镇产业。然而，我国各地资源禀赋千差万别，经济社会发展水平也有着显著差异，因而在发展产业时必须因地制宜；与此同时，受生产、生活环境的影响，农村转移人口有着自身的"特质性"，在解决其就业过程中必须考虑其就业能力与选择偏好，也就是要做到"因人制宜"。城镇化过程中转移人口就业问题的破解应坚持两个"适应"，即与区域地理环境相适应、与农村人口的"特质性"相适应，而已有研究多大而泛之，缺乏实际可操作性。

我国地域辽阔、人口众多，区域发展不平衡但各具特色。沿海发达地区与部分大城市郊区经济发展水平与城镇化率较高，传统农区农业资源丰富、农产品种类多、产量大，在保障国家粮食安全方面起着不可替代的作用，但经济发展水平较低，城镇化进程滞缓，成为我国区域发展的"洼地"。近年来，全国农村人口异地转移的脚步开始放缓，而越来越多的劳动力更倾向于转移到本地中小城市、小城镇，从而推动了新一轮的就地就近城镇化。在此过程中，受诸多因素的影响，大部分农村人口在就地就近城镇化过程中都选择了"购房但不落户"的模式。事实上，根据我国现行的城镇化政策，这些转移人口已完全具备在这些城镇落户的条件。研究表明，对大多数人而言，中小城市、小城镇就业难度大是造成这种局面的最主要因素[①]，破解就业难题是实现转移人口"市民化"的关键。鉴于此，本章的研究试图实现两个目的：一是全面了解我国就地就近转移人口的就

---

① 彭荣胜. 传统农区就地就近城镇化的农民意愿与路径选择研究 [J]. 学习与实践, 2016 (04)：59 – 67.

业状况；二是探讨具有"两个适应"的中小城市、小城镇就业难题的破解路径，以期为就地就近城镇化中的政府决策提供借鉴与参考。

二、我国总体就业形势

1. 劳动力需求与供给的缺口持续增大，就业形势愈发严峻

从图5-1中可以看出，改革开放以来，我国劳动力数量与就业人数均呈现增长态势，但2010年开始二者的增速都明显减缓。1978～2019年的41年间，劳动力总量增加了40422万人，就业人数则增加了37319万人，年均分别增加985.9万人、910.2万人，年均增速则分别为1.70%、1.62%，就业人数增长速度低于劳动力增长速度，就业人数与劳动力的缺口逐步扩大，1978年为530万人，2019年则达到了3633万人。图5-2显示，未就业人数占全部劳动力的比重从2005年的1.94%增长到2019年的4.48%，14年增长了2.54个百分点。据估算，到2025年我国劳动年龄人口约为8.7亿人，而劳动力数量维持在8.03亿人①。若按照4.48%的失业率计算，则将有3854.4万劳动力不能正常就业，劳动力供求紧张的局面会长期维持在高位，意味着我国的就业形势愈发严峻。

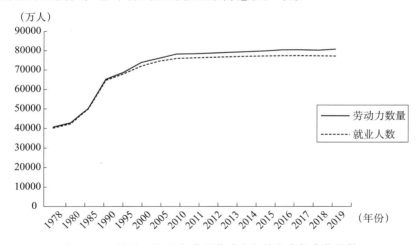

图5-1 1978～2019年我国劳动力和就业人数变化趋势

资料来源：《中国人口和就业统计年鉴2017》《中国统计年鉴2020》。

---

① 冯奎. 推进实施就业优先的城镇化政策［J］. 中国发展观察，2021（01）：10-12.

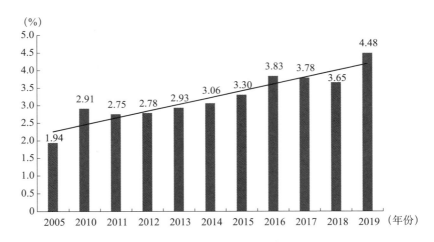

图 5 – 2　2005～2019 年我国未就业人数比重变化趋势
资料来源：《中国人口和就业统计年鉴 2017》《中国统计年鉴 2020》。

2. 第三产业就业比重快速增长，成为吸纳劳动力的主阵地

图 5 – 3、图 5 – 4 显示，我国三次产业就业结构变化与产值结构变化基本一致，也符合产业发展规律，即第一产业就业比重持续下降，第二产业比重先上升后下降，第三产业就业比重逐步攀升。1978～2019 年，第一产业的就业比重从 70.5% 下降到 25.1%，下降了 45.4 个百分点；第二产业就业比重从 17.3% 上升到 27.5%，上升了 10.2 个百分点；第三产业就业比重则从 12.2% 增长到 47.4%，增加了 35.2 个百分点。1995 年，第三产业的就业人数首次超过第二产业，2011 年开始超过第一产业，成为吸纳劳动力最多的产业，2019 年第三产业的就业人数达到 36721 万人，较第二产业（21305 万人）多了 15416 万人，较第一产业（19445 万人）多了17276 万人。

3. 私营与个体经济的就业比重快速上升，是解决城镇劳动力就业的主战场

如图 5 – 5 所示，在城镇就业中，国有部门与集体经济吸纳劳动力最少，且有缓慢下降趋势；私营企业与个体经济的就业规模最大，且呈现快速增长态势。2010 年二者占全部就业人数的比重分别为 26.05% 与

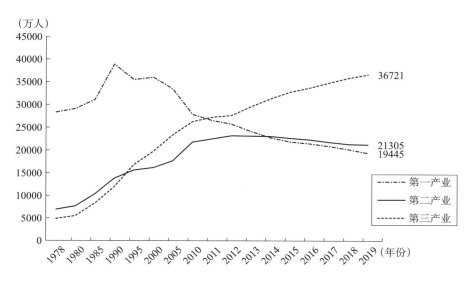

图 5 - 3　1978 ~ 2019 年我国三次产业就业人数变化趋势

资料来源：《中国人口和就业统计年鉴 2017》《中国统计年鉴 2020》。

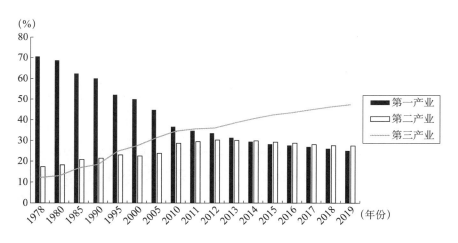

图 5 - 4　1978 ~ 2019 年我国就业构成变化趋势

资料来源：《中国人口和就业统计年鉴 2017》《中国统计年鉴 2020》。

19. 17%，2019 年则分别为 33. 91% 与 27. 23%，分别上升了 7. 86 与 8. 06 个百分点。换言之，私营企业与个体经济在城镇就业中的占比高达 61. 14%，在就业中发挥着举足轻重的作用。

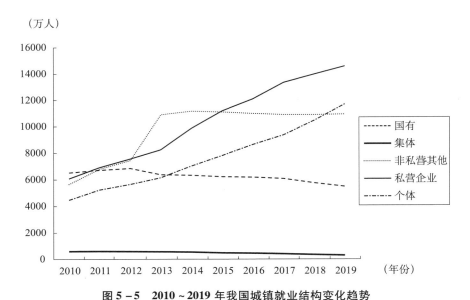

（万人）

图 5 - 5   2010～2019 年我国城镇就业结构变化趋势
资料来源：《中国人口和就业统计年鉴 2017》《中国统计年鉴 2020》。

三、农村劳动力转移就业的特征与发展趋势

（一）总体特征

我国现有农民工数量接近 3 亿人，约占劳动力总量的 1/3[①]。受产业结构升级换代、科技进步的就业替代、外部经济环境变化的冲击，加之农村劳动力素质相对偏低等因素的影响，进城农民工成为就业压力最大的群体。《2019 年农民工监测调查报告》显示，我国农民工平均年龄 40.8 岁，其中老一代农民工（50 岁及以上）、中间一代农民工（40～50 岁）、新一代农民工[②]（40 岁及以下）的比重分别为 24.6%、24.8% 与 50.6%，意味着新一代农民工的数量已经超过 1/2。从农民工就业的产业构成看，第二、第三产业占比分别为 48.6% 与 51.0%。与 2013 年相比，前者比重下降了8.2 个百分点，后者则增加了 8.4 个百分点。在第二产业中，从事制造业、

---

①　冯奎. 推进实施就业优先的城镇化政策［J］. 中国发展观察，2021（01）：10 - 12.
②　一般是指 1980 年以后出生的农民工，人们往往称之为"新生代农民工"。其中，1990 年以后出生的农民工又被称为"第三代农民工"。

建筑业的农民工比重分别为 27.4% 与 18.7%；与 2013 年相比，制造业的就业比重下降了 4.0 个百分点，建筑业的比重则下降了 3.5 个百分点。在第三产业中，批发和零售业、交通运输仓储邮政业、住宿餐饮业、居民服务修理和其他服务业，是吸纳农业转移劳动力最多的 4 个行业，是全部产业就业的 38.1%，是第三产业就业的 74.7%；与 2013 年相比，这一比重有所降低，大约下降了 5.3 个百分点（如表 5-1、图 5-6、图 5-7 所示）。

表 5-1　　　　　我国农村劳动力转移就业的产业分布　　　　单位:%

产业及行业	2013 年	2014 年	2015 年	2016 年	2017 年	2018 年	2019 年
第二产业	56.8	55.6	55.1	52.9	51.5	49.1	48.6
其中：制造业	31.4	31.3	31.1	30.5	29.9	27.9	27.4
建筑业	22.2	22.3	21.1	19.7	18.9	18.6	18.7
第三产业	42.6	42.9	44.5	46.7	48.0	50.5	51.0
其中：批发和零售业	11.3	11.4	11.9	12.3	12.3	12.1	12.0
交通运输仓储邮政业	6.3	6.5	6.4	6.4	6.6	6.6	6.9
住宿餐饮业	5.9	6.0	5.8	5.9	6.2	6.7	6.9
居民服务修理和其他服务业	10.6	10.2	10.6	11.1	11.3	12.2	12.3
其他	12.3	8.8	9.8	11.0	11.6	12.9	12.9

资料来源：农民工监测调查报告（2013～2019 年）。

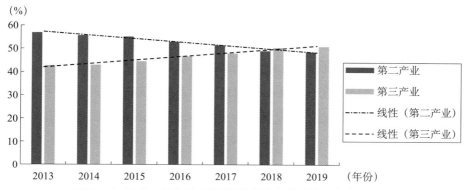

图 5-6　2013～2019 年我国农村劳动力转移就业的产业分布

资料来源：农民工监测调查报告（2013～2019 年）。

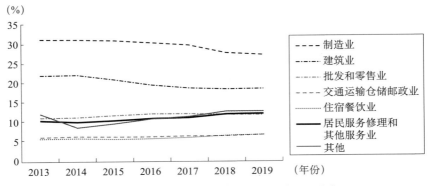

图 5 - 7 我国农村劳动力转移就业的行业分布
资料来源：农民工监测调查报告（2013～2019 年）。

（二）发展趋势

1. 转移就业的主导产业更替明显，劳动密集型服务业的吸纳能力不断增强

农村劳动力转移就业由传统制造业、建筑业向劳动密集型服务业转向的趋势明显。转移到城镇就业的农村劳动力总体素质偏低，一般只能选择进入对技术要求不高的劳动密集型产业工作。改革开放以来我国产业结构的逐步演进，农村劳动力转移就业的主导产业也随之发生转变。2008 年以前，以传统制造业为主，2008～2013 年，建筑业则成为吸纳农村劳动力的第一产业，而 2013 年以来，进入劳动密集型服务业就业的农民工增长迅速，2013～2018 年的 5 年期间累计增加 1600 多万人。与此同时，制造业就业的农民工则下降了约 400 万人，在建筑业就业的下降了 750 万人[①]。出现这种此消彼长局面的主要原因有四个：一是近年来我国沿海地区尤其是一线城市产业转型升级步伐加快，加之劳动力成本快速上升，部分劳动密集型产业向劳动力成本更低的东南亚、南亚等发展中国家或地区转移，客观上减少了农村劳动力转移就业的空间；二是受日益突出的单边主义、贸易保护主义、民粹主义思想与政策的影响，一些发达国家也纷纷构建链条更短、布局更分散、更本土化的产业体系，对我国外向型制造业发展产

---

① 谢玲红."十四五"时期农村劳动力就业：形势展望、结构预测和对策思路 ［J］. 农业经济问题，2021（03）：28 - 39.

生了较大冲击。1978 年以来，出口部门是我国农村劳动力转移就业的主阵地[①]。2019 年，我国 49.9 万个外贸企业提供了 1.8 亿个就业岗位，其中纺织、服装、箱包、鞋类、玩具、家居用品、塑料制品 7 类传统劳动密集型行业的农村劳动力占比达到 80%，而其出口额的占比则接近全部外贸企业的 1/5[②]。受上述国际大环境变化的影响，传统制造业向发达国家回流的态势愈发明显。近年来，美国制造业加速回流本土，而我国成为回迁企业与就业岗位最多的国家。2000～2018 年，自我国回迁的企业为 791 家，占美国全部回迁企业（4660 家）的 16.97%，从我国回流就业岗位 6.4 万多个，占美国全部回流岗位（75.5 万个）的 8.48%。在回流就业岗位最多的 20 个国家中，我国约占 59.53%[③]。另有研究显示，2013 年我国加工贸易额为 8600 亿美元，2017 年则为 7588 亿美元，减少了 1012 亿美元，从事加工贸易出口的就业人数也随之减少了 250 万个[④]，对农村劳动力的需求减弱。三是党的十八大以来，我国进入全面高质量发展阶段，全国上下正加快打造高端价值链，构建现代产业体系，进一步挤压了传统制造业、建筑业的发展空间，技术进步也使得低端、重复性、劳动强度大的工作机会加速流失，吸纳农村劳动力的动能减弱。四是互联网新技术与服务业的广泛、深度融合，催生了众多基于共享经济、平台经济的外卖、共享单车、网约车、快递等生活性服务业，新业态新模式不断涌现，成为经济发展的新动能，也成为稳定与扩大就业的新引擎。与此同时，受老龄化程度加剧、二孩生育政策全面实施、家庭收入持续增长等因素的推动，家政服务的用工需求迅猛增长，劳动力供给缺口巨大，为农村劳动力转移就业提供了前景广阔的发展空间。中国劳动和社会保障科学研究院发布的《中国家政服务业发展报告（2018）》显示，2018 年全国约有 72 万家家政服务企

---

① 蔡昉，林毅夫，张晓山，朱玲，吕政. 改革开放 40 年与中国经济发展 [J]. 经济学动态，2018（08）：4－17.

② 新闻办就 2019 年全年进出口情况举行发布会，中国网，https：//www.gov.cn/xinwen/2020－01/14/content_ 5468996. htm，2020－01－14.

③ 谢玲红. "十四五"时期农村劳动力就业：形势展望、结构预测和对策思路 [J]. 农业经济问题，2021（03）：28－39.

④ 卓贤，黄金. 制造业岗位都去哪了：中国就业结构的变与辨 [J]. 财经，2019（09）：7－18.

业，共吸纳了 3000 多万劳动力。考虑到家政服务企业的从业人员主要来自农村，且该行业发展势头迅猛，若按照农村劳动力占比 90%、劳动力缺口 1000 万～3000 万人进行粗略估算，该行业还可以提供 900 万～2700 万个就业岗位。

2. 新的经济形态与模式不断涌现，灵活就业与非正规就业①增长迅速

在现代信息技术与互联网平台深度融合的背景下，共享经济（分享经济）与平台经济迅猛发展，而新的经济形态与模式需要大量与之匹配的劳动力。在此背景下，以"关系灵活化、劳动碎片化、工作安排去组织化"为特征的"灵活就业"或"零工"应运而生。灵活就业的迅猛发展，有着不同寻常的意义：一是对劳动力的供给侧而言，伴随着快速的城镇化进程，大量农村劳动力转移到城镇就业，但城镇正规部门岗位的容纳量有限，加之受户籍、文化程度等因素的制约，更多的农民工只能进入非正规部门谋生。与此同时，与第一、第二代农民工相比，出生于 20 世纪 80 年代之后的新生代农民工在规模上已经超过一半，就业观念也发生了很大变化，主要表现为对自由度低、薪资待遇低、重复性高的传统"正规部门"岗位的偏好大幅度降低，而对短工化、高流动、自主性强的诸如家政、快递、外卖、网约车、维修服务等"自由职业"情有独钟。二是从社会层面看，当下知识工业时代的"零工经济"可以充分利用人力资源，有效降低劳动力使用成本，让企业获得更大的生存空间，一定程度上满足了劳动力供求双方的共同需求，较好地尊重了参与者的劳动意愿，有利于增强人力资本的流动性，消除就业歧视、促进就业公平，有助于提高劳动者的幸福感。中国劳动和社会保障科学研究院发布的《中国网约车新就业形态发展报告（2019）》显示，2018 年仅在美团开展外卖服务的"骑手"就有 270 万人，全国拥有 3000 万网约车司机。其中，74.1% 的"骑手"与 76.0% 的网约车司机来自农村，从业人数分别达到 200 万人、2280 万人。国家信息中心分享经济研究中心发布的《中国共享经济发展报告（2020）》显示，

---

① 非正规就业是指具有非正式的雇用关系、未进入政府监管体系、就业性质和效果处于低层次和边缘地位的劳动就业。非正规就业包含未被统计的就业和纳入统计的个体就业。

2019 年我国新业态平台企业拥有员工 623 万人，带动就业人数约 7800 万人。国务院总理李克强在 2021 年"两会"答记者问时提到，目前我国灵活就业人员已超过 2 亿人。

一个关于中国城镇非正规就业规模测度显示，中国城镇非正规就业占城镇总就业的比重为 33.2% ~ 44.7%，从业人员达 1.38 亿 ~ 1.55 亿人[①]。在城镇非正规就业中，隐性就业是主体（扣除已纳入政府部门统计的个体就业），大约占城镇总就业人数的 31.3% ~ 32.6%，占城镇非正规就业人数的 71.1% ~ 98.3%，从业人员数量达 1.10 亿 ~ 1.35 亿人，约占 2018 年全国 2.88 亿农民工的 40%[②]。换言之，有近 1/3 的就业处于政府统计范围以外，在中国城镇化过程中发挥了"看不见"的积极作用。从行业结构上看，在城镇非正规就业中，批发和零售贸易及餐饮业的比重最高，其次是居民服务、修理和其他服务业与制造业。

3. 技术进步对劳动就业的冲击巨大，传统的低端与重复性岗位加速流失

技术进步既为生产力发展提供了不竭动力，也对劳动就业产生了巨大冲击。从国际上看，为了抢占未来产业竞争制高点，近年来西方主要发达国家纷纷推行产业振兴计划，如 2010 年德国推出工业 4.0、2012 年美国启动"再工业化"、2015 年日本实施"机器人新战略"等[③]，从而掀起了又一轮技术变革的浪潮。从国内看，受西方发达国家产业振兴计划的影响，加之劳动力成本上升、产业结构升级换代的现实需要，加快发展人工智能成为各界共识。在此背景下，浙江省 2012 年率先提出"机器换人"战略，其他地区相继跟进，进而迅速扩散到全国。2015 年"中国制造 2025"正式发布，标志着我国开始大力实施制造强国战略。2017 年，在全球工业机器人份额中，我国占比达到 36%，成为工业机器人最大应用市场。调查发现，工业机器人的使用成本收回时间较短，一般只需要 2 ~ 3 年，同时可节

---

① 非正规就业与灵活就业的统计口径不完全一致，因此测算的结果有所不大，但在两类就业中，农村劳动力的规模都很大。

② 陈明星，黄莘绒，黄耿志，杨燕珊. 新型城镇化与非正规就业：规模、格局及社会融合 [J]. 地理科学进展，2021，40（01）：50 - 60.

③ 曹前满. 高质量就业的支撑条件与现实困惑：技术依赖与劳动排斥 [J]. 经济学家，2021（04）：41 - 51.

约 65% ~90% 的劳动力，既能显著减低运营成本，也能大幅提升生产效率，还能降低劳动强度、改善工作环境。麦肯锡全球研究院预测，到 2055年，自动化和人工智能将取代全球 49% 的有薪工作。浙江在启动"机器换人"项目后，2013 ~2015 年累计减少普通劳动工人近 200 万人，东莞实施的"机器换人"三年行动计划，帮助企业节约用工约 20 万人①，长安汽车的生产实践显示，每增加一台机器，可减少使用 5 名工人。研究表明，目前我国使用自动化设备的企业占比达到了 44%，但使用机器人的企业只有8%，发展潜力巨大②。人工智能时代，机器人劳动者、人机协同、生物人劳动者等多种工作模式并存，对从业人员素质有了更高的要求，它颠覆性地改变了劳动形态、方式和过程，重塑了劳动力关系，对工作岗位的替代具有选择性，传统行业中的低端、重复性工作机会加速流失。其中，农业、工业和建筑业中的就业岗位受到的负面影响较大③，减少的岗位集中于搬运、码垛、装配、焊接、喷漆等。不过，在部分劳动者被机器替代的同时，人工智能也催生出新零工经济，从而创造了诸多以"工作碎片化、合作远程化、工时弹性化、企业管理平台化"为主要特征的就业新形态④。

一个关于人工智能对就业冲击的研究表明，个体工商户、私营企业主、临时雇员和兼职雇员对自己的工作前景持相对悲观的态度。交通运输、仓储和邮政业，批发零售业，居民服务、修理和其他服务业的就业者则表现出较强的失业担忧。一般家务（做饭、打扫、洗衣服等）、车辆运输等服务则容易被人工智能技术取代。提高个人受教育水平以及接受技能培训能够让就业者对自己的工作前景更乐观，说明人力资本投资能够有效

① 许怡，许辉."机器换人"的两种模式及其社会影响 [J]. 文化纵横，2019 (03)：88 – 96.
② 研究团队. CEES. 中国制造业企业如何应对劳动力成本上升？——中国企业 – 劳动力匹配调查（CEES）报告（2015 – 2016）[J]. 宏观质量研究，2017，5 (02)：1 – 21.
③ 王君，张于喆，张义博，洪群联. 人工智能等新技术进步影响就业的机理与对策 [J]. 宏观经济研究，2017 (10)：169 – 181.
④ 曹前满. 高质量就业的支撑条件与现实困惑：技术依赖与劳动排斥 [J]. 经济学家，2021 (04)：41 – 51.

缓解人工智能对工作的替代压力①。

4. 就业空间的区域不平衡问题突出，欠发达地区非农产业就业机会偏少

从区域上看，由于经济发展水平与产业聚集度较高，我国东部沿海地区就业机会多，成为农村劳动力转移就业的主阵地。农民工监测调查报告显示，2019 年在东部地区就业的农民工为 15700 万人，占全国农民工的 54.0%。同期，中部、西部地区跨省流动的农民工数量分别为 3802 万人、2691 万人，是本地外出农民工总量的 59.2%、48.4%，跨省流动的主要目的地就是东部沿海地区。相反，中西部欠发达地区，产业支撑度不够，非农产业就业机会偏少。从城镇体系上看，大城市第二、第三产业规模大、占比高，就业空间大，但由于产业升级换代加速，对综合素质相对偏低的农村劳动力存在挤出效应。2018 年，沈阳、南京、杭州、青岛、郑州、武汉、东莞、成都、西安 9 个特大城市及北京、天津、上海、广州、深圳、重庆 6 个超大城市的第三产业就业比重为 63.36%，而全国 123 个中等城市的第三产业就业比重则为 53.52%，较前者低了 9.84 个百分点。15 个特大城市、超大城市的非农就业人数达到 5010.73 万人，占全部城镇就业人口（43419 万人）的 11.54%；在第二产业内部，特大城市、超大城市的制造业就业比重为 63.91%，而中等城市则为 47.46%，前者较后者高了 16.45 个百分点②。

事实表明，在快速的城镇化进程中，我国产城融合的水平总体不高，中西部尤其是中小城市、小城镇的产业基础薄弱，不能为劳动力就地就近转移提供足够、稳定的就业机会。根据《2019 年农民工监测调查报告》，当年我国农村劳动力转移就业 29077 万人，其中异地就业 17425 万人、跨省流动就业 7508 万人，大约 60.0% 的农业转移劳动力需要离开自己的户籍所在地实现就业，43.1% 的异地就业农民工离开了自己所在的省域。一份关于全国 285 个地级以上城市的研究也显示，中国产城融合发展状况存

---

① 王军，詹韵秋，王金哲. 谁更担心在人工智能时代失业？——基于就业者和消费者双重视角的实证分析 [J]. 中国软科学，2021（03）：64-72.

② 城市规模划分数据来源于《中国城市建设统计年鉴 2018》，城市就业数据来源于《中国城市统计年鉴 2019》。

在显著的空间分异，中西部地区的产城融合度大大低于东部地区。同时，按照单位建成区土地面积产值、规模以上工业总产值指标衡量的城市产业支撑度也是中西部较低①。另一份研究显示，中国大多县域的"产城融合"度不高，其中，产业发育不充分是主要原因之一②。此外，第二产业链条短、层次低，企业规模小、布局分散，以及第三产业比重低、构成单一、高端服务业缺乏也是欠发达地区中小城市、小城镇对劳动力吸引力较弱的重要原因③。

这主要是由中西部地区中小城市、小城镇的产业特性决定的：一是产业层次低。在第二产业中，以传统的劳动密集型产业为主，缺少诸如新一代信息技术、节能环保、人工智能、新能源、新材料、生物等代表未来发展方向的知识密集型产业；在第三产业中，以交通运输、批发和零售贸易餐饮业等低端服务业为主，而金融保险业、信息传输和计算机软件业、租赁和商务服务业、法律服务、旅游业为代表的现代服务业则严重不足。从运营方式上看，"地摊经济"与自主经营的"门店经济"占比很高④。二是企业规模小。一方面，小微企业占比高，抵御风险的能力不强，极易受到区域产业发展政策、国内外形势变化的冲击，发展的波动性大、持续性差，员工收入低且不稳定，拖欠工资现象较为普遍，用人单位不按规定为员工缴纳社会保险的问题较为突出，导致员工后顾之忧多、焦虑感强，获得感、幸福感低。此外，在第一产业发展中，农民协会、专业合作社、农业龙头企业等农业主体发展的整体效果欠佳，带动力不强⑤。另一方面，农村产业链条不完整、发展动能不足，处在上游的农业生产技术服务还较

---

① 丛海彬，邹德玲，刘程军. 新型城镇化背景下产城融合的时空格局分析——来自中国285个地级市的实际考察 [J]. 经济地理，2017，37（07）：46－55.

② 谢呈阳，胡汉辉，周海波. 新型城镇化背景下"产城融合"的内在机理与作用路径 [J]. 财经研究，2016，42（01）：72－82.

③④ 彭荣胜. 传统农区就地就近城镇化的农民意愿与路径选择研究 [J]. 学习与实践，2016（04）：59－67.

⑤ 蒋和平. 改革开放四十年来我国农业农村现代化发展与未来发展思路 [J]. 农业经济问题，2018（08）：51－59.

为薄弱，而处在下游的农产品加工深度不够、附加值不高[①]，因此，一定程度上限制了就地就近城镇化的就业空间。

四、欠发达地区就地就近城镇化农民的就业状况与意愿

第四章的研究发现，在全部被调查对象中，有3089人在邻近中小城市、小城镇就业。其中，有1421人属于非农为主兼业型，占比最高，为全部就地就近转移就业人数的46.0%；其次是以农为主兼业型，为874人，占比28.3%；完全在非农岗位就业的只有794人，占比为25.7%（如表5-2所示）。

表5-2 就地就近转移的农村劳动力就业状况统计（N=3089）

就业类型	频次	百分比（%）
以农为主兼业	874	28.3
非农为主兼业	1421	46.0
非农业	794	25.7
合计	3089	100

资料来源：根据田野调查相关数据计算所得。

1. 兼职农业是最主要的就业方式，期望拥有更多的非农就业机会

调查显示，就地就近转移到中小城市、小城镇的农村劳动力，兼职农业的比重高达74.3%。按照兼职农业的程度，可以把其分为"以农为主兼业"和"非农为主兼业"两种类型。如前所述，出现这种状况的主要原因是欠发达地区的非农就业空间较小。理论上，就业空间的大小，很大程度上是由区域经济规模与经济结构决定的。显然，中西部地区中小城市、小城镇的经济发展状况使得其就业机会偏少。首先，第二产业发育不充分，链条短、层次低，行业类型少、覆盖范围小。第二产业包括40多个行业，但只有部分行业在欠发达地区的中小城市、小城镇得到了一定程度的发展，且大部分是处在价值链上游、与农业关联性强的加工业，同时还存在企业规模小，空间布局分散，在城区集聚度不高的问题，从而大大限制了

---

① 谢玲红."十四五"时期农村劳动力就业：形势展望、结构预测和对策思路[J].农业经济问题，2021（03）：28-39.

其就业空间。其次，第三产业占比不高，对劳动力的吸纳能力不强。行业多、门类广、劳动密集是第三产业的显著特点，因此其合理发展才能够提供更多的就业机会。然而，较低的经济发展水平与相对落后的生产方式，难以为第三产业快速发展提供足够的动力。同时，城镇人口规模普遍较小，达不到现代服务业孕育的最低市场门槛，导致第三产业发展的广度与深度都严重不足。此外，地理要素的空间扩散规律告诉我们，任何要素的扩散都会遵循接触扩散（也就是由近及远的扩散）与等级扩散（也就是按照等级高低顺次扩散）规律。与所在区域的大城市、超大城市相比，由于等级偏低，在距离相同的情况下，中小城市、小城镇也很难通过承接产业转移的方式来解决转移人口的就业问题。

除了本地非农产业的就业空间较小外，中西部欠发达地区就地就近转移劳动力兼职农业还源于以下两方面的原因。第一，具有兼职农业的有利条件。一方面，部分劳动力长期生活在农村，拥有丰富的农业生产经验，从事农业生产能够驾轻就熟，就业的心理成本较低。调查统计也证明了这一点：兼职农业的被调查者中，年龄在 50 岁及以上的有 1349 人，占比达58.8%。显然，他们较 20 世纪 80 年代以后出生的人口有着更多的农业生产阅历。另一方面，由于空间距离小，就近到农村兼业的物质成本与时间成本都很低。此外，2003 年以来实施的"村村通"工程让乡村交通条件日益改善，也让兼职农业较以前更加方便。第二，农村农业的拉力导致了愈来愈强的"土地眷恋"。一是尽管传统农业生产的比较收益不高，但 21 世纪初以来，国家出台了一系列的惠农政策，种地无须缴纳农业税，也不用向村集体缴纳各种费用，还能获得相应的农业补贴。二是随着农村土地流转速度的加快，以及媒体的广泛宣传报道，人们普遍对土地的未来回报有较高的预期，这一定程度上强化了转移人口保留承包地的意愿。三是自耕自收不仅可以在粮食、蔬菜等农产品上实现自给自足，而且还可以降低在城镇的生活成本。四是在全社会越来越重视食品安全的大背景下，自主经营承包地既可以满足对农产品质量与安全的要求，也可以获得一种相对于城镇居民的优越感。五是近年来，全国各地正逐步走向成熟的土地流转市场促进了土地的集中经营，进而推动了农业生产的产业化规模化，这不仅需要更多的农业产业工人，而且也能提供更高的报酬。对于那些已流转土地且又被经营方（也称受让方）雇用的转移人口而言，无疑可以获得土地租金与劳动工资两份收入，这也对农村转移人口有较大的吸引力。

2. 非农就业与农业的关联度高，期望就业岗位与自身能力相匹配

在就地就近向中小城市、小城镇转移的农村劳动力中，只有794人就业于非农领域，占比最低，仅为25.7%。调查还发现，在非农领域就业的转移人口中，有651人的工作直接或间接与农业有关，占比达到82.0%，其就业岗位涉及农产品加工、流通、农业生产资料、农业中介、农业信息、农业科技企业，覆盖农产品产前、产中和产后各个环节。归纳来看，这种就业特点源于两方面的原因。

首先，这是小城镇的职能决定的。处在城镇体系末端的小城镇内嵌于广袤的农村地域，它与农村相互作用、相互影响，构成了一个联系紧密的地域系统。在这个系统中，小城镇最主要的职能就是服务农村、带动周边发展：一是为农业生产就近提供所需的种子、肥料、农药、机械等生产资料，同时为农产品销售提供基础市场，为农产品加工提供近距离的空间场所；二是作为大中城市与乡村之间的桥梁与纽带，小城镇为大中城市更多、更优质的农业生产资料进入乡村，以及乡村农产品走向外部世界提供了空间载体。在服务农村的过程中，小城镇必然会孕育出众多与农业生产有关的产前、产中与产后行业或部门。人们经常提到的特色小城镇（相对于综合小城镇而言的）也同样具有服务农村的功能。换言之，特色小城镇只不过是在服务农村的基础上，逐步形成了一个或若干个有特色的产业或产品，如交通枢纽型小城镇、商贸小城镇、文化旅游小城镇、宜居小城镇等。

其次，具有发展农业企业及其关联产业的优势。一是我国农业的发展历史悠久，农产品种类多、产量大，可以为农业企业及关联产业的发展提供丰富的原料。二是农业生产长期根植于其地理环境，二者具有较高的适应性，在此基础上发展起来的农业企业属于典型的"内源型"企业，市场竞争优势明显。正是得益于良好的发展条件，以农产品为原料的食品加工业多年来就是一些地区的传统支柱产业，与农业有关的许多其他产业也都逐步发展成为优势产业或特色产业。河南省就是这种状况的典型代表，作为传统农区与国家粮食主产区，该省在长期农业发展中逐步形成了"一县一品""一区多品"。比如，信阳市的粮油加工、茶叶加工、畜禽加工、饮料制造、水产品加工以及林果、中药材加工等产业；驻马店市的粮食加工、油料加工、肉制品加工，以及食用菌加工、饮料制造、休闲食品等产业；周口市的食品制造业以及面制品、肉制品、油脂、方便食品、棉纺织、现代中药等产业；商丘市的农副食品加工业、纺织业、食品制造业、医药制造业，以及皮革、皮毛、羽毛及其制品等。三是国家支持各地发展与农业资源有关的非农产业。按照《全国主体功能区规划》要求，农产品主产区要"以提供农产品为主体功能，以提供生态产品、服务产品和工业品为其他功能"，限制高强度的城镇化与工业化。为此，各级政府出台了一系列政策以支持该功能区保持并提高农产品生产能力。四是农产品加工业及其关联产业对农村转移人口的吸纳能力强。一方面，这类产业涉及农产品的产运销，经营范围广，劳动密集程度高，就业渠道多、空间大。另一方面，农产品加工业及其关联产业与农业、农民有着天然联系，对劳动者的文化水平要求较低，与农村人口的"素质能力"最为匹配，可以一定程度上弥补农业劳动力转移能力不足的问题[1]。同时，它们又多属于集体所有制或私营企业，就业方式灵活，准入"门槛"低。此外，转移人口熟悉农村市场，了解农业生产的周期性规律，能够正确预判农业生产活动中的需求与供给及其时间变化，因而在农业企业中就业更有竞争优势。

3. 层次低的非正规就业占比高，期待拥有"体面"的高质量就业

调查表明，就地就近转移人口在中小城市、小城镇的就业还呈现两个鲜明特征。第一，就业层次低。在第二产业中，以传统制造业与建筑业为主。其中，纺织服装服饰业、箱包、鞋类、家具用品、塑料制品等传统劳动密集型行业以及农副食品加工业、食品制造业，饮料和精制茶制造业、纸制品业以及文教、工美、体育和娱乐用品制造业等行业的就业比重高达65.0%。在第三产业中，转移劳动力在批发和零售业、住宿和餐饮业以及

---

① Friedmann J. China's Urban Transition. London［M］. University of Minnesota Press，2006.

交通运输、家政服务等行业的就业比重很高，达到了71.9%，外卖、共享单车、网约车、快递等新兴生活性服务业快速增长，占比为18.2%；而在以金融保险业、信息传输和计算机软件业、租赁和商务服务业为代表的现代服务业，以及以旅游、信息、会计、咨询、法律服务等为代表的新兴服务业中就业的比重不到10.0%。在转移人口的就业中，个体私营经济占比很高，达到了62.6%，其中又以小商店、家庭餐馆、车辆维修以及人力车、电动车与摩托车等低端运输服务为主体。

第二，就业稳定性差。一是农村劳动力灵活就业或非正规就业所在的企业规模普遍较小，缺乏现代企业管理理念，日常管理依靠的不是健全的规章制度，而是个人经验、私人情感与好恶，随意性很强。主要表现为：不与员工签订就业协议，这一比例高达37.8%；薪酬发放不及时，拖欠、克扣工资的现象严重；员工不能正常享受国家法定假日，也不安排调休、补休，更没有按照劳动法的规定支付加班工资；随意辞退生病、哺乳期与年老体弱的员工，且没有给予必要的经济补偿。企业的这些行为不仅损害了职工的权益，而且也降低了转移人口就业的稳定性。二是相当一部分转移劳动力进入非正规部门工作，也就意味着他们与雇主之间通常没有正式的雇用关系，且不少这类部门没有在工商部门注册登记（本质上属于地下经济，如家庭餐馆等），没有进入政府监管体系，因此，一般都不会为员工提供"五险一金"。同时，非正规就业者在临时性工期结束后，需要重新寻找工作或者陷入失业和待业状态，且由于缺乏应有的社会救济，非正规就业者更容易受到自然灾害、政策变化、市场波动等因素的直接冲击。此外，为了降低用工成本，加之劳动监察与社保审计不严，一些正规企业也不为员工购买社会保险与住房公积金，导致员工普遍缺乏归属感。三是受农业生产周期性规律的影响，以及市场适应能力不强，那些为农业生产提供产前（如农业生产资料供给等）、产后服务（如农产品销售、流通等）的部门，甚至一些农产品加工企业的经营活动都会表现出明显的"淡旺季"，这种情况也进一步加剧了转移人口就业的波动性。

由于缺乏正式的雇用关系及未进入政府监管体系等原因，非正规就业在应对变化时更为脆弱，在面临经济政策大幅调整、国内外市场剧烈波动,以及重大公共卫生事件和自然灾害等冲击时,非正规就业群体表现出巨大脆弱性。面对环境的迅速变化,非正规就业缺少强有力的应急管理和缓冲帮扶,与正规就业相比受到的影响更大。2020 年上半年的特殊环境中,多地面临工价下行、裁员的压力,而正规就业者首当其冲。例如,深圳用人单位给到劳务服务企业的工价由 25～30 元/时下调至 20～24 元/时,导致临时工、派遣工等非正规就业人员实际赚取的工价已经由 18～22 元/时下降至 15～18 元/时,收入下降明显①。

就业层次低、稳定性差是许多中小城市、小城镇的产业结构与转移人口的特性决定的。首先,这些城镇现阶段尚不具备孕育现代产业的土壤。一般来说,现代产业发展对市场、技术、人才等要素环境有较高的要求,当科技创新、人才培养、资本运营、信息共享等产业支持系统不完善时,现代产业的发展将举步维艰。一方面,小城镇人口规模小,在城镇体系中的等级低,对高端要素的吸纳能力不强②,导致区域要素禀赋结构层次相对较低,不能为现代产业体系的生成提供必需的区域要素条件。另一方面,欠发达地区城镇化进程滞后,经济发展水平不高,人均可支配收入偏低,居民消费能力不强,难以支撑非农产业尤其是高附加值的加工业与高端服务业的发展。其次,转移人口的素质状况也导致其不能适应高端产业的岗位要求。一般认为,以知识和技术的生产、累积、扩散、应用与增殖的动态竞争能力逐步取代传统的资本、土地与劳动力为基础的要素禀赋,是左右现代产业发展的重要因素③。换言之,与层次较低的传统产业相比,现代产业对劳动者素质有着更高的要求。然而,小城镇大部分被调查人口(占比 87.0%)的受教育程度在高中及以下水平,又很少接受系统、有针对性地职业培训,因而缺乏在高端行业就业的知识与技术。此外,在非正规部门就业的劳动力,往往是边干边学,在下岗转岗时也无法获得政府的

① 陈明星,黄莘绒,黄耿志,杨燕珊. 新型城镇化与非正规就业:规模、格局及社会融合 [J]. 地理科学进展,2021,40 (01):50 – 60.

② 一般认为,小城镇镇区人口在 5 万人左右才能正常发挥集聚的功能。

③ 李超,覃成林. 要素禀赋、资源环境约束与中国现代产业空间分布 [J]. 南开经济研究,2011 (04):123 – 136.

培训扶持，这种职业困境使其产生一定程度的边缘感，进而导致职业体面感的缺失。

五、就地就近城镇化就业难题的破解路径与政策引导

破解就地就近转移人口就业问题的根本途径是寻找产业支撑。然而，受自身条件的限制，欠发达地区小城市（镇）发展非农产业的难度很大，如果紧盯着小城市（镇）本身，很容易走入死胡同。推动非农产业在小城市（镇）的发展与集聚必须要有新理念、新思维，必须把目光放在小城市（镇）之外，即跳出小城市（镇）来发展小城市（镇）。鉴于就地就近城镇化是一种承认农业基础地位的城镇化，且农业也是大部分农村地区的优势产业，因而按照"因地制宜、发挥优势，有所为、有所不为"的产业发展原则，应在"农"字上做文章，大力发展与农业资源有关的第二、第三产业。

1. 加快生态农业园建设，夯实非农产业发展基础

加快生态农业园建设的目的是提升欠发达地区农业发展水平，此举既可以有效挖掘农业就业潜力，也可以有力提升非农产业的发展规模，还可以为小城镇居民到农村兼业提供更多的机会，从而有效提升就地就近城镇化的就业空间。配第一克拉克定律告诉我们，在经济发展过程中，就业会由以第一产业为主，向以第二产业为主、进而向以第三产业为主的转变。产业结构这种顺序演进的本质是由于随着第一产业生产水平的提高，在把更多的劳动力从农业中解放出来的同时又能极大地推动第二、第三产业的进步，从而拉动农村劳动力进入城镇非农产业就业。

目前，大部分欠发达地区生态农业园建设正处在起步阶段，潜力很大、大有可为，已经具备了加快发展的基础与条件。特别是随着近年来人们对健康食品的需求呈直线上升态势以及旅游业的迅猛发展，越来越多从农村走出去的"成功人士"开始把目光转回农村与农业，以不同方式参与农业项目的开发，积极发展生态农业与乡村旅游。其主要的开发模式是以规模化、专业化种植养殖为基础，逐步建立起集农业体验、旅游观光、休闲度假、商务会展于一体的综合性、多功能生态园区。

现阶段，加快推进生态农业园建设的主要任务是为土地流转扫清障

碍。为此，必须解决实践中存在的两个突出问题：第一，受地块位置、土壤质量等因素的影响，有流转意愿的农户找不到合适的受让方。对此，可以通过设立土地银行的办法来破解，即农户把土地像货币一样存到银行，然后定期获取存地利息（所有权和承包权不变，只改变经营权）。在这一过程中，发包方（村委会）或中介组织是土地银行的实际管理者，其把流转的土地交给受让方经营。设立土地银行的另一个好处是：与单个农户相比，发包方或中介组织具有更强的谈判能力，能够有效保护农户的利益。第二，部分农户的流转意愿不高，导致受让方的土地不能集中连片经营。显然，解决这个问题的根本手段是因人而异、因地施策。调查表明，农户不愿意流转承包地经营权的原因主要有两种情形：一是对土地有很深的情感，同时又不具备其他的谋生手段（老年劳动力居多）。对此，受让方应承诺吸收这些劳动力参与流转土地的生产与经营，并把这一内容载明于流转合同中。这样既可以保证原承包户在土地流转后获取更大的收益，还能满足其对土地情感的需要。二是一些农户希望在种什么、怎么种上拥有自主权。对此，受让方可以在征求承包户意愿的基础上，通过适当补偿的方式进行地块互换，从而实现流转土地的集中经营。

2. 大力发展农业资源关联产业，并促使其向中小城市（镇）集中

前述研究表明，农业关联产业与农民的就业能力相适应，成为就地就近城镇化人口就业的主阵地。因此，大力发展农业资源关联产业的目的是尊重农民意愿、拓展转移人口就业空间的有效举措。在具体实践过程中，对于农产品种类多、产量大的地区，应大力发展各种农产品加工业，并推动产前、产后服务业落地生根。对于拥有特色农业资源的地区，应加快形成一批特色产业，例如，河南省信阳市的油茶、茶叶、板栗、食用菌、干果、水产，驻马店市的芝麻、小果花生与珍稀食用菌，周口市、商丘市的大果花生与食用菌等，重点依托这些特色农产品，逐步发展类型多样的特色加工业。同时，发挥部分行业竞争力强的优势，在壮大食品加工业、油脂加工业、饮料制造业、水产品加工业、畜禽加工等产业规模的同时，促进中介与信息业的快速发展。此外，农村地区也要充分利用部分区域被定位为"农产品主产区"的政策优势，加快农产品深加工、农产品流通、储运企业与设施建设，并大力开展农产品加工副产物的综合利用。

　　针对农业企业空间布局分散、小城镇镇区集中度不高、不利于拉动转移人口在城镇非农产业就业的问题，政策的着力点应主要放在两个方面：一是加大政策驱动力，加快农业企业及其关联产业集聚区建设。对于进驻园区的企业，除了给予用地、用电、税收、信贷与产品流通等方面的优惠政策外，还应设立农业企业发展专项资金，对农业企业需要建设的生产性车间、仓库、场地等设施以及引进先进的加工、包装、储藏、保鲜等设备，给予一定比例的补贴；对农业企业所需的固定资产投资贷款或流动资金贷款，按照银行当期基准利率给予一定比例的贴息。二是加快完善小城镇基础设施。调研发现，尽管经过多年治理，但部分小城镇"脏、乱、差"的面貌并没有根本性改变，"骑路市场"以及垃圾随意堆放或者清运、处理不及时的现象仍然普遍存在。少数小城镇地表水和地下水污染严重，居民的饮用水安全得不到保障。同时，教育、医疗、体育、文化等社会性设施不健全或者发展层次不高，也大大降低了小城镇对各类要素的集聚。据此，鉴于政府财力的限制，应本着"谁投资、谁管理、谁受益"的原则，把基础设施建设引向市场，鼓励企业和个人投资，形成政府、企业和个人多元化投资机制。

3. 科学把握城镇化本质，鼓励就地就近转移人口到农村兼业

　　鼓励就地就近转移劳动力兼职农业，一方面是促进农业产业化规模化经营的重要手段，另一方面也是尊重就地就近城镇化人口就业意愿的必然要求。一般认为，完全的城镇化需要完成三个转换，即居住从农村到城镇地域的转换，职业从农业到非农业的转换，身份从农民到市民的转换[①]。地域与职业的转换是由于随着经济社会的发展，就业会由以第一产业为主，转向以非农产业为主，且非农产业主要聚集于城镇的缘故，而强调身份的转换则是源于我国特有的城乡二元户籍管理制度。

---

　　① 辜胜阻，李洪斌，曹誉波. 新型城镇化改革的原则与路径——十八届三中全会的城镇化新政［J］. 江海学刊，2014（01）：79 - 85.

不过，笔者认为，新型城镇化跟"职业"与"身份"并无必然关系。因为，新型城镇化的核心问题是农业转移人口的市民化，而市民化的本质则是城镇常住人口享有均等的公共服务。"市民化"并不等同于就业的非农化与户籍的非农化。无论是在第一产业工作还是在第二、第三产业就业，也无论是农民身份还是市民身份，只要能获得均等的公共服务，就意味着已经完成了"化入城镇"的过程。区域城镇化的模式是由其经济社会发展水平或所处的阶段决定的，不同发展阶段有不同的发展模式。地域、就业与身份的"三转换"是城镇化的高级形式，它可以让转移人口享有市民的所有权益。城镇化的另一种重要形式是允许农业转移人口不改变户籍，但可以通过持有城镇居住证享有子女教育等基本公共服务。前述研究已表明，这正是就地就近城镇化的主流形式。

基于上述对新型城镇化内涵以及城镇化发展规律的认识，在当前小城镇镇区就业空间不足的情况下，就地就近城镇化应当打破传统思维的桎梏，充分考虑"就近城镇化"的特点与农业转移人口的"特质性"，鼓励转移人口到农村第一产业就业或兼业。此举既能为破解就近城镇化中的就业难题提供一个突破口，也能有效促进城乡之间要素的双向流动，有助于实现城乡一体化，还能够一定程度上缓解农业必要劳动力不足的问题。此外，与传统城镇化相比，新型城镇化更加强调要以人为核心，要尊重农民意愿。显然，摈弃就业偏见，对城镇非农产业就业与乡村第一产业就业都持开放与支持的态度，体现了对转移人口职业选择权利的尊重，这是"人的城镇化"的应有之义。

4. 融入国家战略布局促进产业发展，拓展城镇高质量就业空间

产业是城镇化之基，就业是民生之本。改革开放尤其是进入21世纪以来，我国政府越来越重视就业问题。2002年党的十六大、2007年党的十七大强调"扩大就业"，让社会就业更充分，2012年党的十八大第一次提出实现"高质量就业"，自此以后，关于就业问题均把"高质量"作为着力点。还应该注意到，有关就业的重要地位。党的十六大、十七大、十八大的表述都是"就业是民生之本"，而党的十九大则更进了一步，明确提出"就业是最大的民生"。可见，随着经济社会发展环境的变化，以及对民生问题认识的深化，促进高质量就业已经成为我国实现高质量发展的重要目标与核心内容之一。

关于高质量就业的内涵，学术界并没有统一的认知。曹前满（2021）认为，高质量就业在宏观层面体现为充分就业，有足够的工作机会；在社会层面表现为工作环境改善、工作强度降低以及劳动力供给优化与资源配置效率提升；在个体层面表现为劳动者技能增长并与经济技术发展相适应①。基于前述第四章中对就业满意度的分析，本书认为，高质量就业是指劳动者拥有同时期良好的工作条件与待遇，且这种条件或待遇与建立在劳动者个人能力基础上的心理预期基本一致，从而产生较高获得感、幸福感的过程与状态。高质量就业具有综合性、相对性、动态性（又称发展性）、层次性的特征。

推进城镇化高质量发展，需要拥有一定规模、结构合理且布局科学、能够满足人们就业需求的产业。在产业基础薄弱的地区，应当统筹宏观发展与微观管理，从以下三个方面有的放矢地推进产城融合。

一是积极响应国家区域发展战略，以"近水楼台"之便利带动产业发展。纳入国家战略层面的区域，实质上就是国家发展的空间重点。目前，我国有五大国家区域发展战略，即粤港澳大湾区建设、长三角区域经济一体化发展、京津冀协同发展、长江经济带发展、黄河流域生态保护与高质量发展。前三个区域在改革开放后迅速成长为国家级经济增长极，辐射范围涵盖全国，具有极强的经济引领作用；而在国家的大力推动下，长江经济带与黄河流域也必将很快发展为全国重要经济增长轴②。其他地区应充分发挥空间近邻与土地资源优势，主动寻求对接与融入这五大区域，从而依靠要素互补、政策支持、区域分工来谋求产业更快发展。

二是主动参与国家主体功能区建设，以"政策红利"之优势促进产业培育。理论与实践都再三表明，优惠政策是推动后发地区经济社会发展最

---

① 曹前满. 高质量就业的支撑条件与现实困惑：技术依赖与劳动排斥［J］. 经济学家，2021（04）：41－51.

② 彭荣胜，卢俊阳. 人的现代化视域下我国城镇化高质量发展问题研究［J］. 信阳师范学院学报（哲学社会科学版），2021，41（06）：31－38.

富成效的手段之一。我国早在 2010 年就根据资源禀赋、发展现状与开发潜力，确立了不同区域的主体功能，并明确了开发方向与开发政策。因此，优先发展与主体功能定位相一致的产业，既能因地制宜、扬长避短，又能获得国家"政策红利"，从而有助于形成产业比较优势，进而为关联产业的发展与聚集创造非常有利的条件①。

三是加快适应经济社会环境的变化，为涵养产业提供人力资源支撑。目前，我国正加速步入高质量就业与高品质生活时代，20 世纪 90 年代以后的出生人口对此有着更高的渴求。在城镇化过程中，为了吸引并留住劳动力，需要落实两方面的工作：一方面，严格执法管理，确保社会保险及时、足额缴纳，解除员工的后顾之忧；落实劳动时间与强度、工作条件与环境的国家相关标准及法定节假日权益，保障员工的身心健康；支持受政策变化、市场波动、自然灾害、突发公共事件影响较大的企业，通过"风险参保"增强运营稳定性，降低不确定因素对员工收入的冲击，全方位提升就业质量②。另一方面，统筹规划产业园区、生活小区，打造"职住一体"的城市空间；完善文化娱乐、体育健身、旅游休闲、商业网点等配套设施建设，多维度提高生活质量。

5. 完善法律法规，保障灵活就业人员权益

农业转移人口是就地就近城镇化的主体，而转移人口就业的主渠道是灵活就业或非正规就业。近年来，随着社会主义市场经济不断深入，零工经济快速发展，灵活就业人员已超过 2 亿人③。网约车、外卖、快递、家政、网络直播、公众号博主、网店卖家等新业态已成为吸纳劳动力的重要储水池，是"稳就业、保民生"的有效手段，是实现"以人为本"新型城镇化的必然路径。

针对灵活就业中存在的突出问题，应顺应时代之变迁，着力做好以下几个事情：一是明确灵活就业人员的"身份"，应根据劳动者的工作时长、工作频次、工作场所、报酬结算、劳动工具等，以及企业对劳动者的监督

---

①② 彭荣胜，卢俊阳. 人的现代化视域下我国城镇化高质量发展问题研究 [J]. 信阳师范学院学报（哲学社会科学版），2021，41（06）：31 - 38.

③ 国务院总理李克强 2021 年两会答记者问。

管理程度、惩戒措施等因素来综合认定平台与从业者之间的关系①。构成劳动关系的就业人员，应当依法保障这部分人的劳动相关权益。关于这个问题，可以借鉴优步（uber）在英国地区的判例。该公司是总部位于美国旧金山、业务遍及全球的一家风险投资创业公司和交通网络公司，主要提供租车及实时共乘服务，链接乘客和司机的工具则是互联网应用程序。英国最高法院 2021 年 2 月裁定，由于 uber 单方面制定了司机提供服务的内容和规则，司机与 uber 之间客观上已构成"从属和依赖"的劳务关系，司机理当被认定为"员工"身份。据此，该公司在英国地区雇用的数万名司机应享受最低工资保障、带薪休假和养老金等法定福利待遇②。这一判例被认为是全球零工产业的一道分水岭，对我国强化平台监管、科学认定劳动者的身份，维护网约车、外卖、快递、家政等零工经济行业从业人员的劳动权益，具有重要的参考价值。二是平衡劳工保护、人力资源灵活性及低成本之间的关系。若一味强调劳动力的权益保护，则有可能会挤压灵活经济的发展空间，从而减少对劳动力的雇用；也很容易促使企业把用工成本转嫁到消费者头上。例如，与英国地区维权成功形成鲜明对照的是，uber 司机在美国本土的维权行动就以失败而告终。公司给出的理由是，提高司机待遇可能会迫使企业裁减人员，也可能会导致车费上涨。在这种情况下，为了维护自身利益，当地公民采取票决的方式，最终认定签约司机不属于"雇员"，而是"自雇人员"，因而不能享有"雇员"的待遇与福利。在这方面，可以借鉴英国的做法，该国有比较完备的劳动法，它把从业人员区分为两类身份，即"雇员"与"员工"。与正式雇员相比，"员工"与雇主的劳动关系更为疏离，不能享有产假、陪产假以及遣散费等政策③，这也是 uber 能适度让步的主要原因。此外，鉴于灵活就业人员收入偏低且不稳定、社保缴费能力较弱的客观现实，国家应对这类人员给予适当的社保补贴，以帮助他们按时足量缴纳社会保险，同时还要建立职业伤

①②③　言咏. 不能让灵活就业者"裸奔"［N］. 经济观察报，2021－03－22.

害保障机制，让其在遭受伤害时有规可依，依法维权①②③。

六、本章小结

分析发现，我国劳动力供求紧张的局面长期维持在高位，就业形势愈发严峻。在城镇就业中，国有部门与集体经济吸纳劳动力最少，且有缓慢下降趋势；而私营企业与个体经济的就业规模最大，且呈现快速增长态势，在城镇就业中的占比超过60%，发挥着举足轻重的作用。

受产业结构升级换代、科技进步的就业替代、外部经济环境变化的冲击，加之农村劳动力素质相对偏低等因素的影响，进城农村人口成为就业压力最大的群体。从就业的产业构成看，第二、第三产业的就业比重此消彼长，第三产业吸纳劳动力的能力不断增强。在第二产业中，从事制造业、建筑业的农民工比重逐步下降，第三产业中，批发和零售业、交通运输仓储邮政业、住宿餐饮业、居民服务修理和其他服务业，是吸纳农业转移劳动力最多的四个行业。分析还发现，我国农村劳动力非农就业呈现四个特征或发展趋势：一是转移就业的主导产业更替明显，劳动密集型服务业的吸纳能力不断增强；二是新的经济形态与模式不断涌现，灵活就业与非正规就业增长迅速；三是技术进步对劳动就业的冲击巨大，传统的低端与重复性岗位加速流失；四是就业空间的区域不平衡问题突出，欠发达地区非农产业就业机会偏少。

我国在推进新型城镇化过程中，对自发性就地就近向中小城市、小城镇转移农村人口的就业问题关注不够，以及对具有两个"适应"（与区域环境相适应、与转移人口"特质性"相适应）的就业难题破解路径探索不足的客观现实，重点调查了中西部欠发达地区就地就近城镇化农民的就业状况、意愿及其成因。分析发现，进城农民的就业特点与主要意愿集中在三个方面：一是兼职农业是最主要的就业方式，期望拥有更多的非农就业机会；二是非农就业与农业的关联度高，期望就业岗位与自身能力相匹

---

① 胡雅茹. 灵活就业不能让权益"灵活"[N]. 人民法院报, 2021-04-22.
② 石洪萍. 促灵活就业需有更灵活制度[N]. 无锡日报, 2021-04-05.
③ 王天玉. 新业态就业中的"单工伤保险"[N]. 中国社会科学报, 2021-03-31.

配；三是层次低的非正规就业占比高，期待拥有"体面"的高质量就业。欠发达地区第二、第三产业发育不充分，非农产业规模较小、比重低，发展农业企业及关联产业的条件优越，具有较高的地理适应性，以及转移人口农业生产经验丰富、土地情结浓厚与素质能力偏低等"特质性"是上述状况形成的主要原因。据此，按照充分尊重区情、尊重农民意愿，发挥优势、顺势而为的指导思想，破解就地就近城镇化就业难题的措施有：加快生态农业园建设，夯实非农产业发展基础；大力发展农业资源关联产业，并促使其向小城市（镇）集中；科学把握城镇化本质，鼓励就地就近转移人口到农村兼业；融入国家战略布局促进产业发展，拓展城镇高质量就业空间；完善法律法规，保障灵活就业人员权益。

第六章 就地就近城镇化模式的实现路径、农民意愿与适用条件

一、研究现状

在国外，就地就近城镇化这一术语并未明确出现，国外学者的研究多集中在城市化的模式上，并因为研究视角不同而划分为静态城镇化模式和动态城镇化模式两大类别[①]。具有代表性的模式有伯吉斯与巴布科克提出的同心圆模式[②]、塔佛和加纳的理想城市模式、洛斯乌姆的区域城市模式、穆勒的大都市模式[③]，以及霍伊特针对美国城市发展特征提出的"扇形模式"[④]，美国地理学家哈里斯和乌尔曼基于社会分工不同的"多核心模式"[⑤]，科曾的"周期性模式"[⑥]，理查森的"差异化城市模式"[⑦] 等。部分学者对城乡混杂区的研究在一定程度上趋近于就地就近城镇化的内涵。麦基认为，在发展中国家，大城市周边地区、交通枢纽地区及乡镇企业聚

---

① 刘岱宁. 传统农区人口流动与城镇化模式研究——以河南为例 [D]. 开封：河南大学博士学位论文，2014.

② Burgess E W. Residential Segregation in American Cities [J]. The Annals of the American Academy of Political and Sosial Science, 1928, 4 (01)：105 – 115.

③ Kale V S, Joshi V U, Chapter I V. Urbanization, Human Mobility and Environmental Conflicts in Mumbai and Chennai Metropolitan Regions, India [J]. SECOA FP7 Research Project, 2012, 2 (01)：129 – 160.

④ Harvey D. The Urbanization of Capital [M]. Oxford：Blackwell, 1985.

⑤ Harris C D. The Market as a Factor in the Localization of Industry in the United States [J]. Annals of the Association of Amercican Geographers, 1954, 44 (40)：315 – 348.

⑥ Michaels G, Rauch F, Redding S J. Urbanization and Structural Transformation [J]. The Quarterly Journal of Economics, 2012, 127 (02)：535 – 586.

⑦ Shahbaz M, Lean H H. Does financial Development Increase Energy Consumption? The Role of Industrialization and Urbanization inTunisia [J]. Energy Policy, 2012, 40：473 – 479.

集区的城镇化水平明显较高。加拿大学者卡迪尔提出，乡村就近转型主要体现在景观特征的城镇化上①。此外，也有学者认为，就近城镇化区域的乡村劳动力的非农化程度更高、人口更密集、基础设施更完善。但这些研究并未明确提出就地就近城镇化的具体模式②。

国内关于就地就近城镇化模式的研究已经积累了一系列的成果，主要是从不同视角或层面探索城镇化的实现过程与方式③④⑤。李强等（2013）指出，中国城镇化呈现明显的制度投入特征，它在实践中具有多元化推进模式，具体包括建立开发区、建设新区和新城、城市扩展、旧城改造、建立中央商务区、乡镇产业化、村庄产业化等实践类型。吴碧波、黄少安（2018）认为，在我国西部欠发达地区，就地城镇化可以通过房地产商开发模式、企业发展带动模式、项目统筹建设模式、村集体筹资建房模式、政府保障房模式、中心村建设模式、慈善模式实现。崔曙平、赵青宇（2013）通过对苏南就地城镇化发展的研究，认为就地城镇化主要包含以非农化为主要形式、以小城镇发展为中心和以县城发展为主的三种模式。刘文勇、杨光（2013）认为，就地就近城镇化主要是通过城乡市场与产业互动的模式来实现的。此外，通过宅基地置换打造"功能型社区"和以工业转移完善"新型社区"是实现就地就近城镇化的重要途径。卢红，杨永春等（2014）通过对敦煌市的研究提出，农业与服务业协同推进的就地就近城镇化模式。胡宝荣、李强（2014）按地域范围将就地城镇化模式归纳为城乡接合部的就地城镇化模式、县域范围的就地城镇化模式、中心城镇的就地城镇化模式和新型农村社区的就地城镇化模式。李强、张莹、陈振

---

①　Cohen B. Urbanization in Developing Countries：Current Trends，Future Projection，and Key Challenges for Sustainability ［J］. Technology in Society，2006，28（01）：63 – 80.

②　Shen Jianfa. Scale，State and the City：Urban Transformation in Post Reform China ［J］. Habitat International，2007，3（01）：13 – 14.

③　李军，吕庆海. 中部地区城乡一体化路径探析：就地城镇化 ［J］. 贵州社会科学，2018（08）：121 – 127.

④　耿虹，李彦群，高鹏，陈实. 基于微小产居单元特征的乡村就地城镇化探索 ［J］. 规划师，2018，34（07）：86 – 93.

⑤　宋玢，冯淼. 西北地区"镇级市"就地城镇化发展路径探索 ［J］. 规划师，2018，34（01）：92 – 97.

华（2016）提出了大城市近郊乡村的就地城镇化、地方精英带动的村庄城镇化、外部资源注入为主的乡村城镇化三种典型模式。李强、陈振华、张莹（2017）提出了县域经济驱动的就近城镇化模式、强镇崛起带动的就近城镇化模式、地市全域一体化推动的就地城镇化模式。

通过以上研究成果可以看出，当前关于就地就近城镇化模式的研究成果较为凌乱，尚未形成清晰的理论体系，研究内容多集中在动力机制和途径等方面，关于模式的总结和概括多以典型案例为主，没有具体的判别标准。本章在已有研究成果的基础上，根据不同的划分标准，在整合已有成果的基础上，剖析就地就近城镇化模式的运行机理和适用条件，以期能为就地就近城镇化的路径选择提供有价值的参考。但因为就地就近城镇化的模式具有多元性，所以，大多数乡村是以多种模式混合推进实现就地就近城镇化。

二、推动主体不同的就地就近城镇化模式

（一）政府主导型模式

政府主导型模式，主要是指在就地就近城镇化过程中，政府以行政手段，通过制定强有力的计划或颁布相关政策（如城市规划控制和区划调整等）来优化资源配置，实现土地的整理和转换，进而影响城镇化水平，最终达成既定目标[1][2]。此种模式下，虽然在一定程度上会有市场力量的介入，但总体来讲，推动就地就近城镇化的动力不是地区自身经济发展而引起的产业体系演进升级，更多的是政府战略布局下的政策辐射功能[3]。因此，政府主导并不是说完全依靠政府力量，更多情况下是以政府力量为主、市场力量为辅进行，二者难以独立存在。

---

① 秦震. 论中国政府主导型城镇化模式［J］. 华南师范大学学报（社会科学版），2013（03）：24－29.

② 蔡继明，王栋，程世勇. 政府主导型与农民自主型城市化模式比较［J］. 经济学动态，2012（05）：58－65.

③ 宣超，陈甬军. "后危机时代"农村就地城镇化模式分析——以河南省为例［J］. 经济问题探索，2014（01）：122－126.

对于经济基础较为薄弱的地区，仅仅依靠市场自发的力量来提供经济剩余和实现资本积累是不现实的，民间资本在推动这些地区的城镇化进程中难以发挥主导作用。由于社会力量发育不足，自发推进城镇化举步维艰，此时就需要政府介入，并以政治力量和行政手段，整合利用各方面资源以减小城乡差距，实现乡村地区的城镇化。如山东德州的"两区同建"就地城镇化模式[①]、浙江海盐县产权制度改革驱动的全域城镇化[②]。

政府主导推动的就地就近城镇化，一般需要这一地区处在政府宏观发展战略布局和规划中，且具备一定的资源优势，具有实现就地就近城镇化的可能性。此外，农民的意愿也是政府在推动城镇化过程中不可忽略的重要因素。农民渴望改变生活方式和改善生活环境的强烈意愿，是政府推进就地就近城镇化的重要助力。基于土地国有制度，我国政府在推动城镇化进程时，一般会采取建立开发区、新城区、中央商务区和旧城更新等模式[③]。

1. 建立开发区模式

建立开发区模式可以说是政府主导型就地就近城镇化的典型模式。一些地区拥有良好的资源环境和经济发展潜力，为进一步促进其经济发展，政府会通过实行一系列优惠政策和有针对性的管理手段，整合各种自然和社会资源，以建设区域经济高地，并称之为开发区。在政策红利的强力推动下，开发区可以迅速聚集人口和产业，促进农村地区的非农化进程，进而实现就地就近城镇化[④]。

2. 建设新城区模式

由于土地国有制度，新城区建设须经政府部门审批且由政府部门主导。在新城区建设过程中，政府通过对土地、人口、产业及基础设施的整体规划和空间布局，推动要素和资源在一定区域内快速整合和集中，最终

① 倪建伟. 就地城镇化的新近进展、现实困境与破解策略——山东省德州市新型城镇化第三次专题调研报告 [J]. 农业经济问题，2017，38（06）：64 - 69.

② 杨卫忠. 农业转移人口就地城镇化的战略思考 [J]. 农业经济问题，2018（01）：53 - 63.

③④ 李强、陈宇琳、刘精明. 中国城镇化"推进模式"研究 [J]. 中国社会科学，2012（08）：82 - 100.

实现就地就近城镇化。新城区的选址一般在大中城市近郊，或位于其辐射范围之内，是当地城镇化体系的重要组成部分。这些乡村一般具有某种资源或产业优势，可以作为推动就地就近城镇化的载体，但由于经济实力还不强，很难依靠自身力量在短期内实现城镇化。在这种情况下，充分发挥政府主导作用，通过区域规划或空间再造，以建设新城区的方式推进城镇化无疑是一种有效的解决方法。如安徽马鞍山市博望镇的"镇改区"等①。

3. "城中村"改造模式

在快速发展的城镇化进程中，大量农村集体土地被征用，部分农户因此失去赖以生存的土地，其所在的村落往往也成为城镇区域中的空间"斑块"。居住区由于发展滞后而游离于城市管理之外，农民也未能成为真正意义上的城市居民，加之城市的发展吸引了大量外来农村人口，而较高的城市生活成本促使这些农村人口在"滞后区"集聚，进而形成了"城市中的村庄"。由于我国土地所有制结构的二元性，城中村的改造有着诸多制约性因素，市场力量很难发挥主导作用。此时，政府通过拆迁补偿、土地置换或者住房改造的方式，再辅之一定的市场力量，对这种"城市中的贫民窟"进行规划再造，以实现城市功能的更新和环境的改善。

城中村的改造需要耗费巨大的人力财力，只有在经济条件相对成熟，投入成本和改造效益达到一个相对平衡的状态时，才能实现"城中村"的就地就近城镇化。如郑州市中牟县的政策主导型就地就近城镇化②。

（二）市场主导型模式

市场主导型模式，主要是指在市场机制的运作下，充分发挥市场在资源配置中的决定性作用，配置资源、调节供需，促进产业体系优化升级，为城镇化建设提供根本动力。在市场主导型模式中，专业市场带动型的就地就近城镇化较为典型。一些农村地区在传统集市的基础上，逐渐形成了商品集散地或交易中心，以商业发展来促进县域经济或镇域经济的兴盛。

---

① 孙洁，朱喜钢，郭紫雨. 由镇升区的就地城镇化效应思辨——以马鞍山市博望镇为例 [J]. 现代城市研究，2018（06）：106－112.

② 宣超，陈甬军. "后危机时代"农村就地城镇化模式分析——以河南省为例 [J]. 经济问题探索，2014（01）：122－126.

例如，浙江省义乌市小商品城集散中心，就是通过小商品批发来以商兴市，创造大量岗位，带动周边县域范围内的就地就近城镇化①。

市场主导型城镇化主要是市场经济自然发展的结果，通过此模式实现就地就近城镇化的乡村需要拥有较为成熟的市场环境。如河南省许昌市鄢陵县的就地就近城镇化即是这种类型②。

（三）民众主导型模式

在民众主导型模式中，当地居民是实现就地就近城镇化的主导力量。由于农村人口期盼提高生活水平、改变生活方式，因此会通过个人力量或非政府的社会组织和团体力量来参与就地就近城镇化过程。如20世纪80年代，温州龙港人民自费城镇化③。

舒尔茨在人力资本理论中指出，人的因素在影响经济发展的诸多因素中是最关键的。因此，在就地就近城镇化过程中，除了主导力量外，部分掌握了一定社会资源和社会关系的个别乡村精英人士或"新乡贤"也起着至关重要的作用。他们通过自己的威望和才能整合当地资源，构建社会关系网络，对内使民众信服，对外进行有效沟通，争取政府部门和非政府组织的帮扶，以促进当地经济发展和居住环境的改善，促进乡村非农产业的发展和基础设施建设，推进当地城镇化进程。如江苏华西村的吴仁宝，河南刘庄的史来贺等④。

由于民众主导模式中，发挥主导作用的主要是私人资本和力量，因此这种模式多适用于民间资本比较发达且拥有一定人口条件的地区。如河南省周口市商水县⑤、山东省青州市南张楼村的就地就近城镇化就属于这种类型⑥。

---

① 岳文海. 中国新型城镇化发展研究 [D]. 武汉：武汉大学博士学位论文，2013.

②⑤ 宣超，陈甬军. "后危机时代"农村就地城镇化模式分析——以河南省为例 [J]. 经济问题探索，2014（01）：122 - 126.

③ 李强，陈宇琳，刘精明. 中国城镇化"推进模式"研究 [J]. 中国社会科学，2012（08）：82 - 100.

④ 李强，张莹，陈振华. 就地城镇化模式研究 [J]. 江苏行政学院学报，2016（01）：52 - 60.

⑥ 陈多长. 非政府主导的就地城镇化模式及其政策启示——山东青州南张楼城镇化案例分析 [J]. 社会科学家，2018（06）：42 - 48.

三种主要就地就近城镇化模式的比较，见表6－1。

表6－1　　　　　　　　　三种主要就地就近城镇化模式的比较

城镇化模式	特征	常见举措	主要优势	农民意愿	适用条件
政府主导型	以政府力量为主，其他力量为辅	凭借规划（计划）制定、相关政策颁布等行政手段，明确空间发展重点，优化资源配置，实现发展目标	执行力强，实施效率高，可以在短期内实现预期目标	政府要达成的目标往往具有综合性、战略性、前瞻性特征，很容易与农民的个人意愿与局部诉求错位	经济基础较为薄弱、市场化水平较低的地区
市场主导型	主要发挥市场机制作用，政府支持、民众参与	利用区位、资源或产业优势，尊重与顺应市场规律，引导民间资本进行城镇化建设	有效解决城镇化"钱从哪里来"的问题，资源配置效率高，可以较好地兼顾各方的利益	很大程度上取决于政府引导的力度与方向，若坚持社区参与原则，则农民意愿程度高。反之，若政府"有形的手"弱化，则农民的利益往往容易受损，其支持度就低	市场机制健全，多出现于经济发达地区
民众主导型	个人力量或非政府的社会组织和团体起主导作用	精英人士利用个人威望和才能，引领当地经济发展和居住环境的改善，促进乡村非农产业发展和基础设施建设	由于精英人士或"新乡贤"具有乡土性特征，因而更熟悉乡情，更具有造福乡民的使命感，也更易实现目标	民众参与广泛、参与程度深，是这种模式的突出特点之一，因而农民的意愿往往也得到较好的体现	拥有志愿带领乡民改变落后面貌的精英人士，或者民间资本比较发达且拥有一定人口条件的地区

三、驱动产业不同的就地就近城镇化模式

（一）工业驱动模式

工业化与城镇化是相辅相成的关系，工业化是城镇化的主要动力，而城镇化又会反过来促进工业化发展。工业化与城镇化的密切关系还可以进行量化评价，各国经济发展史表明，城镇化率与工业化率比值的合理区间是$1.4 \sim 2.5$[①]。工业发展，一方面拉动传统农业走向产业化规模化，另一

---

　① H. 钱纳里，S. 鲁宾逊，M. 赛尔奎因. 工业化和经济增长的比较研究 [M]. 上海：三联书店，1989.

方面推动与之相配套的服务业快速发展，并在特定区域不断聚集，从而为城镇化奠定坚实的产业基础，进而促进农民就业非农化，推动生产方式、生活方式转型以及思想观念的现代化。此外，工业化水平不断提升，还能为农村人口就地就近城镇化提供后续动力①。如改革开放以来，我国工业基础较好的东北地区，以工业带动当地经济发展，推动了众多乡村地区的城镇化进程。同时，将区位、资源以及产业优势充分发挥起来，结合市场需求，培养竞争力强且知名度高、规模大的特色工业是就地就近城镇化的重要基石②。如河南省漯河市的特色食品工业，不仅为当地提供了特色旅游资源，也引领着乡镇企业和手工作坊的发展，为周边农村实现就地就近城镇化创造了条件。

以工业推动就地就近城镇化需要具备丰富的能源或者原材料，拥有较为深厚的工业基础，以及较为先进的工业技术，同时也需要一定数量与质量的劳动力作为支撑。此外，工业产品的销售还需要具备便利的交通条件，以快速实现产品经济价值。

在工业推动就地就近城镇化的过程中，采掘业、制造业以及水、电等供给业起着至关重要的作用。矿物资源作为一种不可再生资源，是社会经济发展的重要物质基础。由于其储量有限，开发利用价值高，往往成为地区经济发展的重要助力。因此，矿产资源带动就地就近城镇化是工业驱动的典型模式。

在拥有矿产资源的乡村地区，采掘业的发展可以为农村大量富余劳动力提供就业岗位，同时关联产业的发展会促进产业结构的调整和优化，提高地区的工业化水平，进而推动农民职业的非农化。例如，河南省平顶山舞钢市，19世纪80年代之前属于偏远的山村地区，经济极为落后，由于铁矿石储量丰富，在政府大力发展钢铁产业之后，形成了良好经济态势，摆脱了以传统农业为主的经济结构，逐渐脱离原属县区，成为县级市，实

---

① 翁计传，闫小培. 中山市农村就地城市化特征和动力机制研究［J］. 世界地理研究，2011，20（02）：76-83.

② 周斌. 特色产业经济是城镇化发展的基石——闽浙三镇小城镇建设考察的启示［J］. 小城镇建设，2003（09）：76-77.

现了就地就近城镇化。再如，北京市高碑店村的古典家具生产、加工、制作与销售一体化的"产业先行"就地就近城镇化①也属于此种模式。

（二）农业驱动模式

农业是国民经济的基础，尽管随着社会的不断进步，农业在经济结构中的比重不断降低，但对于我国许多农村地区而言，农业依然是农民的重要收入来源，传统农业向现代农业的转变也成为农村经济社会发展的主要驱动力。因此，通过发展现代农业来提高农民收入，改善农民生活环境，带动广大农村地区实现就地就近城镇化，是解决城乡二元经济结构造成贫富差距的有效手段。

农业产业化经营是农业现代化的重要内容，它主要是指在一定的地区，结合当地自然条件和社会经济条件，以农户为基础，根据市场需求，立足经济效益，在龙头企业或合作经济组织的带动下，通过系列服务手段，形成种养加、产供销、贸工农一体化的经营格局。在农业产业化过程中，必然要加大农业科技和农业机械的投入和应用，提高劳动者的综合素质，培养一批具有带动作用的龙头企业，形成"公司 + 农户""公司 + 基地 + 农户""公司 + 合作社 + 农户"等经营模式，以实现利益共享和风险共担，最终全面提高农业发展带来的综合效益。同时，农业产业化还能带动工业发展，促进包括旅游业在内的服务业发展，从而优化产业布局和产业结构，增加就业岗位，吸引劳动力回流，促进农民职业和生活方式的非农化，进而实现农村地区的就地就近城镇化。如河南省周口市商水县的农业现代化驱动就地就近城镇化、陕西省杨凌的农业产业化带动模式等②。

农业产业化一般要以丰富的农业资源为基础。换言之，在农业生产资源短缺的地区，想通过此种方式实现就地就近城镇化则较为困难。如西北地区深处内陆，降水稀少，农业生产多依靠灌溉，水资源匮乏严重制约着其农业发展水平。因此，走农业驱动的就地就近城镇化道路需要具备耕地

---

① 胡宝荣，李强. 城乡结合部与就地城镇化：推进模式和治理机制——基于北京高碑店村的分析［J］. 人文杂志，2014（10）：105 – 114.

② 刘波，李娜，彭瑾. 杨凌示范区就地城镇化的路径探索［J］. 西北农林科技大学学报（社会科学版），2015，15（01）：42 – 47.

面积大、土地土壤条件利于耕作、水利配套设施完善，以及气候适宜、农业基础较好、农业技术较高且农业的现代化转型较快等条件。农业发展驱动的就地就近城镇化模式如图 6-1 所示。

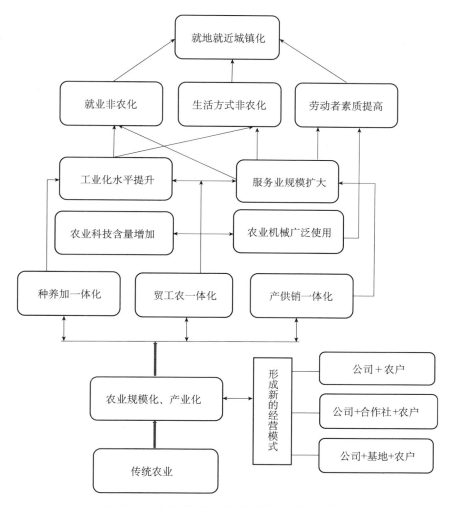

图 6-1　农业发展驱动的就地就近城镇化模式

（三）第三产业驱动模式

一般来说，农村劳动力的总体文化素质偏低，因此，那些技术含量不高的服务业往往会成为他们就业的首要选择。随着经济和工业化的不断发展，人民生活水平的不断提高，消费需求也日益增长，这就为第三产业的发展带来了契机。从本质上看，第三产业主要是通过带动或驱动关联产业或行业发展、基础设施建设、居住环境改善、公共产品供给等引导农业人口就地就近城镇化。此外，第三产业还能提供大量的就业岗位，提高地方财政收入，为就地就近城镇化提供不竭的动力。

1. 房地产业驱动模式

房地产业和就地就近城镇化是相辅相成的关系。我国中小城镇的地价、房价普遍低于大城市、超大城市，有着较大的"扩容"空间。农村人口想要拥有城镇化的生活方式和生活环境，就渴望向现有城市转移，随之会产生大量的住宅需求。但由于经济力量有限，多数农民会倾向于选择就近购买那些实现景观城市化①和社会服务建设较为完善的住宅或地产。此时，房地产业就可以作为城乡结合区或潜力较大的农村地区经济发展和就地就近城镇化的重要动力。房地产是具有基础性、先导性、带动性的产业，它在拉动内需，促进基础设施建设的同时，会带动钢铁、家电、建材、水泥等20多个行业的发展，创造大量的就业岗位，提高民众的生活水平和消费能力。

房地产业驱动模式需要在政府部门合理的统一规划下，引入开发商，开发住宅小区，同时完善生活配套设施，明确住房标准及利益分配原则，引导农民入住新房。这种模式多适用于城中村改造、城乡接合部或实现城镇化潜力较大的地区②。开发商是以经济利益为导向的，经济条件较好、村镇企业较多、有一定城镇化基础的地区，更容易成为开发商的投资目标。

2. 旅游业驱动模式

20世纪70年代，澳大利亚学者帕特里克（Partrick）最早提出了旅游城市化（tourism urbanization）的概念。90年代，国内学者开始引入并探讨

---

① 城市化过程一般可以分为景观城市化与人文城市化两种类型。前者是指人们所观察到的道路、建筑物、绿地等景观的城市化，后者是指包括人口素质提高、生活方式改变等与"人的现代化"有关的城市化。

② 吴碧波，黄少安. 乡村振兴战略背景下西部地区农村就地城镇化的模式选择［J］. 广西民族研究，2018（02）：16-23.

"旅游城镇化"。旅游城镇化主要是指由于旅游资源开发和旅游经济的发展，促使旅游目的地人口的非农化和景观的城市化[①]。旅游业泛产业的特性使其可以很好地融合多种产业共同发展，促进产业结构的优化，提供大量的工作岗位，对经济发展起到很好的催化剂作用，而旅游资源的含义也比较广泛，有形的山水林田和无形的文化、民俗等都可以成为吸引要素，助力旅游业的发展。对于经济水平落后的乡村地区来讲，"青山绿水"可以通过旅游业的经济效益变成"金山银山"，在农民不离乡不离土的情况下，以"旅游+农业"的方式实现农村人口的就地就近城镇化。如云南香格里拉和芒市，就是依靠当地的旅游资源，以旅游业带动餐饮、住宿、购物、住宅等发展，推动当地乡村的就地就近城镇化进程[②]。

在发展旅游业时，最基本的要求是具有可达性，故而以旅游业驱动的就地就近城镇化就要求该地区具备良好的交通条件。旅游业发展的差异性原则决定了旅游目的地对所属地居民的吸引力并不强，因而外来人员的流动会对旅游业的发展产生强大的推动作用，而具有特色的旅游资源是吸引外来游客的关键，也是促进当地经济发展、推动城镇化的重要动力。

旅游业发展驱动的就地就近城镇化模式如图6-2所示。

3. 公共服务驱动模式

公共服务是保障人类社会发展的重要条件，其涵盖的范围非常广泛，既有为公民的生存、生活与发展提供的服务，也有为个人与组织生产经营活动提供的服务。可以说，人的全面发展离不开高质量的公共服务，一个国家或地区的经济发展水平也可以用公共服务的供给状况来衡量。换言之，尽管公共服务是在经济社会发展中产生的，但公共服务的数量多少与质量高低，又会对经济社会发展起到促进或抑制作用。就城镇化而言，就地就近城镇化需要良好的公共服务，反过来，公共服务发展也推动着就地就近城镇化进程。城镇化与公共服务业相互推动、相互促进，实现良性循

---

① 李强. 多元城镇化与中国发展：战略及推进模式研究［M］. 北京：社会科学文献出版社，2013.

② Hillman. B. The Causes and Consequences of Rapid Urbanisation in an Ethnically Divers Region：Case Study of a County Town in Yunnan［J］. China Perspectives，2013，3：25-32.

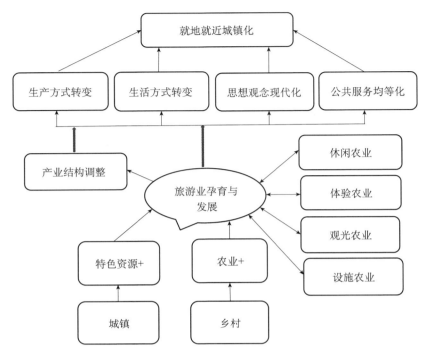

图 6 - 2　旅游业发展驱动的就地就近城镇化模式

环发展，将有力带动整个国家的城镇化进程。归纳来看，公共服务业推动就地就近城镇化的常见模式主要有以下几种。

（1）生态环境保护驱动模式。良好生态环境是民之所愿，保护生态既是发展生产力，也是经济社会高质量发展的重要推动力。改革开放以来，国家一直十分重视生态环境的保护和建设工作。2005 年 8 月，时任浙江省委书记的习近平在浙江省安吉县考察时首次提出"绿水青山就是金山银山"的发展理念①，生态保护驱动的就地就近城镇化模式应运而生。如今，这一理念已经成为全党全社会的共识和行动，成为新发展理念的重要组成部分。全国上下一盘棋，坚持在保护中发展、在发展中保护，因地制宜、大胆探索各具特色的"两山理论"践行模式，以实现人与自然和谐共生，让青山绿水产生巨大的生态效益、经济效益、社会效益，满足人民日益增

---

① 本报评论员. 牢固树立绿水青山就是金山银山的理念［N］. 2020 - 05 - 14.

长的优美生态环境与生态产品需要，不断促进生产、生活方式转变，提升城镇化质量。

我国众多乡村地区有着良好的生态资源，是宝贵的自然财富与经济财富，但传统的生产方式对当地生态环境造成了不同程度的破坏。人口、资源、环境关系失调，成为经济社会持续发展的重要制约因素。在这种情况下，政府及社会力量通过科学规划、资金投入以及撤村建居、建立保护区等方式，在保护生态环境的同时，实现产业结构优化升级，增加公共服务供给，改善村民居住环境，隐性地帮助这些地区实现就地就近城镇化。

在杭州西溪湿地保护区的建设和运营过程中，政府对王家桥、包建、合建、深潭口、白庙村等10个村落进行了撤村建居，并优先安排当地村民从事服务、船工、物管等工作，实现农民职业的非农化①。同时，湿地公园带动了当地旅游业的发展，促进整个地区由农耕经济向休闲旅游为主的服务经济转换，在实现生态保护的同时，推进了当地就地就近城镇化进程。

（2）高校校园建设驱动模式。高校校园经济可以带动其所在区域范围内餐饮、住宿、电信及金融等多种服务业的发展，提高区域范围内的经济发展水平。同时，高校培养的多种人才在择业时会有就近心理，这就为产业发展提供了一批素质较高的人才，促进产业提质增效，实现多样化发展。服务业的发展和产业的多样化能够促进经济结构的转型升级，农村劳动力就有了较多的就业选择。因此，在中小城镇及大城市郊区建立高校或高校分校，能拓展学区房市场，为经济发展注入一股活力，同时依附高校而产生的消费圈和产业圈能有力促进经济发展，推进就地就近城镇化进程②。如河北省廊坊市东方大学城和广州市番禺区大学城等，都是以政府为主导实现校区建设后，吸引学校入驻，实现人口区域范围内的集聚，进而通过产业的集聚和多样化发展，为就地就近城镇化提供岗位和资金

---

①　王国新. 杭州城市湿地变迁及其服务功能评价——以西湖和西溪为例［D］. 长沙：中南林业科技大学博士学位论文，2010.

②　彭斌，芦杨. 乡村振兴战略下就地城镇化发展路径析论［J］. 理论导刊，2019（12）：85－89.

支撑①。

由于高校的建设和扩展需要较多的土地资源和资金支持，因此，只有资金供给充足、土地资源丰富且符合土地用途管制的地区，在充分考虑政府的高等教育布局、高校的发展诉求、民众的祈盼等因素下，才能实施这种高校校园建设驱动的就地就近城镇化模式。

（3）交通服务驱动模式。良好的交通区位优势是促进经济发展的关键。分布在交通枢纽或交通干线周围的乡镇村庄，更容易依托交通网络发达的优势，吸引众多的人力物力集聚，实现人流、物流、信息流的高效流通，进而带动关联产业和配套服务业的同步发展，创造就业岗位、改善生活环境，实现一定区域范围内村落就地就近城镇化。在我国西南地区，处于交通沿线的城市数量占云南、贵州和广西地级市个数的38%②。由此可见，只有在交通网络体系发达，基础设施齐全，地势相对平坦，地理区位优越，具有一定产业基础的地区，才适合采取此种模式。

四、本章小结

就地就近城镇化的模式具有多元性，可以根据推动主体的不同和产业驱动的角度进行分类。

按照推动主体的不同，可以分为：（1）政府主导型模式。该模式以政府力量为主、其他力量推动为辅，实施的基本路径是：政府凭借规划（计划）制定、相关政策颁布等行政手段，明确空间发展重点，优化资源配置，实现发展目标。建立开发区、建设新城区、"城中村"改造均属于此种模式。由于政府要达成的目标往往具有综合性、战略性、前瞻性特征，因而很容易与农民的个人意愿与局部诉求错位。该模式适用于经济基础较为薄弱、市场化水平较低的地区。（2）市场主导型模式。该模式在政府支持、民众参与的基础上，主要发挥市场机制作用。常见的做法是利用区位、资源或产业优势，尊重与顺应市场规律，引导民间资本进行城镇化建

---

① 崔国富. 地方高校对城镇化的助推效能与实现对策［J］. 国家教育行政学院学报，2014（08）：32–35.

② 岳文海. 中国新型城镇化发展研究［D］. 武汉：武汉大学博士学位论文，2013.

设。此模式很大程度上取决于政府引导的力度与方向，若坚持社区参与原则，则农民意愿程度高。反之，若政府"有形的手"弱化，则农民的利益往往容易受损，其支持度就低。该模式适用于市场机制健全的经济发达地区。（3）民众主导型模式。该模式中个人力量或非政府的社会组织和团体起主导作用。其运作机制是精英人士或"新乡贤"利用个人威望和才能，引领当地经济发展和居住环境的改善，促进乡村非农产业发展和基础设施建设。民众参与广泛、参与程度深，是这种模式的突出特点之一，因而农民的意愿往往也能得到较好的体现。该模式适用于有志愿带领乡民改变落后面貌的精英人士，或者民间资本比较发达且满足一定人口条件的地区。

从产业驱动的角度进行划分，可以分为：（1）工业驱动模式。工业发展一方面拉动传统农业走向产业化规模化，另一方面推动服务业不断聚集并提高水平，从而为城镇化奠定坚实的产业基础，进而促进农民就业非农化，推动生产方式、生活方式转型以及思想观念的现代化。该模式适用于拥有丰富的能源或者原材料、工业基础较好的地区。（2）农业驱动模式。一方面，农业从传统走向现代的过程中，必然孕育多种新型经营模式，形成种养加、产供销、贸工农一体化的经营格局，培养一批具有带动作用的龙头企业，进而拉动农业实现更高质量的专业化、规模化与产业化，并促进工业做大做强、生产与生活性服务业快速发展，同时为乡村旅游提供良好的资源环境条件与广阔的市场空间，从而为就地就近城镇化奠定良好的产业基础。另一方面，农业的现代化转型与农村产业的多元化，不仅创造了更大的就业空间，而且也提升了劳动者的综合素质，增强了农村人口的就业能力，推动了农民职业多样化和生活方式的非农化，从而实现农村地区的就地就近城镇化。该模式适用于气候适宜、耕地面积大、土地土壤条件优良、水利配套设施完善，以及农业发展基础较好且现代化转型较快的地区。（3）第三产业驱动模式。该模式主要是通过个别发展迅速的优势产业，带动或推动关联产业或行业发展、基础设施建设、居住环境改善、公共产品供给等引导农业人口就地就近城镇化。该模式适用于拥有特色鲜明且处在成长期、关联性强、带动作用大的产业。比较典型的有房地产业驱动模式、旅游业驱动模式与公共服务驱动模式。

第七章　就地就近城镇化模式
典型案例解析

我国区域经济社会发展水平差异大，人口、资源、产业和环境条件不同的区域，其人地系统的特点和问题不一样，城镇化发展的模式与策略也不同。东部的浙江省海盐县和山东省青州市南张楼村、中部的河南省新乡市、西部的湖南省张家界市武陵源区等地在就地就近城镇化方面都取得了瞩目的成就。这些地区在城镇化的实现过程与方式、推动主体与驱动产业方面各有特色。现将这些地区作为就地就近城镇化的典型案例进行分析，以提炼出可供借鉴的经验。

一、海盐县城乡统筹模式

浙江省海盐县的城乡统筹发展，为沿海经济发达地区的就地就近城镇化实践提供了重要的经验样板。改革开放以来，海盐县的城镇化可分为两个阶段：1978～2006 年是以乡镇企业和民营经济发展为特征的工业化，带动了城镇化，促进了县域小城镇的发展和农村剩余劳动力向工业和服务业转移；2006 年以后，海盐县以农村产权制度改革为突破口，通过公共服务向农村延伸和农民就业转变等方式，探索出一条以城乡统筹为主要特征的就地就近城镇化道路。

（一）海盐县基本情况

海盐县位于浙江省北部的杭嘉湖平原、嘉兴市东部，陆地总面积584.96 平方公里，东南濒临杭州湾，西南接海宁市，北连平湖市和秀洲区，与上虞、余姚、慈溪隔海相望。海盐县城北距上海 118 公里，南离杭州 98 公里，为上海都市区腹地，是环杭州湾重点开发区域，对外承接上海、杭州、宁波、苏州四大都市区。全县共有村民委员会 85 个，居民委员会 44 个（包括撤村并居 20 个和集镇社区）。2019 年末，全县户籍人口 382882 人，常住人口 45.1 万人；户籍人口城镇化率为 62.8%，常住人口城镇化率 65.22%①②。

（二）海盐县就地就近城镇化的实现路径

按照驱动因素和发展模式的不同，改革开放后海盐县的城镇化可分为 1978—2006 年和 2006 年至今两个阶段。第一阶段主要是以乡镇企业发展为特征的工业化驱动城镇化，第二阶段是以城乡统筹为特征的就地就近城镇化。

1. 1978～2006 年海盐县的城镇化

1978～2006 年，海盐县走了一条以乡镇企业发展带动工业化，进而促进城镇化的道路。这一时期，因工业化提供的大量就业岗位使本地农村剩余劳动力成为产业工人，人口不断向城镇集中。此外，由于专业市场的发展，大量劳动力也由农业转向商贸服务业。2006 年末，海盐县城镇人口达 14.35 万人，城镇化率 34.5%。2005 年，海盐县地区生产总值为 119 447 万元，三次产业比重调整为 8.33∶67.89∶23.78，非农产业就业人数达到 20.6 万人。城镇与农村居民人均可支配收入比为 2.1∶1，低于同期全国平均水平③。在此时期，海盐县城镇化的主要推动主体是乡镇企业和民营经济，包括以乡镇企业为主导的农村工业化所带动的城镇化，以及以专业市场为代表的第三产业发展所带动的城镇化。当前，海盐县的主要九个建制镇（街道），如武原街道、西塘桥街道、元通街道、秦山街道和沈荡镇等，就是这个时期快速发展起来的。

1978～2006 年，海盐县由工业化带动的城镇化使城镇和农村经济都得到了高速增长，城乡人民生活水平也得到了大幅提高，但是农村的居民收

---

① 海盐县人民政府网站，海盐概况。
② 海盐县国民经济和社会发展统计公报（2006～2020 年），浙江省人民政府网。
③ 海盐县党史地方志编纂委员会. 海盐年鉴（2007）［M］. 北京：中华书局，2007.

入、产业发展、基础设施和社会保障等与城镇相比仍存在着一定的差距，城乡经济和社会发展的二元格局仍然存在。

2. 2006 年后海盐县的就地就近城镇化

2006 年以来的海盐县就地就近城镇化，在产业结构、城乡空间布局和公共服务设施等主要方面体现了城乡统筹的原则，县域镇村体系空间布局得到了优化完善。市场对资源配置的基础性作用得到了较好发挥，以集聚发展为原则，培育产业集群；以政府规划为约束，引导制造业和服务业在城镇布局，促进产城融合。通过多举措实现了社区服务均等化、城乡基础设施、公共服务设施和社会保障同待遇。2006 年后，海盐县城镇化的过程是一种涉农资源资本化、产城融合发展和公共服务均等化的过程。

（1）涉农资源资本化。2006 年以后，海盐县城镇化的推动主体是政府和市场。市场对资源起基础性配置作用的前提是健全的产权制度。制约农村人口城镇化的主要因素是涉农资源的权属问题。因此，海盐县首先是改革农村产权制度。一是确权，按照"归属清晰、权责明确"的原则，将集体资产股份收益权、农村集体土地承包权和经营权、农村房屋所有权、农村宅基地使用权等进行确权。具体做法为：对农村房屋所有权确权登记发证、对农村宅基地使用权进行确权、对集体土地所有权确权、对土地承包经营权确权，对农村集体资产实施村级资产产权改革，资产量化折股，股随人走。二是使财产权益资本化，并实现流动，盘活农村集体和个人的资产。通过制定农村土地流转经营权证登记和流转土地经营权抵押专项贷款管理办法，农民的产权开始资本化。

海盐县有效整合了劳动力、土地和资本等生产要素，并将这些要素转化为城镇化的主要动力，为就地就近城镇化提供了启动资金。在整合劳动力资源方面，海盐县实施充分就业社区（村）创建工作，发展农村劳务合作社，将有劳务需求的农民组织起来，承接绿化工程、道路养护、物业管理、农业生产服务等工作，促进农民充分就业；开展农村实用人才培训及农村劳动力转移培训，提高农民在非农业领域的就业能力；加强就业服务平台建设，建立了县、镇、村三级人力资源市场服务体系。在整合土地资源方面，海盐县将土地整治与农村建设相融合，制定差别化补助政策，安置搬迁农户；对城乡建设用地增减挂钩，指标调配；合理安排第二、第三产业用地比例，提高土地整治项目挂钩指标的收益；有序流转农村土地，成立县级农村土地流转和产权交易服务中心，组建各镇服务分中心和村服务站，实现土地流转三级服务网络全覆盖。同时，创新农村金融服务促进涉农产权资本化流动。推出以农村土地承包经营权、农房产权、村股份经济合作社股权作为抵押品的各类金融产品。这些创新型的金融产品，促进了土地经营权流转，帮助农民实现了住房财产权，赋予了农民对村集体产权的更多权利，扶持了农民的创业。

（2）产城融合发展。据不完全统计，2006 年海盐县自然村庄多达3953 个，其中 100 户以上的村庄仅占 1.97%，50 户以上的占 8.60%，20户以下的占 67.17%，5 户以下的占 36.45%，平均每个村庄 20 户。从2006 年开始，海盐县规划村庄布点，将县域内全部自然村规划为 69 个城乡一体新社区和 9 个新镇，引导村民向社区和城镇集聚①。在产城融合过程中，海盐县突出了政府规划的引导作用，加快培育产业集群，使制造业和服务业在城镇空间集中布局，促进产城融合；通过积极发展家庭农场为代表的新型农业主体，促进生态都市型现代农业的快速发展；通过建设粮食生产功能区和现代农业园区，全面提高农业的产业化和特色化水平；以工业园区为产业发展平台，提升园区承载能力；建设全县经济发展的沿海产业带，推动大桥新区由形态开发向功能开发转变，加快建设高新技术科创园、欧洲产业园和中小企业集聚园等特色性"区中园"。海盐县还结合本地产业优势，推动产业集聚发展，主要措施包括：立足构筑现代产业体系，协同推进新兴产业引进培育和传统产业的改造提升；坚持生产性服务业与工业经济互动发展、生活性服务业与城市功能相互促进；重点发展科技服务业、旅游业、物流业、核电生产性服务业、影视文化业等产业；推动现代服务业发展，提高第三产业比重，不断优化产业结构。

（3）城乡统筹发展。2006 年以来，海盐县政府在社会保障、医疗、基础教育和职业培训等公共服务项目上加大了投入，提高了农村基本公共服

---

① 海盐县党史地方志编纂委员会．海盐年鉴（2007）［M］．北京：中华书局，2007．

务水平，促进了基本公共服务均等化。该县建立了以职工基本养老保险、被征地居民基本生活保障和城乡居民社会养老保险三个层次的社会保险制度，基本实现了户籍人员和用人单位的全覆盖；着力缩小城乡之间、群体之间的基本公共卫生服务差距，2018 年 2 月已实现了 100 个社区卫生服务站全部达到 150 平方米以上的标准要求；完成了城乡居民电子健康档案项目和卫生信息平台项目的建设工作。全县城乡居民参加基本医疗保险人数（职工医保 + 居民医保）38.87 万人，户籍人口基本医疗保险参保率达99.6%。海盐县将推进教育均衡优质发展，与推进就地就近城镇化进程同步，持续增加教育投入，使优质教育资源覆盖更广，城乡教育更加均衡，基础教育水平走在浙江省前列。2008 年和 2011 年，海盐县两次获浙江省教育业绩考核优秀单位。2013 年，海盐县通过了"全国义务教育发展基本均衡县"国家级评估。同时，该县扎实推进职业教育，充分发挥职业学校、成人学校优势，以海盐社区教育学院、理工学校和商贸学校为依托，搭建起覆盖全县的培训大平台[①]。

（三）海盐县就地就近城镇化成效

2006 年以后，海盐县就地就近城镇化机制逐渐完善，在经济发展与产业转型、城乡统筹、生态环境保护、社会事业发展等方面均取得了显著成效。

1. 城乡居民收入差距减小

2006 年以来，海盐县的经济综合实力不断增强。2019 年，全县地区生产总值为 539.65 亿元，按户籍人口计算，人均生产总值为 141089 元；按常住人口计算，人均生产总值为 120069 元，约为 2005 年的 4 倍，二者年均增长率分别为 10.0% 与 15.7%。2019 年，海盐县财政总收入 91.56 亿元，货物进出口总额 168.8 亿元，县内固定资产投资 249.19 亿元，全年实际利用外资 3.51 亿美元；全社会消费品零售总额达 159.49 亿元，2010 ~ 2019 年年均增长 11.3%。2019 年城乡居民可支配收入比为 1.69∶1，远低于同期全国平均水平（2.64∶1）。同年，海盐县城乡居民恩格尔系数分别

---

① 海盐县党史地方志编纂委员会. 海盐年鉴（2019）[M]. 北京：中华书局，2019.

为 24.7% 和 26.1%，城乡相差 1.4 个百分点[1]，而全国城乡居民恩格尔系数分别为 27.6% 和 30.0%，城乡相差 2.4 个百分点。

2. 产业结构向现代化转型

海盐县产业结构不断优化升级。根据历年《海盐年鉴》统计的数据，2005 年，海盐县的三次产业比例为 8.3∶67.9∶23.8，2010 年调整为 7.5∶63.8∶28.7，2019 年已调整至 3.2∶60.2∶36.6。由此可见，相对于就地就近城镇化政策启动之前的 2005 年，海盐县的第二产业虽仍处于主导地位，但第一、第二产业比重呈不断下降的趋势，而第三产业的比重则持续上升，说明海盐县的第三产业正不断提升与壮大。该县通过升级食品药品、紧固件、造纸及纸制品、纺织服装等具有优势的传统产业，成功创建核电关联产业省级高技术产业基地。此外，科技服务业和物流业等生产性服务业逐渐形成集群，影视文化和乡村旅游等服务业快速发展。

3. 城乡公共服务走向均等化

2020 年《海盐年鉴》统计数据显示，2019 年海盐县户籍人口城镇化率为 62.8%，常住人口城镇化率为 65.2%，人口密度为每平方千米 771 人，远高于国际上公认的每平方千米 400 人的城镇化地区标准，城乡居民可支配收入比为 1.69∶1。2009 年海盐县开始实施以优化土地使用制度为核心的统筹城乡综合配套改革，使城乡基础设施差距逐渐缩小，在全市率先实现了城乡水务一体化，文化、教育、卫生等社会事业均衡发展。海盐县顺利开展了第二批全国农村改革试验区试点改革和省级基本公共服务均等化试点改革后，城乡统筹和基本公共服务均等化水平位居全省前列[2]。此外，海盐县就地就近城镇化加速了城乡交通的一体化发展。随着城乡公交线路同步优化，公共自行车服务网络由城区延伸到镇村，手机信号及互联网宽带网络在农村地区实现了全覆盖，交通便利程度和信息化水平大幅度提升，使人流、物流、信息流的速度大大加快，使城市生活方式和思想观念向农村广泛传播，使农村在生活方式、思想观念和文化娱乐上逐渐向城

---

①　海盐县党史地方志编纂委员会 . 海盐年鉴（2020）［M］. 北京：中华书局，2020.

②　海盐县党史地方志编纂委员会 . 海盐年鉴（2010）［M］. 北京：中华书局，2010.

市靠近①。

（四）案例解析

1. 推动主体

海盐县就地就近城镇化的推动主体包括政府、企业和居民，但发挥关键作用的则是县乡两级政府和当地企业。县乡两级政府落实中央和上级政府的各项改革政策，主导全县的城镇及新农村社区的建设规划，为交通、能源等基础设施和教育、医疗等公共服务项目提供资金。企业的发展增加了对土地、劳动力和公共服务的需求，为农村劳动力创造了更多的就业岗位，也为基础设施和公共服务项目建设提供了资金，还为政府提供了税收。税收的增长提高了政府投资城镇化的能力，而金融机构和城乡居民也在政策引导下参与了城镇化建设。

2. 驱动产业

海盐县就地就近城镇化的主要驱动产业是制造业。产业的非农转化有效带动了就地就近城镇化，包括食品药品、紧固件、造纸及纸制品、纺织服装等具有优势的传统制造业，临港工业、核电关联产业、装备制造业、节能环保业、电子电器业等新支柱产业。此外，农业产业化以及乡村旅游等第三产业的发展，也使海盐县就地就近城镇化拥有更坚实的产业支撑，从而带动农民就业的多元化与非农化。

3. 融资模式

海盐县政府提供了城镇化所需的部分资金，特别是基础设施和公共服务所需资金。但更多的资金来自本地村民、村集体组织和企业。2016年海盐县设立了"三权"基金，用来分担金融机构"三权"抵押贷款的损失（"三权"是指农民住房财产权、承包土地的经营权和村集体经济股权）②。自此，办理涉农资产抵押贷款的金融机构不仅仅是农村信用社，工行、农行、中行、建行等国有控股大银行也开展了此类业务。此外，村集体组织

---

① 潘海生. "就地城镇化"：一条新型的城镇化道——关于浙江省小城镇建设的调查与思考 [J]. 中国乡镇企业，2010（12）：46-50.

② 海盐县党史地方志编纂委员会. 海盐年鉴（2017）[M]. 北京：中华书局，2017.

也可将其拥有的涉农资产抵押，从银行贷款。海盐县村民按照"确权—资本化—抵押贷款"的路径，将涉农资产资本化后，具备了较强的投资能力，能够为新型农村社区建设提供资金。村集体组织经过股份合作制改造之后，也具备了对土地整理、产业园基础设施和农贸市场等项目建设的投资能力。

4. 农民意愿

为了解海盐县农民就地就近城镇化的意愿，福建师范大学祁新华教授带领的团队于 2017 年 9～10 月在海盐县县城、秦山街道和百步镇等地进行了问卷调查，共获取 232 份有效问卷，并得出以下结论：当地农民对就地就近城镇化的满意度和支持度总体都较高。数据显示，表示非常满意和满意的占比总和达 58.2%，只有 2.6% 的受访者表达非常不满意或不满意。具体而言，受访者对教育、公共服务、社会保障、住房、生态环境、文体活动、交通设施、供水、供电和通信的满意度较高，表达非常满意或比较满意的比例均高过 50%。受访者在就业、收入和医疗方面的满意度相对较低，表达非常满意和比较满意的比例之和均低于 50%。此外，有 71.6% 的受访者表示愿意参与美丽乡村建设，而 46.6% 的受访者则表示愿意配合政府拆迁①。由此可见，当地农民对海盐县的农村建设有着较高的支持度。

5. 适用条件

在海盐县历年的国民经济与社会发展统计公报中，都会说明全年实现生产总值和扣除核电工业后县内生产总值。以 2019 年为例，核电工业占全年实现生产总值的 20%②。地处海盐县的秦山核电站于 1985 年 3 月第一期开工建设，到 2003 年第三期建成，历时 18 年，而且现在仍然在正常运营③。秦山核电站核电项目的建设和运营在拉动经济发展、改善基础设施等方面均起到了重要作用，也为海盐县的城镇化提供了有力支持。显然，这种城乡统筹的就地就近城镇化模式适用于人口密度高、交通条件和产业

---

①　祁新华，方忠明，陈谊娜. 中国就地城镇化海盐样本的理论与实证［M］. 北京：科学出版社，2018.

②　海盐县党史地方志编纂委员会. 海盐年鉴（2020）［M］. 北京：中华书局，2020.

③　袁于飞. 秦山核电站：秦响我国核电事业的报春曲［N］. 光明日报，2021－03－31.

发展基础较好的地区，但海盐县就地就近城镇化样本在实践层面仍然具有很高的示范价值，如通过"确权""赋能"使涉农资源资本化，为城镇化提供启动资金，解决城镇化"钱从哪里来的问题"；通过发展具有比较优势的传统制造业，吸纳农村劳动力在非农领域就业，解决城镇化"人到哪里去的问题"等。

二、新乡市的制度红利模式

2013 年以来，河南省新乡市创新农村建设用地管理体制，试点集体建设用地使用权流转，建设用地指标交易面向更多的市场主体，以增加土地权属的流动性，以多村合并实现人口集聚，整理出大量农村建设用地并将其复耕为耕地，转化成用地指标。这些指标流转后，形成了土地流转增值的制度红利①，拓宽城镇建设资金的筹措渠道，也解决了就地就近城镇化所需土地问题，形成了就地就近城镇化的制度红利型模式，为中部经济欠发达地区的城镇化提供了重要经验。

（一）新乡市基本情况

新乡市位于河南省北部，地处海河、黄河两大流域，北依太行山，南临黄河，与郑州市隔河相望，西与晋东南接壤，东与鲁西相连，总面积 8249 平方公里，其中平原约占 78.0%，下辖 12 个县（市、区），118 个乡镇（其中 75 个镇），2019 年末户籍人口 664.39 万人，常住人口 581.43 万人，户籍人口城镇化率 51.5%，常住人口城镇化率 54.9%②。

（二）新乡市就地就近城镇化的实现路径

新乡市城镇化的起点较低。2010 年，尽管该市的城镇化率高于河南省 2.46 个百分点，但却低于全国 8.99 个百分点。2010~2019 年，新乡市城镇化进程加快，这期间全国城镇化率平均每年提高 1.18 个百分点，而新乡市城镇化率平均每年提高 1.55 个百分点，高于全国平均增长速度。因此，

---

① 田鹏. 社会空间视域下就地城镇化的实践逻辑研究——兼论制度红利型就地城镇化 [J]. 学习论坛，2019（11）：81–87.

② 新乡市国民经济和社会发展统计公报（2010~2019 年）。

到 2019 年新乡市与全国平均水平的差距已大为缩小（见表 7 - 1）。

表 7 - 1　　　　　新乡市城镇化率变化及其与河南、全国的比较　　　　单位:%

区域	2010 年	2011 年	2012 年	2013 年	2014 年	2015 年	2016 年	2017 年	2018 年	2019 年
新乡市	40.96	42.98	44.69	46.5	48.3	49	50.44	51.96	53.41	54.91
河南省	38.5	40.57	42.43	43.8	45.2	46.6	48.5	50.16	51.71	53.21
全国	49.95	51.27	52.57	53.73	54.77	56.1	57.35	58.52	59.58	60.60

资料来源：2010~2020 年《中国统计年鉴》《河南统计年鉴》、2010~2019 年《新乡市国民经济和社会发展统计公报》。

国务院 2011 年 10 月发布的《关于支持河南省加快建设中原经济区的指导意见》（以下简称《指导意见》）指出，河南省面临着经济结构不合理、城镇化发展滞后、公共服务水平低等挑战和问题。从统计数据上看，新乡市也存在着同样的问题。2012 年新乡市国内生产总值 1618.93 亿元，常住人口 566.85 万人，三次产业结构为 12.4∶58.7∶28.9，常住人口城镇化率 44.7%，人均财政支出 4250 元；同期，全国的三次产业结构为 10.1∶45.3∶44.6，常住人口城镇化率 52.6%，人均财政支出 9302 元，新乡市人均财政支出仅为全国平均水平的 45.7%[①]。新乡市是传统农业区，既要大力发展工业和服务业推进城镇化，又要守住耕地红线，土地供应缺口较大。一方面是城镇建设用地指标严重短缺，另一方面是大量农村土地利用效率偏低。2011 年，河南农村居民建设用地占地 2000 多万亩，户均占地超过 1 亩，部分多年前进城工作、生活甚至落户的人口仍然长期保留农村宅基地，不仅造成严重的土地资源浪费，也让一些新增农村人口无宅基地可用。河南省委农村工作办公室经过调研和测算后认为，如果通过"拆村并居"开展新型农村社区建设，可以盘活约 900 万亩的农村集体建设用地。

为了破解城镇化对土地需求的难题，《指导意见》赋予河南省土地管理制度改革先行先试的权利，以有效推进土地和资金在地区之间、城乡之间流转。据此，新乡市以河南省统筹城乡发展试验区和全国农村改革试验区建设为基础，按照占补平衡的原则，加大土地整理复垦开发力度。一方

---

① 新乡市地方史志局. 新乡年鉴（2013）[M]. 郑州：中州古籍出版社，2013.

面，增加置换用地指标，腾出建设用地发展产业、农民创业园。同时，将腾出的农村集体建设用地指标和节余的建设用地指标，通过土地指标交易平台进行挂牌交易，让农民分享土地增值收益①。另一方面，通过拆村并居、腾退闲置宅基地，整理出农村建设用地，将其转化为用地指标在全市范围内流转，获得增值收益，提高了农村土地资源的利用率，形成了农村闲置土地资源的资产化机制。这种土地资产指标化流转的增值收益被称为制度红利。该制度红利在市县乡（镇）三级政府、村集体、村民之间分配，推动了新型农村社区建设，在政府规划的引导下，制造业和服务业在这些社区周边集聚，吸纳农村居民在非农领域就业，逐步形成了较为完善的就地就近城镇化机制。

1. 创新制度进行新型农村社区建设

从 2013 年开始，新乡市开展城乡之间、地区之间"人地挂钩"试点，实现城镇建设用地增加规模与吸纳农村人口进入城市定居规模挂钩。与此前的规定相比，这次实施的"人地挂钩"政策无疑是一个创新之举，因为它突破了建设用地增减挂钩指标只能在县域内流动的政策限制，推动了用地指标在全省范围内跨区域流转。土地指标流转范围的扩大，提高了流转的效率和价格，大幅提高了流转的收益。新乡市通过推进旧村拆迁建设新型农村社区，提高农村建设用地的使用效率，减少房屋后空闲土地，实现土地腾退，将这些土地复垦，形成耕地，由此产生土地指标。腾出的建设用地可以在本乡本村发展制造业和服务业，吸纳农村居民从事非农产业。同时，将腾出的农村集体建设用地指标和节余的建设用地指标，在市土地指标交易平台进行挂牌交易，获得的收益一部分用来建设新的农村社区，另一部分发放给为土地整治作出了贡献的农民。土地指标化后跨市级和县级行政区流转带来的增值收益，也让农民得到了分享。

新乡市按照"以拆促建"的思路，促进人口规模集聚，将镇区作为城镇化的重点，加快基础设施和公共服务设施建设，增强居住和服务功

① 王永记. 以人为核心，以产业为支撑，获嘉县科学有序推进新型城镇化建设［N］. 新乡日报，2014 – 09 – 01.

能，吸引农村人口就近就地向镇区集聚，高标准规划建设新型农村社区，促进土地集约利用、农业规模经营、农村产业发展、农民就近就业。新乡市仅 2013 年就已启动 352 个新型农村社区建设，并建成 15 个示范社区，投入资金 303 亿元，完成建房 3055 万平方米，入住农户 12.7 万户，50 万人入住新型农村社区，拆除旧宅 6.1 万亩，复耕或恢复生态 3.1 万亩。

2. 推动产城融合发展

新乡市以新型工业化带动新型城镇化，并推动其与服务业融合发展，与农业现代化协同发展，促进农民就地就近就业，实现就地就近城镇化。在县城区、镇区周边规划建设产业集聚区、专业园区；在县城发展带动能力强的支柱产业，小城镇发展劳动密集型产业，产业集聚区发展特色优势产业，传统农村发展现代农业。与此同时，新乡市对空间利用与产业布局进行科学规划，突出主导产业培育，促进产业集群发展，鼓励企业提供更多的就业岗位，以吸引更多的农村劳动力进城区、镇区与园区工作；把农民创业园规划建设在镇区、新型农村社区的周边，实现"职住一体"化的工作与生活；大力推进生态文化旅游产业开发战略，着力发展乡村生态休闲旅游业，重视发展物流产业，稳步发展房地产业，规划建设坚持高起点、高标准，促进城市中心商务区迈上综合化、高端化发展之路[①]；推进农业产业化，发挥示范园区带动和龙头企业拉动作用，积极稳妥促进土地流转和适度规模经营，推进农业发展模式加快转变。仅以新乡市获嘉县为例，2014 年该县建成省级产业集聚区 1 个、市级专业园区 2 个，入驻企业 340 家，创造就业岗位 1.5 万个；突出发展物流产业和乡村生态休闲旅游业等服务业，全县服务业从业人员占全社会从业人员的比重达到 37.0%；成立农民专业合作社 610 家，发展现代农业，累计发展经济作物 10.2 万亩，实现土地流转 7.8 万亩，草编、白皮松、食用菌、花木和中药材等农

---

① 王永记. 以人为核心，以产业为支撑，获嘉县科学有序推进新型城镇化建设［N］. 新乡日报，2014 – 09 – 01.

产品已经形成有全国影响力的品牌①。

3. 实施城乡一体的公共服务供给

新乡市引导推进城乡能源、交通、通信、水利、环保等基础设施统一布局和建设，逐步构建城乡均等化、一体化的公共服务和公共产品供给机制，建设教育、文化、卫生等城乡一体的公共设施体系②；完善农村义务教育财政投入保障机制，发展农村职业教育和成人教育，推进城乡教育均衡发展；健全农村文化卫生服务体系，完善县、乡、村三级农村公共卫生服务网络，推进城乡公共服务均等化。2015 年 12 月，新乡市深化城乡户籍制度改革，出台《关于进一步完善城乡户籍管理制度改革的意见》，将入住社区的居民，统一登记为城镇居民户口，在继续享受各项惠农政策的同时，还可享受城镇居民的同等公共服务③。

（三）新乡市就地就近城镇化成效

2012 年以后，新乡市县就地就近城镇化机制逐渐完善，在经济增长、产业转型和农村发展等方面取得了较好的成效。

1. 城镇化与农业现代化齐头并进

2012 年以来，新乡市经济综合实力不断提升。2019 年，全市地区生产总值为 2918.18 亿元，按常住人口计算，人均生产总值为 50277 元，为 2012 年的 1.76 倍，年增长率为 8.4%。同期，新乡市公共预算收入 187.21 亿元，进出口总额 84.97 亿元，全年实际利用外资 12.16 亿美元；全社会消费品零售总额达 1129.3 亿元，2012～2019 年年均增长 11.1%。城镇和农村居民人均可支配收入分别为 33626 元和 16344 元，相比 2012 年的 20159 元与 8647 元，年均分别增长 7.6% 和 9.5%。2019 年全市粮食种植面积 716.85 千公顷，棉花种植面积 1.06 千公顷，油料种植面积 78.27 千公顷，蔬菜种植面积 54.37 千公顷，合计主要农产品种植面积 850.55 千公顷。与 2012 年相比，粮食种植面积增长了 15.05%，粮食产量增长了

---

① 王永记. 以人为核心，以产业为支撑，获嘉县科学有序推进新型城镇化建设［N］. 新乡日报，2014－09－01.

② 刘森. 新型城镇化及新乡市的实践［J］. 经济研究参考，2013（22）：65－67.

③ 新乡市地方史志局. 新乡年鉴（2016）［M］. 郑州：中州古籍出版社，2016.

18.42%，主要农产品种植面积增加了9.10%，说明新乡市在加快制造业、服务业发展和城镇化进程的同时，保持了粮食种植面积、粮食产量和主要农产品种植面积的增长[1][2]。

2. 生产方式向现代化转型

新乡市产业结构不断优化升级。2012年，新乡市的三次产业比例为12.4:58.7:28.9，2019年已调整至8.7:45.9:45.4。相对2012年，新乡市第一、第二产业比重不断下降，而第三产业的比重则持续上升。该市通过升级纺织服装、食品加工、装备制造、建材、造纸、能源化工等具有优势的传统产业，加速发展电动车、生物与新医药、电子信息等新兴产业，促进了制造业的发展；先后实施了南太行、唐庄镇、陈桥古镇、卫辉古城等文化旅游标志性工程，截至2019年已有1个景区晋级5A级旅游景区，2个景区晋级4A级旅游景区，11个村庄被评为省级乡村旅游特色村。同时，为加快区域物流枢纽建设，2019年新乡保税物流中心和郑北农副产品冷链物流港等物流项目已成功运营[3][4]。

3. 就地就近就业与公共服务均等化

2019年，新乡市户籍人口城镇化率为51.5%，常住人口城镇化率为54.9%，人口密度为每平方千米705人，远高于国际上公认的每平方千米400人的城镇化地区标准，2019年城乡居民可支配收入比为2.06:1，远低于同期全国平均水平的2.64:1。2013年12月，与郑州市隔黄河相望的新乡市平原城乡一体化示范区成立，其功能定位是城乡一体化和产业新高地，区域面积约295平方公里，总人口约20万人。该示范区强化新型农民技能培训，累计培训农民4000名，实现1.4万人就地就近就业；实施征地农民养老保险制度，4995名农民纳入城乡居民社会养老保险；将入住城市社区的5个村、3000名农民纳入城市社区化管理，城市功能区内14个行政村整合成滨湖和龙源两个社区。此外，该区积极开展农村集体产权改革，在全省率先开展"人地挂钩"政策试点[5]。

①③　新乡市地方史志局. 新乡年鉴（2012）[M]. 郑州：中州古籍出版社，2012.
②④　新乡市地方史志局. 新乡年鉴（2019）[M]. 郑州：中州古籍出版社，2019.
⑤　新乡市地方史志局. 新乡年鉴（2014）[M]. 郑州：中州古籍出版社，2014.

2017 年以来，新乡市深化土地利用综合改革、承包地"三权分置"改革、宅基地"三权分置"改革、集体产权制度改革以及集体建设用地入市改革等农村五项重点改革。这一改革激活了闲置资源、增加了集体和农民收入、拓展了发展空间，实现了"资源变资产、资金变股金、农民变股东"。全市有集体经济收入的乡村由过去不到 50% 提升到 96.5%，村均增收 2.1 万元。

（四）案例解析

1. 推动主体

新乡市就地就近城镇化的推动主体包括政府、村集体组织、农民、建筑商。市级政府制定了农村土地资源资产化、指标化的政策，为村集体和农民通过土地整治获得经济收益提供了政策保障。市县两级政府通过制定或核准村镇建设规划，引导人口集聚，提高要素空间配置效率；同时，还通过下派机关干部到村，帮助建设新型农村社区。此外，乡镇政府还作为监督者，规范以建筑商为代表的社会资本在新型农村社区建设中的行为。具有独立法人资格的村集体组织作为土地指标转让资金的直接接收者，具有公平、公开、公正分配转让收益的权利，还作为项目业主代表与新农村建设的城建方（建筑商）签订施工合同。农民作为土地整治的当事人和新型农村社区住宅的业主，在预期有居住条件改善和经济收益的条件下，成为就地就近城镇化的推动主体。建筑商为了获得土地整治工程和新型农村建设工程，则在结余土地指标尚未完成交易获得收益时，需要先行垫资承建工程。

2. 融资模式

新乡市就地就近城镇化的资金来源主要有三个渠道：一是政府财政资金，这部分占比最大，其主体是转让用地指标获取的收益；二是民营资本，主要是投资企业与地方政府合作，以先行垫资的方式建设城镇基础设施和新型农村社区；三是农民的资金投入，包括农民自有储蓄资金、土地承包权转让收益和拆迁补偿金等。

3. 农民意愿

就地就近城镇化成功的前提是充分尊重农民意愿。新乡市在城镇规划设计、新型社区建设模式、户型选择、成本核算等，都充分听取群众的意见，不搞强迫命令和一刀切。调查显示，95%以上的农户愿意到社区建房。其中，新乡县古固寨镇，将15个行政村整合为6个新型农村社区，已建成831户，在建1688户，报名2798户，报名、在建、建成群众户数占总户数的64.6%①。

4. 适用条件

新乡市实施"人地挂钩"试点，建立城乡统一的土地市场，以土地增值收益推动新型农村社区建设，实现就地就近城镇化。因此，能够获得较高的土地增值收益是成功的关键。新乡市地处平原地区，灌溉和交通条件好，并位于中原城市群核心位置，农村建设用地适合复垦后转化为高产农田；土地整理转化形成的用地指标，流转后可以获得较高的收益，也适合就地转化为制造业和服务业用地，进而获得较高的土地转让金。理论上，一个地区如果位于山区或干旱、高寒地带，距离大中型城市、铁路和公路主干线较远，发展制造业和服务业缺乏区位优势，其农村土地整理后形成的收益就不会太高，可能无法启动新型农村社区建设。因此，就地就近城镇化的制度红利型模式，一般适合于灌溉条件和交通区位优势较好的地区，且地方政府勇于改革创新，敢于先行先试，从而形成并释放制度红利。

三、南张楼村的非政府主导模式

（一）南张楼村基本情况

南张楼村位于山东省青州市何官镇北部，地处山东半岛中部，属于平原地区，处于青州、临淄、光乐、寿光四县区交界处，离大中型城市、海岸线、交通要道较远，缺乏矿产资源，辖区内及附近也没有大企业；辖区面积9.8平方公里，耕地面积6308亩，全村共有居民1260户，户籍人口

---

① 董文胜，张佳星. 科学发展破茧化蝶书传奇"三化"协调古寨旧貌换新颜［N］. 新乡日报，2013－01－04.

4210 人，人均耕地仅为 1.5 亩[①]。

1990 年，南张楼开始实施"农村发展与土地整理"中德合作项目。项目的主要内容包括：按功能规划村庄、治理村庄环境、整理土地、推行种植业机械化、建设基础设施[②]和村民职业技能培训等。当时，南张楼村虽然已有几家机械厂和纺织厂在经营，但全村经济总量的 80% 以上仍为农业，居民中 88% 的人务农，人均收入低于 2000 元，村集体经济薄弱，固定资产不到 1000 万元[③]，该村经济在山东省属于中等水平。

经过 27 年的持续建设，南张楼村在农业生产条件、居民生活条件、自然生态和基础设施等都有很大改善，村庄的经济和社会发展水平有了极大提高。南张楼村在土地效率提升、劳动力非农化、生活条件改善等方面为就地就近城镇化提供了成功的经验。该村的就地就近城镇化启动时间早于我国大部分地区，与许多地区以政府为主导的新型农村社区建设不同，南张楼村城镇化是一种非政府主导的就地就近城镇化模式，值得深入研究。

（二）南张楼村就地就近城镇化的实现路径

1. 优化村庄布局和土地整理

吸收了中德两国城乡规划专家的智慧，南张楼村制定了村庄优化布局和土地整理方案。全村土地分为种植业用地、工业用地、公共服务用地和居住用地。1990 年 9 月，在德国专家的参与下，南张楼村开始整理土地，将全村废弃的高低不平土地，通过填低削高整理出 600 亩耕地，连同周边零散分布的 267 小块土地，集中起来重新划分为 57 块大田，每块大田长 350 米、宽 300 米，大田之间建有机耕路，大型农业机械可以通过机耕路进行田间作业；同时，将全村废弃的砖窑取土场地和荒滩平整出 1800 亩村集体建设用地，规划为村工业园和奶牛养殖场[④]。据此，南张楼村东部为农业种植区，东南部为工业园，北部为教育文化区，村中心为生活区。目前，南张楼村已建

---

① 何志强. 南张楼村：德式乡村试验 [J]. 中国土地，2008（08）：19 – 21.

② 李培. 社会主义新农村建设的模式探究——以"城乡等值化试验"为例 [J]. 财经问题研究，2007（05）：83 – 88.

③ 刘成友，刘婵. 南张楼"混血"乡村的未完答卷 [N]. 人民日报，2013 – 08 – 06.

④ 宋学宝. 南张楼：一个"就地城镇化"样本 [EB/OL]. 大众日报，2013 – 5 – 5.

成为规划科学、土地利用效率高、生产生活功能齐备的小城镇。

2. 产业结构高端化和村民就业非农化

南张楼村有一定的工业基础，早在 1990 年就开办了 14 家村办企业。村里利用集体建设用地规划工业园后，通过多年招商引资，以及村中外出务工人员回村投资，工业园内入驻了 100 多家工业企业，主要经营行业为废旧塑料加工、机械加工、纺织和蔬菜保鲜加工等。2004 年全村工业产值达到 2.5 亿元，占全村总产值的 71.4%，创造的税收占何官镇税收收入的 90%。这些工业企业雇用了本村劳动人口的 80% 和 300 多名外村村民。为了让工人们兼顾家里的农活，大多数工厂下午 4：30 下班，此外，每年夏季和秋季农作物收割时期，分别放 20 天假。调查表明，这些工厂的普通员工平均月收入 4000 元，熟练工月平均收入 8000 元。适应工业企业和常住人口的需求，村里也发展起了设备维修、物流配送、建筑安装等生产性服务业，以及餐饮、零售、加油、理发、银行、通信、邮政等生活服务业，服务店铺有 50 余家，吸纳了 600 多人就业，全村服务业增加值 3000 余万元[①]。

南张楼村工业与服务业经济总量的占比从 1990 年不足 20%，到 2014 年仅工业增加值就占总量的 71.4%。这就是南张楼村的工业化过程，村民就业也因此实现了非农化。可以通过村民的收入变化来体现这一就业非农化的过程。1990 年，南张楼村村民年人均收入为 1950 元，1996 年为 3808 元，2001 年为 4600 元，2005 年为 6080 元，2009 年为 10900 元，2013 年为 19000 元。2017 年，南张楼村村民人均收入则增长到 28000 元，远高于 2017 年青州市（17598 元）、潍坊市（17434 元）、山东省（15118 元）和全国（13432 元）的农民人均收入[②]。

3. 基础设施建设和公共服务供给

南张楼村基础设施建设和公共服务供给主要包括以下几个方面：一是

---

① 李增刚. 以城乡等值化实现就地城镇化——山东青州南张楼村的案例研究 ［J］. 理论学刊，2015（08）：32－42.

② 资料来源：南张楼村的数据根据新闻报道整理；潍坊市的数据来自《潍坊统计年鉴 2018》；山东省的数据来自《山东省统计年鉴 2018》；全国的数据来自《中国统计年鉴 2018》。

道路等级提升。村内生活区、文化区和工业区等由柏油路面和水泥路面的街巷进行分割，路灯和垃圾桶安放在道路两旁；二是管线入地。村内供水、低压供电、电信宽带等管线全部埋在地下；三是建设和完善公共服务机构。在德国合作方赛德尔基金会资助下修建了医院和学校，村委会还使用集体资金修建了社区服务中心、劳动力转移就业培训基地、民俗博物馆、影剧院、图书馆、文化中心、休闲公园等，村内建有自来水厂和垃圾中转站，由 28 名专职人员组成的村环卫队将村内垃圾做到日产日清。村内银行、保险代办点、超市、家电专卖店等金融和商业网点齐全。南张楼村社区服务中心对居民管理的职能与城市居民委员会相同，被纳入青州市政府社区管理组织体系，但基层群众性自治组织仍然是村委会，并没有另外成立居民委员会。2018 年，青州市在南张楼村周边 17 个村 3.8 万亩面积的区域，建立了农村综合发展试验区，推广南张楼村就地就近城镇化的经验，而南张楼村已成为周边农村的经济、文化和社区管理中心。

(三) 南张楼村就地就近城镇化成效

南张楼村经过近 30 年的就地就近城镇化建设，取得了令人瞩目的成绩。合作方赛德尔基金会认为，南张楼村实施的村庄变革和土地整理等计划，实现了"乡村与城市生活不同类但等值"，也就是"城乡等值化"的目标。2002 年 9 月，国土资源部、山东省国土资源厅、潍坊市政府的代表联合对南张楼村土地整理合作项目进行了阶段性总结评估，认为南张楼村土地整理和经济发展的实验是成功的，具体体现在以下几个方面。

1. 城乡居民收入差距缩小

南张楼村村民年人均收入远高于潍坊市、山东省和全国的农民年平均收入。2017 年，南张楼村村民人均收入为 28000 元，为同年潍坊市农村居民年人均收入的 1.6 倍，为山东省的 1.85 倍，为全国的 2.08 倍，与同年青州市城镇居民年人均收入之比为 1:1.26，此比值远低于该数据在潍坊市（1:2.08）、山东省（1:2.43）和全国（1:2.71）的人均收入之比。①②③④。

2. 农村劳动力就业非农化

南张楼村依靠制造业、服务业和产业化的种养殖业，实现了较高的经济增加值。2004 年，南张楼村实现工农业总收入 3.5 亿元，创造税收 500 多万元，2006 年南张楼村总收入 4.2 亿元，完成利税 3600 万元，2017 年达到 8.2 亿元。雄厚经济实力带来了较强的吸纳就业能力，该村的制造业和服务业吸纳了本村绝大部分因农业产业化规模化经营而"洗脚上田"的村民，还为附近村庄数百村民提供了就业机会⑤。

3. 公共服务均等化

村庄功能分区，使生活区更加安宁、教育文化区更便于对外交流、工业园供水供电更充足，村内道路交通、绿化、环卫、医疗、健身等公共服务和零售、文化、餐饮、娱乐等商业服务与中等城市处于同一水平。

4. 村民数量保持稳定

经历了 30 多年的城镇化，南张楼村的村民数量保持稳定，1990 年有 4000 多人，到现在仍然是 4000 多人。当前，全村除 200 多人在国外打工、少数村民上大学后在城市就业之外，人口没有大规模外流，没有变成"空心村"。村民数量稳定、安居乐业，德国赛德尔基金会认为，这是南张楼村城镇化成功的重要标志⑥。

（四）案例解析

1. 推动主体

村委会和德国赛德尔基金会，是南张楼村就地就近城镇化的两大推动主体。这两个组织的参与意愿强烈，对城镇化起着主要推动作用。村委会

---

①⑥ 解荣超. 发展中国特色乡村振兴之路的几点思考——以山东省青州市南张楼村为例 [EB/OL]. 中国乡村发现，2019 – 3 – 22.

② 潍坊市统计局. 潍坊统计年鉴（2018）[M]. 北京：中国统计出版社，2018.

③ 山东省统计局. 山东统计年鉴（2018）[M]. 北京：中国统计出版社，2018.

④ 国家统计局. 中国统计年鉴（2018）[M]. 北京：中国统计出版社，2018.

⑤ 孙廷友. 山东省青州市南张楼村的振兴之路 [EB/OL]. 新华网，2018 – 12 – 19.

的作用是争取德方和中国各级政府的资金，组织和协调村民实施土地整治和村庄重新布局规划，培育和引进制造和服务型企业，建设和完善生产生活基础设施和公共服务。1990 年土地整治后，村委会按照"一户只种一块地"的原则对承包地进行重新分配，该工作不到半年就得以完成。德方专家对此大为钦佩，并认为这个目标在德国要用两年多的时间才能实现。因而，村委会的推动作用是该地城镇化成功的关键因素之一。德国赛德尔基金会则传播"城乡等值"的理念，提供资金和技术，主导设计村庄的土地整治和功能分区规划，促进村民职业培训等。综上所述，南张楼村的就地就近城镇化，是由南张楼村委会与德国基金会主导推动，本质上是一种非政府主导的就地就近城镇化模式。

2. 驱动产业

南张楼村的土地整理为农业机械化、产业化创造了条件，解放了束缚在土地上的本村主要劳动力，为工业化提供了土地和劳动力，而工业化带来的人口集聚带动了服务业的发展。同时，村集体为工业和服务业提供了所需要的建设用地。归纳来看，工业是南张楼村城镇化最主要的驱动产业。

3. 融资模式

德国赛德尔基金会为南张楼村的土地整治和村庄规划等提供了 450 万元启动资金，主要用于规划村庄和发展教育。1990～2005 年，村集体投资了 3500 万元，村民在国外务工带回 7000 万元，成为南张楼村就地就近城镇化最主要的原始资金来源。利用外国资金是南张楼村就地就近城镇化的特色之一[1]。

4. 农民意愿

南张楼村村民参与了土地整理和村庄变革等城镇化重大问题的民主决策过程，特别是涉及承包地、宅基地等村民切身利益的问题都要召开村民大会，让村民发表意见，并经全体村民同意后才能付诸实施。在此过程

---

[1] 解荣超. 发展中国特色乡村振兴之路的几点思考——以山东省青州市南张楼村为例［EB/OL］. 中国乡村发现，2019－3－22.

中，村委会坚持民主管理、自觉接受群众监督。多年来，该村的村务公开民主管理工作一直位于青州市先进行列，是全市示范单位。每年3月，由村主任代表村委会向村民代表述职，接受代表质询。南张楼村走就地就近城镇化道路充分体现了村民意愿。

5. 适用条件

与其他村庄相比，南张楼村在交通区位、自然资源方面并没有显著优势。但前任村党支部书记袁祥生，是一个能力强、有担当、积极进取的村集体组织带头人。正是由于他的积极争取，德国赛德尔基金会才决定把"中德土地整理与村庄革新项目"落地在南张楼村，才打造出南张楼村独有的就地就近城镇化模式。两件事情让德方认可袁祥生及其团队的执行力：一是1988年他仅用半年时间就向德方递交了整个村庄的航测资料，而这些资料在德国则需要三年才能完成。二是1990年土地整治后，村委会半年内就完成了对承包地的全面调整和重新分配，德方专家认为这件事情在德国需要两年多才能完成。显然，拥有优秀带头人，且有外资注入是南张楼村就地就近城镇化模式的适用条件。

四、武陵源区旅游产业驱动模式

（一）武陵源区基本情况

张家界市武陵源区地处武陵山脉腹地，属于长江流域的澧水水系，区内主要是山地和峡谷，面积397.58平方公里，下辖4个街道2个乡，2020年年末户籍总人口55722人，常住人口为60857人。凭借世界罕见的岩溶、石英砂岩峰林和地质历史遗迹，区内的武陵源风景名胜区被列为"世界自然遗产""世界遗产与可持续旅游"中国试点项目。旅游业占全区经济总量的主要部分。全区旅游总收入由1990年的2490万元增长到2019年的306.81亿元，人均国民生产总值由1990年的885元增长到2019年的74341元。"景区带村"的经济发展模式促进了武陵源区的城镇化，2019

年常住人口城镇化率为 61.44%①②。

（二）武陵源区就地就近城镇化的实现路径

1. 旅游业无序发展下的城镇化

1990 年以前，武陵源风景名胜区的地域分属于 3 个不同的县，后设立地级行政区大庸市（1994 年更名为张家界市）。张家界市下辖的武陵源区开始统一管理武陵源风景名胜区，其中 217.2 平方公里核心景区面积大、景点多。核心景区占武陵源区总面积的 54.6%，因此核心景区的城镇化对武陵源区有着重要影响。20 世纪 90 年代，核心景区主要依靠盘山公路的交通条件，游客若在景区内不住宿，就无法在一天内观赏主要景点。很多农民在景区内建设了一些接待设施，用来满足旅游者的住宿和餐饮需要。接待设施的总面积与景区接待游客人数基本同步增长，而只有建在交通便利的地方才能接待较多的游客，这样就带来了接待设施的集聚，因而促进了风景区内的城镇化。在 2001 年 10 月前，核心景区内 85% 村民收入的 88% 来自旅游服务。武陵源区的农业人口由 1993 年的 3.36 万人减少到 1997 年的 2.64 万人；农业人口占总人口的比例由 1993 年的 81.8% 下降到 1997 年的 59.2%；耕地面积由 1993 年的 35100 亩下降到 1997 年的 30150 亩，4 年下降了 14.1%。越来越多的酒店和民居建在山上，景区越来越像一座城市。由于这种农民自发集聚带来的城镇化缺乏整体规划，造成景区内存在大量破坏自然景观的密集建筑物。到 1999 年 9 月，景区内的宾馆等建筑面积已超过 36 万平方米，其中违章建筑面积 3.7 万平方米③。景区内存在着不合理的污水排放、生活垃圾处理能力不足、供电线与通信线沿环山公路裸露等问题，这种没有规划的城镇化给优美自然景观造成了"水质和视角污染"。

2. 严格保护自然遗产下的城镇化

1998 年 9 月，联合国教科文组织对武陵源景区提出警告，"景区内建

---

① 张家界市地方志编纂室. 张家界年鉴（2019）［M］. 长春：东北师范大学出版社，2020.
② 武陵源区统计局. 张家界市武陵源区国民经济和社会发展统计公报（2020 年）［EB/OL］. 张家界市武陵源区大数据中心.
③ 朱炯翟. 我国世界遗产的管理与保护［J］. 当代经济，2012（15）：36 – 37.

筑过多过滥，城市化使自然遗产变成了一个被围困的孤岛"，要求限期整改。1999 年，武陵源区政府将"严格保护、永续利用"确定为景区的发展方针。张家界市和武陵源区两级政府按照"景区游，城区住"理念，对景区内旅游设施、常住居民住宅进行重新规划①；计划 5 年内，将景区内 17 万平方米的建筑物和近 5000 名户籍人口搬迁。1999～2002 年，武陵源区政府共实施了两期搬迁计划，1791 名户籍人口迁出景区；2003～2008 年，实施第三期搬迁计划，有 17.58 万平方米的建筑物和 2554 名户籍人口搬迁，搬迁人口占当时武陵源区总人口的 9.7% 和农村人口的 17%，迁出人口主要被安置到张家界市永定区主城区和武陵源区索溪峪镇。

随着景区内的大量宾馆、酒店拆迁到景区外，景区内搬迁出来的大部分村民在新的宾馆仍然从事旅游服务相关工作。在核心景区内的大部分自然村被搬迁到城镇，而搬迁到城镇的村民居住地与工作地分离。他们也像大城市的人一样，每天要坐通勤车上班。这样一来，世代住在山村的村民变成了城市居民，城镇化的进程得到提速。区政府将景区房屋拆除后形成的空地，进行了绿化治理，恢复了植被；同时，投资 1.2 亿元在索溪峪和锣鼓塔建了两座大型污水处理厂。根据区政府 2003 年环境保护工作评估报告，景区的固体垃圾比两年前减少了 85%，景区水质得到显著改善②。

3. 由旅游业发展带动的产业升级

1985 年，湖南省政府向国务院提交《关于加快武陵源风景区开发建设的请求报告》，由此，武陵源区的旅游业开始起步，当地的首家旅行社——张家界国家森林公园旅行社成立。省、市、区均将旅游业作为经济发展的重点，并对通往景区的铁路、公路和机场等交通基础设施进行了重点投资，为方便游客进出景区创造了条件。从此，武陵源区旅游业发展进入了快车道。这使该区以农林经济为主的经济结构发生了改变。1993 年，武陵源区经济结构仍然以农业为主，但第三产业比重首次超过第二产业，第三产业增加值达

---

① 麻学锋，刘玉林，谭佳欣. 旅游驱动的乡村振兴实践及发展路径——以张家界市武陵源区为例 [J]. 地理科学，2020，40（12）：2019-2026.

② 聂建波. 世界自然遗产地武陵源景区内建筑、居民拆迁研究 [D]. 长沙：湖南师范大学硕士学位论文，2009.

到 1263 万元，第一、第二、第三产业增加值的比例为 45.8∶26.3∶27.9；1994
年第三产业增加值为 4250 万元，较 1993 年增长了 336.5%，由此带动三次产
业比例调整为 31.8∶16.1∶52.1，第三产业的比重已经超过第一产业和第二产
业之和，城镇化率也由 18.2% 增长到 28.4%[①]。

　　1999 年以来，武陵源区通过实施生态环境建设，加强了对世界自然遗
产的保护工作，将建设重点从景区转到城镇，从自然景观开发转到旅游文
化开发；依托景区特色资源，让游客在景区赏景、到城镇消费，实施"景
城一体化"的城镇化战略，打造了一批兼具自然风光和文化底蕴的特色旅
游风情镇、精品景区和民族民俗村。同时，武陵源区促进旅游业与相关产
业融合发展，夯实城镇化的产业基础；推动传统商贸和餐饮业诚信化、规
范化建设，发展健康休闲、会展、电商、物流等新兴服务业；积极发展旅
游商品制造业和特色旅游农业，将民族元素和红色元素融入旅游文化产
业。"景区观美景、城区品大戏"已成为当地旅游项目的标准配置。随着
旅游业的快速发展，武陵源区城镇化的水平不断提升，产业结构也不断优
化。2003 年全年接待游客达到 525.5 万人次，城镇化率首次超过 50%，达
到 50.66%，三次产业比例为：6.7∶10∶83.3；2012 年全年接待游客首次超
过 1700 万人次，达到 1711.3 万人次，城镇化率首次超过 60%，达到
62.5%，三次产业比例为：3.9∶2.1∶94.0。武陵源区部分年份城镇化率、
三次产业比例和游客接待人数见表 7 – 2。

表 7 – 2　　武陵源区部分年份城镇化率、三次产业比例和游客接待人次

年份	城镇化率（%）	三次产业比例	游客接待数量（万人次）
1993	18.2	45.8∶26.3∶27.9	57.8
1994	28.4	31.8∶16.1∶52.1	58.5
1995	39.4	31.1∶16.3∶52.6	110.6
1997	40.8	31.8∶8.0∶60.2	143.5
1999	44.4	23.3∶9.8∶66.9	232.3
2001	47.5	11.4∶5.4∶83.2	446.2
2002	47.6	10.0∶5.0∶85.0	582.8
2003	50.7	6.7∶10.0∶83.3	525.5

---

① 张家界市史志办公室．张家界年鉴（1989—1996）［M］．合肥：黄山书社，1997.

续表

年份	城镇化率（%）	三次产业比例	游客接待数量（万人次）
2004	51.6	5.9∶9.7∶84.4	919.7
2005	53.59	5.6∶9.6∶84.8	1001.5
2006	55.2	4.6∶7.7∶87.7	1144.8
2008	57.5	5.1∶8.8∶86.1	1051.55
2010	58.8	4.3∶2.5∶93.2	1399.83
2012	62.5	3.9∶2.1∶94.0	1711.3
2014	62.7	3.9∶1.7∶94.4	1540.2
2015	57.4	3.8∶1.6∶94.6	1911.43
2016	58.0	3.5∶1.4∶95.1	2286.04
2017	59.6	3.1∶1.3∶95.6	2631.52
2018	60.2	2.9∶1.4∶95.7	3028.89
2019	61.4	4.4∶2.6∶93.0	3483.2

数据来源：历年《湖南统计年鉴》《张家界统计年鉴》，武陵源区经济与社会发展统计公报。

（三）武陵源区就地就近城镇化成效

武陵源区自1988年因旅游立区，经过30多年的就地就近城镇化发展，优化了城镇旅游综合服务功能，特色城镇更加宜居宜游，创新"旅游＋扶贫"，使贫困群众全面嵌入旅游产业链，让区内农民基本摆脱了传统农林业的繁重体力劳动，从事附加值较高的现代农业、旅游服务及相关产业。

1. 城镇发展与保护自然生态和谐统一

建城区面积由1988年武陵源区成立时的8.14万平方米，发展到2020年的630.0万平方米；城镇化率由1993年的18.2%增长到2019年的61.4%；城镇人口由1993年的7500人，增长到2020年的36117人[1][2]。在城镇快速发展的同时，武陵源区做到了对自然环境和生态系统的严格保护。联合国教科文组织在对张家界世界地质公园中期评估中，认为武陵源区世界自然遗产保护状况为"较好"档次。空气质量优良率、森林覆盖率、畜禽粪利用率、城镇污水集中处理率、饮用水源水质达标率、生活垃

---

① 张家界市史志办公室．张家界年鉴（1989—1996）［M］．合肥：黄山书社，1997.

② 武陵源区统计局．张家界市武陵源区国民经济和社会发展统计公报（2020年）［EB/OL］．张家界市武陵源区大数据中心.

级无害化处理率等环保指标历年来位居湖南省前列，2018 年被评为国家生态文明建设示范市县。

2. 城乡居民收入差距缩小

近 30 年来，武陵源区城乡居民收入逐步提高。1993 年全区城市居民和农村居民年人均可支配收入分别为 5000 元和 1193 元，2000 年分别为 7901 元和 2031 元，2010 年分别为 12096 元和 5036 元，2019 年分别为 32040 元和 14384 元。全区城乡居民收入比逐年下降，1993 年为 4.19∶1，2000 年为 3.89∶1，2010 年为 2.4∶1，2019 年为 2.23∶1；2019 年城乡居民收入比低于全国平均水平（2.64∶1）[①]。

3. 非农产业引领就业与经济增长

武陵源区依靠发展旅游业、现代农业及相关产业，实现了经济总量的持续增长。1993 年全区地区生产总值为 4528 万元，2000 年为 30489 万元，2010 年为 23987 万元，2019 年为 463142 万元，26 年内年平均增长率为 19.48%；人均地区生产总值 1993 年为 1102 元，2000 年为 6730 元，2010 年为 44590 元，2019 年为 74341 元，26 年内年平均增长率为 17.58%[②]。

4. 公共服务与思想观念向现代转型

武陵源区的就地就近城镇化实现了农村和城镇共同发展。政府多年来持续实施"旅游＋扶贫"战略，扶持贫困农民发展了"乖幺妹土家织锦""天子山剁辣椒""湘阿妹菜葛""鱼泉峪贡米"等农产品品牌。这些农产品具有本地风味，将目标顾客定位为每年千万级人次的游客，使贫困农民嵌入旅游产业链，提升了农民的生计能力。截至 2019 年，全区贫困发生率由 13.06% 降至 0.78%，全区以 12 家市级龙头企业和 9 家省级示范合作社等构成的现代农业体系已经基本建成。在农村道路、人居环境、精神文明建设等方面，武陵源区位居湖南省先进行列[③]。

---

① 张家界市地方志编纂室. 张家界年鉴（2019）［M］. 长春：东北师范大学出版社，2020.
② 资料来源：《张家界统计年鉴 2020》。
③ 郑小胡. 2020 年张家界市武陵源区政府工作报告［EB/OL］. 张家界市武陵源区大数据中心.

（四）案例解析

1. 推动主体

武陵源区就地就近城镇化的推动主体主要是湖南省、张家界市和武陵源区三级政府。1988 年为开发武陵源景区成立大庸地级市和县级行政单位武陵源区，1994 年更名为张家界市，这都是湖南省政府推动的成果。辖区政府行政级别的提升，为解决地区利益冲突问题，争取更多政府和社会资本投资当地交通、能源和通信基础设施，促进旅游业发展和城镇化创造了条件。1992 年，武陵源景区被成功列入联合国教科文组织世界自然遗产名录，省、市、区三级政府的努力申报起到了主要推动作用。交通、能源和通信基础设施的改善提高了景区的旅游服务能力，世界自然遗产的品牌效应提升了景区的知名度。这些因素促进了 1999 年之前武陵源区旅游业的高速发展，也推动了城镇化进程。1999 年以后，因缺乏前期科学规划，核心景区内宾馆、旅店、餐馆、商店等旅游接待设施过多，产生了影响自然景观和生态环境问题，为此，湖南省政府颁布了《湖南省武陵源世界自然遗产保护条例》，武陵源景区政府颁布了《武陵源景区房屋拆迁总体方案》《武陵源景区房屋拆迁补偿实施办法》《武陵源景区拆迁补偿标准》。这些政策为核心景区村民搬迁到城镇，提供了法规依据和执行标准。张家界市政府在下辖的永定区建设安置小区，安置景区内迁移过来的村民，省、市、区三级政府还为迁移村民提供了资金，配备了大批专职干部[①]。

2. 驱动产业

武陵源区就地就近城镇化的驱动产业是旅游业。旅游业创造了大量的就业机会，使大部分本地农民转行成为旅游从业人员。为了保护武陵源的自然遗产、使旅游业持续发展，政府主导迁移景区内村民到城镇居住，直接使农民变成了市民。为接待持续高速增长的游客，在城镇建设了旅游接待设施、改善了交通、能源和通信基础设施，这也推动了武陵源区的城镇化。

---

① 聂建波. 世界自然遗产地武陵源景区内建筑、居民拆迁研究［D］. 长沙：湖南师范大学硕士学位论文，2009.

3. 融资模式

省、市、区三级政府为武陵源区的城镇化提供了启动资金。政府资金除来自税收外，还来自土地转让收入、发行地方债券和政府控股的融资平台企业。通过政府与社会资本合作（PPP）模式，政府转让项目开发权和基础设施收费权，吸引民营资本参与城镇化建设。

4. 农民意愿

武陵源区村民对迁移到附近城镇居住，实现就地就近城镇化基本满意。聂建波（2009）对武陵源区迁移村民的500份调查问卷显示，村民高度认同搬迁为景区可持续发展带来的好处；村民对新住所条件和迁移补偿款满意度较高，大部分村民认为迁移后自己的收入提高了，且普遍认同"大部分居民言谈举止比以前文明了"。

5. 适用条件

与其他山区相比，武陵源区最大的优势是其自然景观的独特性。这种独特性获得了联合国教科文组织的认可。中央和省级政府的大力支持也是武陵源区旅游业快速发展的主要原因。因此，该地旅游产业驱动就地就近城镇化的适用条件是地区旅游资源独特，各级政府对该地区发展旅游业的大力支持。

五、郝堂村旅游产业驱动模式

（一）郝堂村基本情况

郝堂村是一个典型的豫南山村，位于河南省信阳市平桥区五里店办事处东南部，距离中心城区约17公里，地理位置优越。该村地处中国南北过渡地带，生物多样性特征明显，属于温带季风气候，降水充沛，四季分明，生态环境优良。全村土地面积20平方公里，耕地3500多亩，坡地、平地皆有，旱地、水田俱存，有利于开展多样化农业生产，也为乡村旅游发展提供了良好条件。全村下辖18个村民组，2018年初共有667户、2395人。2011年4月，平桥区紧抓建设"河南省可持续发展实验区"机遇，选取郝堂村作为试点，实施"郝堂茶人家"项目，将生态文明建设融入经济发展、基层民主、文化涵养和社会建设之中，通过环境整治、民居改造、复兴文化等方式，逐渐走出一条"望得见山、看得见水、记得住乡愁"的乡村发展之路。2012年，郝堂村分别被住建部、农业部评为全国第一批12个"美丽宜居村庄示范"和全国"美丽乡村"首批创建试点乡村。从美丽乡村建设到乡村旅游发展，郝堂村作为一个"被旅游"的村庄，逐步在探索适合自己的乡村旅游发展之路，通过旅游发展推动就地就近城镇化。

（二）郝堂村的旅游业发展之路

1. 全面推进美丽乡村建设，孕育旅游业发展的种子

2010年，因为地理位置与生态环境优势，在创建省级可持续发展试验区过程中，郝堂村被平桥区遴选为先试先行村，以探索新农村发展的新路子。同年，平桥区政府与非政府组织"北京绿十字生态文化传播中心"（以下简称"北京绿十字"）开展合作进行新农村建设，并以购买服务的方式开启"郝堂茶人家"项目，项目开发的重点是环境卫生整治、豫南民居改造和基础设施建设。

一是整治环境卫生，打造宜居村落。生态保护志愿者与北京绿十字、自然之友等非政府组织合作，以集体宣讲与入户宣传的方式，让村民了解环保知识及其重要意义，争取项目资金建立村级垃圾资源分类中心，示范和引导村民开展垃圾分类；同时，建立卫生文明户评选制度，督促村民保持环境卫生，养成良好卫生习惯，从而在思想源头、日常行为与制度保障上，营造浓郁的环保氛围。二是制定村庄规划，彰显豫南特色民居。平桥区政府按照尽量做到不挖山、不扒房、不砍树、不填塘的"四不"要求，严格落实尊重群众意愿、尊重村庄肌理、尊重专家意见的"三尊重"原则，合理调整用地规划，并根据形势发展需要新增旅游设施用地；与此同时，号召群众开展"一户一规划、一家一图纸"的民居改造，充分考虑不同农户的房屋结构、经济状况、个人意愿等因素，不搞"一刀切"，不照搬城市或其他地区的建筑风格，要保持本土风貌，突出"清水墙、狗头门楼"的建筑特点，与周围的自然景观融为一体，形成鲜明的豫南民居特色，真正成为"看得见山，望得见水，记得住乡愁"的精神家园。三是健全基础设施，提升公共服务能力。整合政策性项目资金，完善道路、桥梁等公共设施，改善交通条件，提高村庄的可进入性；新建一批公共服务设施，如助力生态环境保护的人工湿地污水处理系统，为保障居民饮用水安全的自来水厂，为适龄儿童提供教育服务的小学，帮助老年人安度晚年的居家养老服务中心，为居民提供日常锻炼与学习的文化广场、图书室与书吧等，这些公共设施，既提供了村民所需要的各类服务，也提供了游客参观休憩场所。

2. 主动适应市场需求，积极推动旅游业发展

2013 年至今，郝堂村旅游业进入迅猛发展时期。由于环境整治、民居改造与设施建设成效显著，加上在《人民日报》等重要媒体的宣传报道之下，郝堂村声名鹊起，迅速成为新农村建设的样板。首先是省内外各地的商务政务考察团接踵而至，接着是全国各地的游客慕名而来，郝堂村村民看准商机、顺势而为，开办了农家乐、民宿，为到访的人提供食宿服务。随着时间的推移，来村参观学习、观光游览、休闲度假的消费者越来越多，为适应这一新的变化，郝堂村相继采取多项举措以推动乡村旅游步入快车道，包括编制村庄规划，规范旅游发展；打造旅游景观，完善旅游设施；举办节事活动，丰富旅游内涵。据调查，2018 年，郝堂村集体经济收入 70 万元，年接待游客 65 万人，旅游收入达到 1980 万元，人均纯收入达到 1.3 万元。2013～2018 年，郝堂村累计接待游客量约 430 万人次，旅游收入约 1.2 亿元①。

（三）乡村旅游对郝堂村劳动力回流的带动

无论是乡村振兴还是新型城镇化，均离不开强大的产业支撑，而制约农村地区（尤其是中西部欠发达地区）产业发展与聚集的是劳动力过度外流所导致的青壮年劳动力短缺。实践证明，孕育乡村旅游能够为吸引农村劳动力回流提供初始动力。

---

① 陈爽. 信阳市郝堂村旅游发展对劳动力回流影响的调查与研究［D］. 信阳：信阳师范学院硕士学位论文，2019.

农村劳动力回流是农村劳动力流动的一种形式，与劳动力外流相对应，是指农村外出务工人员由流入地返回家乡的行为。具体而言，农村劳动力回流是指曾经外出务工或经商的农村劳动力由于失业、返乡创业、个人与家庭因素、心理因素等原因主动或被动返回户籍所在地（多指本县区域），从事农业、非农业或兼业活动，且停留时间超过 6 个月的行为①。

1. 回流劳动力的规模及变化趋势

实地调查显示，在乡村旅游的带动下，2010 年以来郝堂村外出务工后回流 416 人，且农村劳动力回流规模呈现上升态势，如图 7 - 1 所示。其中，2013 年是一个关键年份。它是郝堂村由美丽乡村建设走向乡村旅游发展的转折点。当年 1 月，《人民日报》的专题报道"画家画出的村庄"，让该村迅速进入大众视野。随后，郝堂村先后获住房和城乡建设部授予的"第一批建设美丽宜居村庄示范"称号、农业部授予的"美丽乡村创建试点乡村"称号。在此背景下，该村旅游业快速发展，也吸引了不少外出务工劳动力回乡就业、创业。

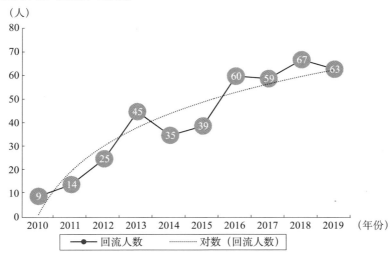

图 7 - 1　基于乡村旅游的郝堂村回流劳动力增长情况

资料来源：课题组实地调查整理。

---

① 陈爽. 信阳市郝堂村旅游发展对劳动力回流影响的调查与研究［D］. 信阳：信阳师范学院硕士学位论文，2019.

农村劳动力回流近几年有趋缓的迹象。究其原因：一是外出务工人员增量下降，导致回流劳动力增量减少；二是随着乡村旅游发展，那些通常到了法定年龄就会选择外出务工以及部分从未外出但计划外出务工的劳动力，获得了就业岗位、实现了就地就业，因而不再进行异地转移，导致"相对回流劳动力"增多；三是同其他地区一样，经过前一阶段的较快发展，由于缺乏理念与手段创新，郝堂村的旅游业发展进入边际递减状态，就业岗位增长缓慢、劳动收入提升不快，一定程度上抑制了劳动力回流。

2. 回流劳动力的人口统计学特征

从性别上看，回流劳动力中，男性多于女性，占比分别为54.1%与45.9%。这主要是因为外出务工人员中，男性占比较大，因而回流的人数也较多，同时男性劳动力回乡创业的意愿也较女性强。从年龄上看，回流劳动力覆盖各个年龄段，但以中青年为主。占比最大的是31～40岁、41～50岁两个年龄段，合计为63.7%。这个年龄段的劳动力在外务工时间较长，阅历丰富、视野开阔，且积累了一定的人脉、技术和资金，回乡发展的意愿较强，属于主动型回流。从婚姻状况上看，回流劳动力绝大部分为已婚，占比达到92.4%。这是因为，外出务工人员已婚比率本来就高，他们在决策时会更多考虑家庭因素，并拥有较年轻人更浓厚的乡土情结。从受教育程度上看，回流劳动力的平均文化水平不高，初中及以下人员占比达到了59.9%，这跟信阳市农村人口的整体状况基本一致。从健康状况看，"较好""一般"的占比最高，合计达到76.6%，健康不佳的只有3.9%，这跟旅游相关岗位较传统农业生产对劳动力身体素质要求更高有关。郝堂村回流劳动力基本信息统计见表7-3。

表7-3　　　　郝堂村回流劳动力基本信息统计（N=416）

类别	内容	频次	比重（%）
性别	男	225	54.1
	女	191	45.9
年龄	16～30岁	66	15.8
	31～40岁	133	32.0

续表

类别	内容	频次	比重（%）
年龄	41~50 岁	132	31.7
	51 岁以上	85	20.5
婚姻状况	未婚	32	7.6
	已婚	384	92.4
受教育程度	小学及以下	92	22.1
	初中	157	37.8
	高中或中专	139	33.4
	大专	19	4.6
	本科及以上	9	2.1
身体状况	非常好	81	19.5
	较好	180	43.3
	一般	139	33.3
	较差	12	3.0
	非常差	4	0.9

3. 回流劳动力的就业状况

总体来看，回流劳动力在乡村旅游中就业选择呈现多元化，基本覆盖了旅游业发展的全部环节。部分回流劳动力在多个部门兼业，因此就业人数之和大于样本总量，各个岗位的占比之和大于100%。其中，提供餐饮服务的人员最多，达到139人，占比为33.3%；其次是旅游商品销售（含土特产品），共82人，占比19.7%；第三、第四位的是住宿服务、休闲农业种植，人数分别为75人与63人，占比分别为18.0%与15.1%。人数最少的是参与层次较高、对劳动力素质要求更高的旅游经营与管理，只有3人，占比为0.8%，如图7-2所示。

（四）旅游业发展对郝堂村就地就近城镇化的推动

2009年，郝堂村人均年收入不足4000元，大部分青壮年劳动力选择外出务工。但随着2013年乡村旅游进入发展的快车道，郝堂村农民生计方式出现多元化，收入水平也大幅度上升，近三年仅旅游发展带来的人均收入就超过了8000元，是原来人均综合收入的1倍，同时有力推动了生产方

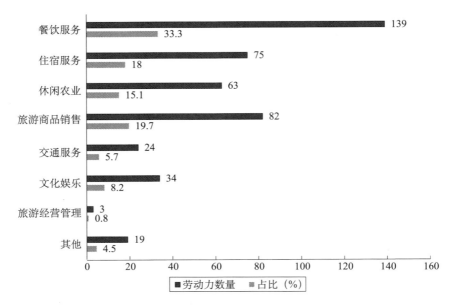

图 7 - 2　郝堂村回流劳动力在乡村旅游中的就业状况

注：由于存在兼业，因此比重之和大于 100% 。

式、生活方式与思想观念的转型，逐步实现了就地就近城镇化。

1. 非农就业实现本土化

劳动力是否流动以及流向何处，是一个理性决策的过程。其中，就业机会是影响这一决策的主要因素之一。对微观个体而言，就业机会多少既取决于工作岗位的多寡，又取决于个人就业能力的高低。换言之，只有与求职者能力相适应的就业机会才是有效的。2013 年以前，郝堂村第二、第三产业基础薄弱，就业空间非常有限，大量富余劳动力只能背井离乡流向非农产业集聚度较高的沿海发达地区或大中城市。而这些地区由于经济社会快速发展，一方面需要大量建筑、家政、保洁及低端服务业的工作人员，另一方面又拥有众多对文化素质要求不高的劳动密集型产业。在这种背景下，作为典型传统农区，郝堂村劳动力持续外流就成为利益驱动下的合理选择。然而，进入 21 世纪 20 年代以来，我国经济社会加快步入高质量发展阶段，东部发达地区不断优化经济结构，加快产业升级换代步伐，加之环境保护持续保持高压态势，落后产能的生存空间越来越小，产业体系的技术含量快速提升。与此同时，随着劳动力使用成本的快速上升，沿海地区及大中城市的"人口红利"优势进一步减弱，传统劳动密集型企业或破产，或向中西部地区转移，或外迁到劳动力成本更低的东南亚、南亚乃至非洲地区。如此一来，文化程度总体偏低的农村劳动力，在发达地区越来越难找到与自身能力相匹配的就业岗位。与之相反，蓬勃发展的乡村旅游业则能够为农村劳动力提供相应的就业机会。这是因为，旅游业关联度与劳动密集程度高，对劳动力的能力要求相对较低。对郝堂村的调查也很好地证明了这一点：快速发展的旅游业为416位回流劳动力提供了"人岗相适"的就业机会，岗位呈现多元化，涉及餐饮、住宿、交通、文化娱乐、休闲农业、旅游商品生产销售以及旅游经营管理等。

2. 综合收益超出外出务工

人们选择何地、何岗位就业，除经济收入外，还会考虑工作环境、劳动强度、闲暇时间、心理压力、社会保障与社会地位等因素。与此同时，人们对收益高低的衡量，更倾向于看实际而不是名义收益。乡村旅游拉动下的农村劳动力本土就业，拥有两方面的优势：第一，综合收益较高。一方面，与异地就业难以融入当地社会相比，由于熟悉本地环境及风土人情，就地就近就业不存在融入社会的门槛，心理压力较小或心理成本较低。另一方面，就近陪伴家人有益于身心健康与温馨和谐家庭氛围的形成，能大大增强家庭成员的获得感、幸福感与安全感。此外，"熟人社会"是中国农村的主要特征之一，在遇到困难时，大家习惯于左邻右舍、亲朋好友的互帮互助，加之大部分亲属相距不远，日常联系较为频繁，有助于巩固彼此之间的亲情与友情，这对于"乡土情结"较为浓厚的农村居民而言尤为重要。第二，相对收入较高。留在本地从事旅游服务的劳动力，尽管多数人的名义工资低于外出务工，但扣除各种支出后，实际收入并未降低甚至还有所增加。对郝堂村的调查也显示，在旅游相关岗位就业的416位回流劳动力中，345位认为实际收入与外出务工时持平或有一定程度的上升，占比为82.4%。究其原因，一是沿海发达地区或大中城市的平均物价水平高于中西部尤其是农村地区，房屋租赁或购买、医疗、教育及其他日常生活开支的成本均较高；二是农村宅基地是无偿使用的，农民一般都拥有自住房，粮食、蔬菜乃至瓜果、禽蛋都可以自给自足，而这些生活用品在外地务工期间则都需要购买,其维持生计的开支项目明显多于本地就业。

3. 生产方式走向"非农化"

长期以来,我国城乡之间发展严重不平衡,与城市的落差导致农民产生"城市膜拜"心理。因此,渴望获得与城市居民一样的生产方式与非农就业岗位,就自然而然地成为农村劳动力回流的动因之一。乡村旅游与几十个产业或行业关系密切,关联度高、带动作用强,其快速发展促使农民生计方式发生了巨大转变:一是就业非农化。郝堂村乡村旅游有力拉动了餐饮、住宿、交通、商业、文化和休闲农业的发展,也吸引农村劳动力从传统农业进入非农产业谋生,生计方式与之前相比发生了显著变化。前述416 位回流劳动力中,尽管有部分采取的是农业与旅游业兼业模式,但旅游业的时间投入已远远超过农业,农业反而成了"副业"。二是收入非农化。随着兼业旅游生计模式的逐步扩展,农户的收入结构也发生了变化,农业收入的比重呈现下降态势,非农收入已在部分农户中占据主体地位。其中,非农收入在家庭收入比重中超过70%的有189 户,占样本比例的45.4%;超过50%的有324 户,占样本比例的77.9%。三是农业非农化。农业非农化是指农业在原有提供农产品功能的基础上,由于技术进步、产业融合及市场需求变化而衍生出新的功能,且这种功能的地位日益提升的发展态势。在旅游业的带动下,农业与旅游业加快融合,衍生出多种新业态,农业的面貌发生了很大改变,农业不再是单纯地生产物质产品,而是提供能够满足人们不同层面需求的精神产品,进而发展出观光农业、体验农业、创意农业等休闲农业,表现出非农化的发展趋势。

4. 生活方式步入现代化

在"城市膜拜"心理驱动下,农村居民享有与城市居民一样的生活方式与生活条件,必然成为农村劳动力回流的又一重要动因。调查表明,在乡村旅游的带动下,郝堂村农村回流劳动力的生活方式越来越城镇化。在居住方面,尽管住宅外观跟城市有所不同,但室内陈设已相差无几,冰箱、空调、彩电等现代生活用品一应俱全,自来水普及率达到100%;环境卫生条件明显改善,垃圾集中堆放与转运率接近90%,家禽、家畜散养问题已基本得到根治，居家养殖日趋减少。在出行方面，传统交通工具自行车退居次席，电动车、摩托车、小轿车取而代之，基本家家户户都有电动车或摩托车，小轿车的拥有率也达到了 30.6%。在通信方面，手机的使用率达到 96.8%，宽带接入率为 86.7%，手机已经成为人们日常交流的最重要工具。在购物方面，网上下单、快递送达已成为新时尚，尤其受中青年劳动力的偏爱。在饮食方面，举办家庭聚会、招待亲朋好友时，越来越多的农户倾向于选择在酒店进行，市场化程度不断提升。在劳动生活方面，进入旅游部门工作的劳动力，组织性、纪律性明显提高。在文化生活方面，旅游业让文化"活"起来，具有区域特色的农耕文化、民俗文化、人居文化得到了保护和利用，甚至成为主要旅游吸引来源，极大地丰富了农民的文化生活。近年来，城镇流行的"广场舞"也成为乡村生活的一部分。在政治生活方面，理论学习与宣传越来越常态化，村民参与民主选举、民主决策、民主管理、民主监督越来越普遍，行使政治权利、履行政治义务的积极性显著增强。

（五）案例解析

1. 推动主体

从上述分析中可以看出，郝堂村就地就近城镇化发展道路的脉络相当明晰：美丽乡村建设—旅游业孕育—乡村吸引力增强—农村劳动力回流—乡村旅游快速发展—就地就近城镇化。这一过程的推动主体包括地方政府、非政府组织、村集体组织、生态保护志愿者、当地农民。政府的主要作用有三点：一是把郝堂村确定为新农村建设的先行先试村，这为该村的旅游业发展奠定了坚实基础；二是与非政府组织合作，并以购买服务的方式推动相关项目建设；三是整合政策性资金，完善基础设施，提升公共服务能力。北京绿十字生态文化传播中心、自然之友等非政府组织在郝堂村旅游业发展中起到了关键作用，不仅与志愿者一起入户宣传，参与制定村庄规划，而且还直接推动新农村项目建设、建立夕阳红养老资金互助社等。非政府组织为村民带来了先进的开发与治理理念，为郝堂村旅游业的快速发展提供了思想保证。

2. 融资模式

郝堂村就地就近城镇化的资金来源主要有三个渠道：一是政府财政资金，主要方式是整合国家政策性项目资金，集中力量办大事，为该村的新农村建设及之后的旅游业发展提供了基础性资金保障；二是社会资本，由非政府组织牵头创建"内置金融——夕阳红养老资金互助社"，并多方争取社会支持，为养老互助社正常运行筹集启动资金；三是农户储蓄资金，村民自愿入股分红，实现资金互助，成为郝堂村就地就近城镇化资金来源的重要补充。

3. 农民意愿

郝堂村就地就近城镇化最突出的特色就是充分尊重农民意愿。在这一过程中，郝堂村始终坚持以"尊重群众意愿"为首的"三尊重"原则，民居改造不设立统一的标准，不搞"一刀切"，充分考虑农户的经济状况与个人意愿，杜绝农民"被上楼"的情况出现；夕阳红养老资金互助社也采取自愿入股分红的运作方式，农民自主参与美丽乡村建设。在旅游业发展中，农民根据自身专长、家庭条件自主选择参与方式，实现了就业形式多元化。调查显示，前述416位回流劳动力均是基于农户利益最大化基础上的理性决策，在村民对产业发展与就地就近城镇化方式的评价中，非常满意、满意与基本满意的比例高达86.5%。

4. 适用条件

郝堂村旅游业驱动的就地就近城镇化之所以能够成功，主要是具备了三个条件：一是区位优势明显，距离中心城区不到20公里，属于较为典型的"环城游憩带"，可以就近获得充足稳定的客源；二是非政府组织发挥了关键作用，从思想动员、理念植入、村庄规划、对外推介、资金筹措、机构设立等方面很好地主导了郝堂村的发展方向；三是媒体宣传的引导作用，该村从最初的美丽乡村建设到后来走上乡村旅游发展之路，媒体的报到宣传功不可没。随着知名度的不断提升，郝堂村获得了多个国家部委授予的诸如"美丽宜居示范村庄""美丽乡村创建试点乡村"等荣誉称号，来自全国各地的考察团、商务团与旅游团接踵而至，从而为就地就近城镇化提供了良好的产业支撑。

六、戴畈村的公共服务驱动模式

第三产业包含的行业众多，社会保障是其中之一，而社会保障又是公共服务的重要内容。养老、医疗、教育等社会保障的发展可以促进城镇化，河南省新县的戴畈村就走出了一条公共服务驱动的就地就近城镇化之路。

（一）戴畈村基本情况

戴畈村地处大别山区腹地，位于河南省新县东南的箭厂河乡，距离县城约9公里，浅山地貌，属于经济欠发达地区。2019年，全村户籍人口1138人、常住人口488人，常住人口约占全部人口的42.9%（57.1%的人口常年在外务工或求学），属于典型的人口净流出村。在留守人口中，60周岁以上的老人（210人）、16周岁以下的少儿（45人）与16～59周岁的妇女（176人），共计431人，占留守人口的比重为88.2%。这种以"三留守"人员为主体的人口构成在我国中西部经济落后地区很具有代表性。

（二）戴畈村的公共服务发展之路

留守老人与妇女既要从事农业生产，又要照护少儿，还要看家护院，有着极大的体力与精神压力。对留守老人而言，问题尤为突出。由于年纪大、身体条件差，留守老人普遍存在出行困难、生活不便、内心孤寂等问题。从调查中可以发现，留守老人的要求并不高，在脱贫攻坚及国家政策的大力支持下，他们不愁吃、不愁穿、不愁住，但由于长期留守、独居、空巢，留守老人更需要关心关爱，更需要有交流倾诉的对象。据此，2018年以来，当地政府聚焦特殊群体、聚焦群众关切，找准突破口，充分利用乡村"熟人社会"拥有的亲情网络特征，发挥邻里守望、互帮互助的优良传统，视留守妇女为宝贵的人才资源，发挥其在"三留守"人员中的纽带与"扁担"作用，既照顾留守老人，又照护留守儿童。该村确立了在"熟人社会中养老托幼"的工作思路，将"三留守"服务工作与村庄社会资源有效结合，建立起一套符合农村实际、以农村居家养老和关爱"三留守"

为主要内容的服务模式。由于遴选的孝心护理员在服务时都身穿红色的马甲，后来就把其归结为"红马甲"＋"夕阳红"＋"小红星"的戴畈模式。

从发展动力上看，戴畈模式坚持走"党建引领、政府主导、社会参与、全民行动"的道路。

在党建引领方面，一是在落实"三留守"服务工作中，戴畈村以党建工作创新为突破口，建设"三留守"中心并成立中心党支部，将党组织的工作机制嵌入"三留守"服务工作中，切实发挥党组织在思想上、组织上、行动上对"三留守"服务工作的引领作用，乡党委书记、驻村第一书记、村党支部书记、党员等构成了"三留守"服务工作的核心主体和关键力量。二是把党建工作体系贯彻到老年人协会工作中，融入养老服务，形成由"基层党组织—党员—群众"与"老年协会—孝心护理员—老人"的"党建引领养老"的双线管理模式，激发党员的身份意识，树立养老服务的责任观念，发挥党员的积极带头作用，用实际行动来服务群众、教育群众，改变群众。三是制定"三留守"人员关爱实施办法、老年协会章程等各项管理制度，做到所有"三留守"人员有基本信息台账、有定期探访制度、有关爱活动场所、有关爱联系人。

在政府主导方面，2018 年以来，信阳市民政局多方筹措资金，在箭厂河乡建成全省第一家"三留守"服务中心，分时段为全乡 4000 余名"三留守"人员提供服务；投入 194 万元建立了市、县、乡、村四级养老服务体系信息平台、信阳市居家养老服务系统等一系列"线上＋线下"平台，着力打造集老年人基础信息数据库、养老服务行政管理平台、养老服务机构监控平台、居家社区养老服务实时监控等功能于一体的综合性智慧养老服务信息平台。同时，针对养老服务投资主体单一、融资渠道有限的现状，信阳市政府批准并出资设立全省首家社会福利产业投资发展有限公司。该公司为集民生领域投资与资产管理、养老、儿童、培训教育、殡葬服务等为一体的投融资平台。此外，在资源投入的过程中，信阳市政府适当拨付公共资源来调动村民自我服务的积极性。在养老服务方面，政府出台相应的规章制度，将养老从家庭内部的私人养老事务外溢出来，并纳入社会治理的范围，积极引导家庭养老向社会化养老模式过渡。

在社会参与方面，一是 2018 年戴畈村成立了全省首个村级老年协会，本村 60 岁以上的老人自动成为协会成员，并按照年龄、身体健康状况不同，把老年人划分为重点服务对象与一般服务对象。协会的建立与运作，使老人的需求被组织化的表达，实现了养老服务供给与需求的精准化对接；同时，还依托自身的平台作用，对外承接行政资源，对内整合村庄资源，实现了二者的高效整合。二是引入社会公益组织专业化服务理念，与郑州市、信阳市专业社工服务组织建立合作关系，引导社会参与支持"三留守"工作，坚持社区、社工、社会组织的"三社联动"机制，推动社会组织间的深入学习交流，促使本土化的社会组织迅速得到提升；三是培育并委托"新县三红社区服务中心""新县小红星儿童关爱中心""新县三红康养产业院"三个社会组织运营"三留守"服务中心；四是积极挖掘并调动本土潜在资源，发挥外出务工人员、本地乡贤、成功企业家等作用，亲邻睦友、守望相助，让"自家人"服务"自己人"，先后吸引两家爱心企业在戴畈村投资 3000 万元。

戴畈模式具有两个突出特点：一是低成本。一方面是服务人员的使用成本低，孝心护理员、儿童关爱中心教师主要因为乡土情结、邻里互助开展工作，对报酬的要求不高，月工资初期只有 400 元，现在也仅有 1200 元，远远低于市场价格。另一方面是服务对象的成本低，"小红星儿童关爱中心"招收村里留守幼儿，实行学费减免，分为有偿、低偿和无偿三种收费标准，并提供免费早、午餐，费用远远低于民办幼儿园，极大节约了家庭养育孩子的成本。对留守老人的服务是完全免费的，同时推出了养老积分制度，即到"三留守"服务中心参加活动每半天可积一分，积分可在慈善超市兑换物品，也可兑换服务。二是高效率。以较少的资金投入获得最大的社会效益，满足了老人、儿童的基本生活需求，让困难老人、儿童在"熟人社会"中得到妥善的照料，提升了老人、儿童的生活福利，有效地弥补了家庭养老托幼的缺位，极大地缓解了家庭照料压力，提高了养老托幼服务的质量。

（三）戴畈村公共服务促进就地就近城镇化的成效

戴畈模式就地就近城镇化的成效体现在两方面：一是极大地提升了乡村公共服务的数量与质量。在日常居家养老服务的基础上，由留守妇女组成的孝心护理员团队，为不方便前往"三留守"中心的老人提供助洁、助餐、助行、助医、精神慰藉、理发等服务，同时还将每月9日、19日、29日确定为敬老日，集中为一般服务对象开展精神慰藉上门服务；将每周二、周五确定为敬老活动日，确保居家养老服务常态化、制度化开展，实现了小事不出门、小病不离村、难事有人帮。在教育方面，"三留守"服务中心设有"小红星儿童关爱中心"，引入"瑞吉欧"教育法，对留守儿童进行启蒙教育；为每个孩子建立成长档案，图文并茂地记录孩子成长的点点滴滴，设立四点半课堂和图书室、儿童影院等满足儿童需求；针对留守儿童亲情缺失，定期帮助留守儿童与外地、国外务工的父母进行"亲子视频连线"；还把每周一、三、五确定为儿童服务日，让留守儿童在阳光雨露下健康成长。此外，戴畈模式的成功运营，有效地带动了周边的理发店、超市、村卫生室的发展，也促进了交通条件与环境卫生条件的改善，进一步缩小了与城镇在公共服务产品供给上的差距。二是提升了乡村居民的精神文明水平。"三留守"服务中心设有康复训练室、洗浴清洁室、学习与观影室、棋盘室等功能区，同时，服务中心还会定期为留守人员进行消防安全、防诈骗、健康知识、防溺水宣传等活动，促进了老年人身心健康。调查也显示，该村近年来没有发生一起诈骗事件。对孝心护理员，定期组织开展"老年护理讲座""发放爱心馒头""周末课堂""护理员培训"等常规性服务活动，加大对她们孝心的宣传，还授予她们"孝亲敬老之星""优秀孝心护理员"等称号，进一步强化了护理员对自我身份的认同感与自豪感。调动起护理员的积极性与主动性，她们不仅在家孝敬公婆、尽心照料子女，且积极投身村庄公共事务，深受群众信任，既能增长见识，还可以提升她们的个人能力；留守妇女实现了就地就业，激活了村庄的内生动力，实现了"三留守"资源向社会治理能力的转化，达到村庄善治的目标，并获得长辈的关爱和善心助人的精神满足。留守儿童学会了正确与人相处，动手能力和自理能力提升，自信心持续增强。面对留守妇女，当地政府充分融合了孝心护理员的双重身份优势，通过正面典型示范与负面行为教育的方式，实现对群众的有效约束，进而转变风气，重塑养老新秩序。

戴畈模式具备两大优势：一是实现了"三留守"服务工作在村庄层面的"操作化"，建立起一套符合农村实际的"低成本、高效率、就地化、全方位"的"三留守"模式，推进了乡村治理能力和治理体系现代化。二是让老人、儿童在熟悉的环境中得到妥善的照料。在村庄"熟人社会"提供养老托幼服务，不用改变老人、儿童的生活环境，还能延续家庭养老托幼的价值，有效地弥合了传统与现代化养老托幼服务供给方式之间的内在张力，实现了养老托幼服务工作的转化，破除了外部养老力量落地的多重阻力，极大地提高了养老托幼服务的质量，符合农村的经济社会发展条件。

戴畈模式存在的两大问题：一是市场运作机制尚未建立起来。与政府相比，市场配置资源更为有效、更可持续。作为欠发达地区，戴畈模式就当下而言无疑是成功的，较好地找到了破解"三留守"问题的有效路径，也为乡村善治提供了可以借鉴的经验。然而，从发展的角度看，这一模式过于突出政府的主导作用，市场因素融入得不够，这种主要依靠"熟人社会"建立起来的养老托幼办法短期是可行的，但由于缺乏市场驱动机制，加之城镇化对现有社会机体的冲击与再造，"熟人社会"必将被"陌生人社会"替代，该模式难以走得长远。换言之，戴畈模式只适用于经济落后、传统社会结构保持较为完好的乡村。它属于初级阶段的一种模式，壮大市场力量是其进一步发展、提高生命力的必然选择。二是缺乏坚实的产业支撑。养老与托幼服务以及公共产品的持续供给，离不开产业发展提供的物质条件。目前，支撑戴畈模式运行的资金主要来源于政策扶持、社会捐赠与政府购岗，资金非常有限也很难持续，这也是孝心护理员、幼儿教师等工作人员报酬低的根本原因。同许多欠发达地区一样，该村产业结构单一，仍然以传统农业为主，非农产业非常薄弱，第二产业尚属空白，与该模式直接关联的养老产业、教育培训业、旅游业等服务业还处在萌芽状态。因此，尽早规划与布局，促进传统农业向现代农业转型，大力涵养第二、第三产业，是戴畈模式不断优化与进一步发展的经济基础与不竭动力。

（四）戴畈模式促进就地就近城镇化的经验与适用条件

戴畈模式促进就地就近城镇化的三条经验：（1）因地制宜是基础。我国地域辽阔，各地自然条件、资源禀赋、发展水平各不相同，应立足当地，在具有深厚历史积淀与区域根植性的民俗文化、特色产业中发现比较优势，在应时而变、顺势而为中进行有益尝试和大胆创新，为破解区域发展难题探寻新视角、新思路、新路径。（2）找准"小切口"是关键。欠发达地区经济社会发展水平低、问题多、难度大，应坚持问题导向，回应群众关切，结合本地实际情况，选准突破口，发挥"头雁效应"，以点带面，促进区域公共服务量和质的提升，带动居民就地共享精神文明成果，进而弥合与城镇之间的差距。（3）政府主导是保障。在区域发展过程中，如何体现政府与市场的作用，很大程度上取决于经济社会发展所处的阶段。对欠发达地区而言，由于发展的区域落差，市场杠杆往往更容易让发展要素流失，因而更需要通过政府这只"看得见的手"来助推发展，在项目选择、产业培育、资金保障等方面进行政策扶持，以"政策红利"驱动发展目标的实现。

总之，戴畈村在乡村发展的实践探索中，发现了农村"三留守"的"村庄视角"和"熟人社会视角"，创新性地走出了一条"党建引领、政府主导、社会参与、全民行动"的低成本、高效率的就地城镇化道路。其中，政府是主要推动力量；养老产业、教育培训业、旅游业等服务业是发展基础，但该就地就近城镇化道路的驱动产业是养老服务业；发展资金则主要来源于政策扶持、社会捐赠与政府购岗。由于实现了"三留守"服务工作在村庄层面的"操作化"，建立了一套符合农村实际的"低成本、高效率、就地化、全方位"的"三留守"模式，因而群众的满意度高。该模式适用于经济欠发达、传统社会结构保持较为完好、政府大力扶持的乡村地区。

七、本章小结

本章主要从推动主体、融资模式、驱动产业、城镇化意愿、适用条件5个方面分别解析了6个典型的就地就近城镇化案例。

（1）浙江省海盐县的城乡统筹模式。属于就地就近城镇化的发达地区样本，主要通过涉农资源资本化、产城融合发展、公共服务均等化来实现就地就近城镇化，其推动主体是县乡两级政府、当地企业与居民。发展资金的来源主要有三个：一是政府提供部分资金，重点用于基础设施建设与公共服务供给，并设立"三权"基金，用于分担金融机构"三权"抵押贷款的损失；二是村集体组织与相关企业将其拥有的涉农资产抵押，从银行获得的贷款；三是村民按照"确权—资本化—抵押贷款"的路径将涉农资产资本化。驱动产业以制造业为主，其次是农业产业化以及"农家乐"等第三产业。当地农民对就地就近城镇化的总体满意度和支持度较高。该模式适用于人口密度高、交通条件和产业发展基础较好的地区。

（2）新乡市的制度红利模式。这是就地就近城镇化的欠发达地区样本。主要实施"人地挂钩"试点，建立城乡统一的土地市场，以土地增值收益推动新型农村社区建设，实现就地就近城镇化。其推动主体包括政府、村集体组织、农民与建筑商，但政府起主导作用；在发展资金的多元化来源中，政府财政资金是主渠道；该模式在实施过程中，能充分听取群众的意见，不搞强迫命令，一般适合于灌溉条件和交通区位优势较好的地区，且地方政府勇于改革创新，敢于先行先试，从而形成并释放制度红利。

（3）南张楼村的非政府主导模式。村委会和德国赛德尔基金会，是南张楼村就地就近城镇化的两大推动主体。村委会的作用是争取德方和中国各级政府的资金，组织和协调村民实施土地整治和村庄重新布局规划，培育和引进制造和服务型企业，建设和完善生产生活基础设施和公共服务；德国赛德尔基金会则传播"城乡等值"理念，提供资金和技术，主导设计村庄的土地整治和功能分区规划，促进村民职业培训等。现代农业、工业与服务业支撑了该村的就地就近城镇化，但从总体上看，工业才是其最主要的驱动产业。在融资模式上，德国赛德尔基金会提供了启动资金，村集体与在国外务工村民贡献了后续发展资金。其中，利用外国资金是南张楼村就地就近城镇化的特色之一。村民参与了城镇化重大问题的民主决策过程，充分体现了的村民意愿。该模式适用于有外资注入，且拥有优秀带头人的地区。

（4）武陵源区旅游产业驱动模式。其推动主体主要是省区市三级政府，驱动产业是旅游业；政府提供城镇化的启动资金，来源除税收外，还有来自土地转让收入、发行地方债券和政府控股的融资平台企业，同时通过 PPP 模式，吸引民营资本参与城镇化建设。村民对这种就地就近城镇化模式基本满意，其适用于自然景观独特，各级政府对旅游业发展支持力度大的地区。

（5）郝堂村旅游产业驱动模式。该村就地就近城镇化发展之路的脉络是：美丽乡村建设—旅游业孕育—乡村吸引力增强—农村劳动力回流—乡村旅游快速发展—就地就近城镇化。其推动主体包括地方政府、非政府组织、村集体组织、生态保护志愿者与当地农民，但非政府组织起到了关键作用。在发展资金来源上，政府整合国家政策性项目资金，进行基础设施建设；非政府组织争取社会支持，筹集部分发展资金；村民自愿入股分红，开展资金互助。该模式在实施过程中始终坚持以"尊重群众意愿"为首的"三尊重"原则，其最显著特色就是充分尊重农民意愿，农民的满意度高。其适用于区位优势明显、非政府组织积极介入、媒体关注度高的地区。

（6）戴畈村公共服务驱动模式。该村坚持走"党建引领、政府主导、社会参与、全民行动"的低成本、高效率的就地就近城镇化道路。其中，政府是主要推动力量；养老产业、教育培训业、旅游业等服务业是发展的基础，但该模式的驱动产业是养老服务业；发展资金主要来源于政策扶持、社会捐赠与政府购岗。由于实现了"三留守"服务工作在村庄层面的"操作化"，建立了一套符合农村实际的"低成本、高效率、就地化、全方位"的"三留守"模式，因而群众的满意度高。该模式适用于经济欠发达、传统社会结构保持较为完好、政府大力扶持的乡村地区。

第八章 尊重农民意愿的就地就近城镇化制度供给与政策引导

一、研究现状

就地就近城镇化有利于实现资源合理配置，避免资源过度集中于少数地区，有助于促进城镇化的均衡发展和社会的公平公正①。党的十九大报告提出，要全面"构建大中小城市和小城镇协调发展的城镇格局，加快农业转移人口市民化"。2020 年中央一号文件明确提出，加快培育中小城市和特色小城镇，增强吸纳农业转移人口能力。良好的宏观政策环境，为推行就地就近城镇化提供了政策保障和难得的机遇。对此，学者们从体制改革创新和市场机制改革创新两个方面，针对就近城镇化进程中户籍制度、土地制度、城镇保障住房制度与农村宅基地制度、财税制度、社会保障制度，以及投融资机制创新等相关领域展开了大量探索性研究。

（一）主要内容

由于国外的社会经济体制与我国不同，多数发达国家的城镇化是在市场经济的推动下进行的，因此，国外关于城镇化体制问题的研究更多侧重于市场经济制度层面。亨德森和贝克尔（Henderson J. V.，Becker R.，2000）认为，中央政府的过度干预是部分发展中国家大城市人口规模过度扩张的主要原因。戴维斯等（Davis J. C. et al.，2003）认为，国家政府部门在资本市场、财政金融以及公共品的提供上偏向部分城市和地区，促进

---

① 胡宝荣，李强. 城乡结合部与就地城镇化：推进模式和治理机制——基于北京高碑店村的分析［J］. 人文杂志，2014（10）：105－114.

城市规模的扩大。亨德森（Henderson J. V.，2010）认为，政府在城镇化过程中作用的增强会导致资本和财政资源配置的偏向，形成大规模人口迁移。

进入 21 世纪以来，有关国内城镇化的制度或政策问题研究已取得了丰富的成果。刘传江等（2004）认为，社会保障的缺乏是当下城镇化进程难以深度推进的重要原因；汪海波（2012）认为，城乡二元社会结构是影响城镇化的重要制度因素；郑杭生等（2011）以城市包容化发展为目标，提出了逐步推进和深化户籍制度改革，理顺城市社会管理体制，创新社会管理等措施；汪大海等（2013）提出，制度化治理是新型城镇化的模式选择，是推进城镇化向有序化规范化和科学化发展的有效途径；曾智洪（2017）基于城镇化的发展困境构建了新型城镇化包容性制度创新体系；曹宗平（2010）认为，在西部地区，以县域经济的发展带动次级区域经济发展是突破现有制度壁垒的最佳城镇形态。

制度性障碍是城镇化进程中普遍存在的问题，它制约着就地就近城镇化的整体推进。而就地就近城镇化的推进又有利于突破中国城镇化发展瓶颈，降低城镇化的制度障碍，促进城镇化合理布局并保障农业与农村可持续发展，这无疑也符合当前农村人口的城镇化意愿①。

1. 户籍制度

户籍制度是影响城镇化的主要因素，是城镇化最直接的表现形式，同时户籍制度的完善也是城镇化发展的重要组成部分。户籍制度与城镇化是互为因果，相互制约的关系，户籍制度落后会对城镇经济可持续性发展、城镇化进程、城乡统筹一体化发展形成阻碍，而户籍制度改革的政策推动力是推进新型城镇化进程的重要途径。张光辉（2019）研究认为，城乡户籍的附加福利差异阻碍了农业转移劳动力市民化，面对户籍障碍，需从差别化落户政策和居住证制度二元路径完善农民市民化的成本分担机制。侯新烁（2018）基于中国第五次、第六次人口普查数据和《中国城市统计年

---

① 李强. 多元城镇化与中国发展：战略及推进模式研究［M］. 北京：社会科学文献出版社，2013.

鉴》数据实证发现，户籍门槛一定程度上阻碍人力资本积累而制约城镇化。

2. 土地制度

土地是城镇的载体，土地能否合理高效流动、实现优化配置，农民各项土地权益能否得到切实保障，关系到就地就近城镇化发展的进程与效率[①]。宋宜农（2017）认为，推进就地就近城镇化需要深化农村土地流转制度改革，通过农村土地流转可以促进劳动力和土地的有效配置，从而达到统筹城乡的目的。李小静（2016）指出，在就地就近城镇化推进过程中，政府既要通过宏观调控土地流转速度和规模，保障城镇能够吸纳农村土地流转后转移出来的剩余劳动量，又要完善土地流转制度，保障农民合法土地权益。桂华（2019）对比了珠三角、苏南和浙江地区就地就近城镇化中的土地开发模式，认为土地制度改革，有利于资源配置，有利于社会财富公平分配，有利于就地就近城镇化建设。刘明娟（2019）分析了安徽省就地就近城镇化发展过程中农村土地流转面临的问题，提出要加大土地流转、加强政府监管、规范土地流转行为、建立土地流转信息平台，从而促进就地就近城镇化建设和缩小城乡差距，实现城镇和农村的协调发展。

安居是促进农村转移人口进城的必要条件，是让农民扎根城镇的重要保障。因此，如何深化住房制度改革，特别是农村宅基地制度改革，是就地就近城镇化建设中亟须解决的重要课题。一般来说，加快发展公共租赁住房，是推进就地就近城镇化的必然要求，因而要逐步建立起以公共租赁住房为重要形式的城镇基本住房保障制度，积极筹集公共租赁住房房源，同时有效管理公共租赁住房。陈卫华和吕萍（2017）认为，当前的宅基地制度改革未能探索农村住房隐形市场的规制问题，导致住房和宅基地资源浪费，制约了就地就近城镇化发展[②]。地方政府需要因势利导深化住房制

---

① 陈多长，游亚. 地方政府土地财政行为对城镇化模式选择的影响［J］. 经济体制改革，2016：20－27.

② 陈卫华，吕萍. 新型城镇化目标下农村住房隐形市场规制：堵抑或疏［J］. 现代经济探讨，2017（10）：96－103.

度改革，发展农村住房市场，激活住房资产功能，促进城乡劳动力、土地和资金等要素双向流动。马玉勤（2019）从法律、农民权益和使用效率层面分析了我国当前农村宅基地制度存在的问题，认为就地就近城镇化住房制度改革必须首先完善宅基地退出政策及其配套措施，建设以村民为主体的新型社区。

3. 财税制度

就地就近城镇化发展需要大量基础设施与公共服务资金投入，离不开财税政策的大力支持。科学、合理的财税体制能够与就地就近城镇化建设形成互动，是就地就近城镇化建设的助推器[①]。何涛（2016）在分析就地就近城镇化资金约束与财税政策支持机理的基础上，提出了加强政府财政资金投入、完善地方税收体系、构建新式财政转移支付制度等就地就近城镇化发展的财税政策。司春燕（2016）认为，财税政策既能为新型城镇化建设筹集资金，又能发挥资源配置职能。不难理解，在就地就近城镇化中，首要任务是优化中小企业发展的财税政策扶持机制，降低中小企业融资门槛，降低中小企业的税负，同时优化财税政策体系，将财税政策向民生保障倾斜。

4. 社保制度

进一步完善农村转移人口社会保障体系，可以一定程度上消除农业转移人口的顾虑，降低其对农地保障的依赖[②]。研究发现，就地就近城镇化与社会保障的水平存在着明显的互制互促关系。就地就近城镇化的速度与水平决定着社会保障制度的发展状况，而社会保障水平的高低及社会保障制度完善与否也影响着就地就近城镇化的进程与质量。郑兰先（2016）、江维国（2017）在梳理我国城镇进程中农村转移人口社会保障问题时，发现农村转移人口的社会保障及其可持续性困境严重偏离了城镇化建设的本质要求，在完善城镇化中农村转移人口社会保障时，要特别注重加强法制建设、清晰界定土地产权以及全方位规范征地程序。刘迟等（2017）认

---

① 司洁萌. 新型城镇化建设呼唤财税体制改革［J］. 人民论坛，2018（17）：86 – 87.
② 张明斗，王姿雯. 新型城镇化中的城乡社保制度统筹发展研究［J］. 当代经济管理，2017，39（05）：42 – 46.

为，服务性是社会保障的根本内涵，在就地就近城镇化过程中，社会保障制度应建立"以人为本"的社会服务体系，构建新型城镇化社会治理格局。

5. 投融资制度

就地就近城镇化的推进，破解资金瓶颈是关键。在城镇化建设过程中，资金需求和供给不对称的问题一直存在，由于缺乏便捷稳定的融资渠道，就地就近城镇化进程中的融资难问题长期得不到有效解决[①]。曾小春和钟世和（2017）指出，目前的融资方式普遍存在银行贷款比例过高、模式单一的问题，政府高度依赖的土地财政融资模式受日益紧缺的土地资源影响已不可持续。为此，学者们从就地就近城镇化的投融资机制探索展开了一系列研究。大家普遍认为，要摆脱城镇化建设中始终存在的金融困境，就要调动一切积极因素，充分发挥各个主体的优势，通过公私合作的方式吸引社会资金、私人资本进入[②]。鉴于城镇化建设涉及公共产品、准公共产品与私人产品，其生产供给存在三种方式，即公共生产、私人生产与混合生产，李天德和陈志伟（2015）主张，对各类性质的城镇化建设项目进行统筹与整合，组建混合所有制新型城镇开发建设公司，以调动多方力量解决融资难的问题。张宗军（2018）指出，在新型城镇化战略要求下，地方财政存在着巨大的资金缺口。在"土地财政"不可持续、"平台融资"被限制、地方政府财权与事权不匹配的三重约束下，为弥补就地就近城镇化的资金缺口，需要转换融资渠道，大力推动和完善地方政府债券。

（二）简要评述

就地就近城镇化是在发展新型城镇化的背景下，以实现农村生产生活方式走向现代化为目标的城镇化道路，是新型城镇化的重要内容与形式。相较于新型城镇化研究，学者们对于就地就近城镇化研究的起步较晚，尤其对就地就近城镇化涉及的土地制度、住房制度、社保制度、就业政策与

[①②]　曾繁荣，王志锴，方玉. 新型城镇化建设进程中融资研究综述［J］. 商业经济研究，2019（03）：150–154.

投融资机制等缺乏有针对性的探讨，特别是实证分析的不多，不能为就地就近城镇化的具体实践提供有价值的参考。此外，区域经济实力、县域财政状况是就地就近城镇化顺利推进的重要保障。一方面，已有研究更多关注财力较强的东部沿海发达地区，对于中西部欠发达地区就地就近城镇化探讨较少，其发展模式与制度改革经验的适用性受到限制。另一方面，农民是城镇化的主体，就地就近城镇化必须尊重农民意愿。已有研究多是从经济发展、社会环境等层面探讨就地就近城镇化形成的宏观机制，缺乏对农村人口转移意愿以及与此关联的制度设计和引导政策的研究。在此基础上进行的制度与政策设计往往不能反映农民的真实意愿，因而大大降低了其推行的可行性与有效性。

就地就近城镇化作为城镇化的一部分，二者之间的制度安排必然存在许多共通之处，但由于就地就近城镇化的实现方式和路径与异地城镇化相比具有一定的差异性与独特性，这就要求就地就近城镇化的制度供给创新应具有特色性、包容性和针对性，而目前国内关于此方面的研究相对薄弱。作为推进城镇化的重要主体，农民的意愿在很大程度上影响着城镇化的质量和效率。因此，聚焦就地就近城镇化过程中亟须解决的关键问题，在归纳总结现有制度障碍及改革经验的基础上，以尊重农民意愿为前提，加强制度创新力度，持续释放制度红利，是破解就地就近城镇化推进困局的关键所在。

二、就地就近城镇化的农民意愿及其主要制度与政策障碍

1. 拥有充足且与自身能力相匹配的就业机会

民生是最大的政治，就业则是最大的民生。实现充分、高质量就业是加快新型城镇化的关键所在，更是推进就地就近城镇化的核心问题。前述研究表明，在就地就近城镇化过程中，农业转移人口的主要意愿之一是获得充足且与其能力相适应的就业岗位。然而，作为主要转移目的地的县城（县级市）、重点镇、特色小城镇、特色小镇以及农村社区，除部分经济发达地区外，大多数都缺乏坚实的产业支撑，无法为转移劳动力

提供所需的就业岗位①，因此，这成为阻碍就地就近城镇化目标实现的最主要因素。

造成这一问题的原因，与小城市、小城镇的自身特性以及在城市体系中的地位有关。一方面，小城市、小城镇的人口规模较小，对产业发展要素的聚集作用有限。另一方面，按照地理要素空间扩散规律，产业转移一般遵从由高到低的基本路径，即首先转移到高等级地区，然后再转移到低等级地区，这也就是所谓的等级扩散现象。由于处在城镇体系的末端，欠发达地区的小城市、小城镇在承接东部沿海地区产业转移时也缺乏优势。除此之外，相关政策与制度也阻碍了小城市、小城镇的产业发展。

（1）产业发展政策导向不利于劳动密集型产业成长。进入 21 世纪以来，我国转变经济增长方式，推动产业结构优化升级的要求日益增强。在此背景下，不少地区纷纷调整功能定位，大力发展以知识为内容的新兴产业，甚至采用"一刀切"的办法，制定政策驱离劳动密集型企业，要实现所谓的"腾笼换鸟"。一些人认为，转变经济增长方式就是要密集地使用资本和技术，大力发展资本、技术密集型产业，而劳动密集型产业是粗放型的，是具有"双低"（低技术、低价值）特征的"夕阳产业"，这也成为主张我国许多地区应当放弃劳动密集型产业的逻辑起点。另外，市场机制不健全也对这种状况起到了推波助澜的作用，因为在这种情况下，要素的相对价格不能充分反映区域要素禀赋的相对丰裕程度，所以无法正确引导企业与地方政府作出合理的决策。此外，我国客观上又存在着"行政区经济"，地方政府具有一定的"经济人"特征，加之现代产业具有高投入的特点，能在短期内产生巨大的投资需求，可以快速增加 GDP。同时，现代产业也符合绿色 GDP 考核的要求。

（2）社会保障与劳动监管制度跟不上形势发展的需求。其一，由于没有传统意义上的固定工作单位，灵活就业人员多是根据自愿的原则个人缴

---

① 杨云善. 河南就近城镇化中的小城镇"空心化"风险及其化解 ［J］. 中州学刊, 2017 (01)：76－80.

纳社保，参保的种类较少，往往只局限于养老与医疗保险，很多劳动者长期游离于社会保障体系之外。其二，主观上，不签订就业协议的现象非常普遍，有的平台企业以平台注册代替劳动合同签订，也有的则以服务外包的形式转嫁责任；客观上，与传统就业方式不同，很多灵活就业人员的工作时间与场所并不固定，其界限很难界定，一旦发生伤害事故，在认定是否属于工伤的问题上往往争议很大。相关法律法规、公共政策不健全，当劳动纠纷发生时，灵活就业人员的权益很难得到保障。其三，受收入不稳定、管理不规范等因素的影响，工作岗位变动频繁成为灵活就业的特征之一，这种身份乃至居住地的变化，既对保费缴费连续达到规定的年限产生不利影响，也对账户异地转移接续构成挑战。其四，现有的职业指导、技能培训等政策主要面向传统就业形式，而新业态下的就业则以个体为主，不属于传统的用工单位，政府监管服务的难度很大，这就导致灵活就业人员的劳动素质因缺乏必要的就业扶持而得不到提升。

2. 不落户但享有与城镇居民同等的公共服务

出于对城镇生活"过不好，又回不去"的担心，"不落户"就成为就地就近转移人口的主要选择。尽管城乡社会保障的差距下降，是否落户中小城市、小城镇所享有的公共服务差别不大，但不落户人口仍然希望获得与城镇居民同等的待遇。

导致公共服务不平等的原因主要有两点：第一，城乡隔离的二元户籍制度惯性依然存在。户籍制度是一项国家基本行政制度，在保障公民就业、教育、社会福利等权益方面发挥着重要作用。人们普遍认为，户籍制度是影响农业转移人口市民化的关键因素。20 世纪 80 年代以来，为促进城乡统筹发展、加快推进城镇化，从中央到地方，从未放弃探索破解城乡二元结构的步伐，但至今，城乡二元分割的制度还没有从根本上打破。之前，我国的户籍属性包括农业户口和非农业户口两种，这种世袭制的城乡二元户籍制度造成了严重的社会不公平现象，限制了人口流动，阻碍了农村社会经济的发展。随着户籍制度的改革，为逐步取消农业户口、非农业户口的二元户口性质，实现公民身份平等，自 2009 年起我国逐步建立了城乡一体化的户口登记制度,一定程度上消除了二元户籍制度带来的不利影响[①]。特别是随着 2016 年《居住证实施办法》的全面实施,持有居住证可以与城镇户籍人口一样享有医疗卫生、义务教育等基本公共服务,也能够同等的享有办理出入境证件、申领驾驶证、办理生育服务等方面的便民服务。目前,中小城市、小城镇已经基本实现了"零门槛"落户,其拥有的公共服务与乡村的差别不大,就地就近城镇化进一步缓解了传统户籍制度引发的多种问题。然而,城乡隔离的二元户籍制度惯性依然存在,居住证与城镇户口的"含金量"并非相同,没有从根本上消除不公平待遇。例如,在就业方面,一些地区的用人岗位仅面向本市区公开招聘,这就在一定程度上阻碍了未落户城镇的人口就业,不利于社会公平。在受教育方面,部分城镇的优质中小学也优先招收本地生源,对非本市(镇)户籍学生采取严格的禁入制度,导致不少未落户人口依然保持城镇居住、就业,农村入学或者到城镇民办中小学就读,子女就近入学等要求尚未真正落实到位,农村人口难以享受和城市人口同等的公共服务。第二,公共产品的生产过于依赖政府投入。随着人口持续增加,教育、医疗等公共产品的供给就应不断扩大。若人口迁移的速度过快、规模过大,城市公共服务的增加就很难满足城镇化需求。长期以来,我国公共产品的生产过于依赖政府投入,而资金、土地等要素的政府投入机制尚不完备,加之又未能有效调动社会力量的主动性与积极性,未能充分发挥市场机制在民间资本使用上的整合与放大作用,使城市公共资源一直处于紧缺状态,公共服务的供求矛盾突出。受此影响,出于对自身利益保护的目的,无论是城市决策者还是普通居民都希望继续筑牢户籍制度篱笆(彭荣胜,2021)。

3. 保留农村承包地且实现土地收益稳定增长

尽管按照我国目前的土地政策,进城落户的农民可以自愿选择是否退出农村的承包地,但大家有理由担心,一旦过了承包期,已经拥有城镇户口的农户就将失去再续包的资格,这种担忧一直存在。同时,受土地流转

[①] 因为涉及利益,城乡身份区别在短期内仍难以完全消除。因此,户口簿上仍保留居住地一栏,仍可看出户口属于城镇还是农村。

程序、流转合同以及纠纷处理等土地流转体系不健全、土地征收与利益分配制度不完善等因素的影响，农业转移人口的承包地流转不顺畅、不稳定、利益受损等问题比较普遍。特别是近年来，由于比较收益低甚至出现严重亏损，我国不少农村地区出现了越发普遍的土地减租、退租现象，既不利于农业现代化转型，也阻碍了就地就近城镇化。

造成这种局面的主要原因有五个：一是粮食种植成本上升过快，种子、农药、化肥、机械等农业生产资料及服务成本不断攀升，但人工成本、土地成本上涨幅度更大①。研究显示，东部、东北和中西部地区实际土地流转价格远高于土地合理流转价格。例如，若流转的土地不改变用途，只用作生产粮食，那么黑龙江省、浙江省、湖南省、四川省在 2008～2016 年的农村土地合理流转价格平均值分别为 279 元、450 元、300 元与 129 元，而对应地区的农村土地实际流转价格分别为 500 元、800 元、600 元与 400 元②。二是粮食价格增长缓慢甚至下跌。1978～2018 年，我国农产品价格经历了 5 次大的波动，但其总趋势是稳中有降，尤其是 2010 年以后，全国农产品价格回落的态势愈发明显③。三是种粮风险居高不下，突发性公共事件等偶发性因素与信息不对称等随机性因素，使农产品价格水平持续波动且难以预测，同时受全球气候转暖等因素的影响，全国涝灾、旱灾及次生灾害发生的频率与强度呈现上升趋势，对农产品稳产增产产生了巨大冲击④。四是卖量难问题尚未得到有效解决，受库存较高、部分地区仓储不足、开仓收粮时间滞后等因素的影响，作为收购主体的国有粮库难以做到"应收尽收"，加之新增重金属检测的要求客观上提高了粮食收购门槛，增加了卖粮的时间成本与运输成本⑤。五是种粮补贴扶持效

---

① 王燕青，李隆玲，武拉平. 农民种粮是否有利可图？——基于粮食种植成本收益分析 [J]. 农业经济与管理，2016（01）：69－79.

② 刘吉双，张旭，韩越. 粮食适度规模经营与土地流转合理价格测算——基于新型农业经营主体视域的分析 [J]. 价格理论与实践，2020（07）：62－65.

③ 张喜才，张慧，陈秀兰. 农产品价格波动演变轨迹、基本规律及其对策 [J]. 商业经济研究，2021（03）：123－126.

④ 郭丹，谭莹. 农产品价格波动及其随机性因素影响研究 [J]. 价格理论与实践，2020（03）：67－70，177.

⑤ 全国政协委员李华栋：低粮价导致种粮大户退租减租.

果不佳，目前中央农业财政补贴涉及 6 类 37 项，与粮食种植直接相关的也有多项。但在具体实践中，部分补贴资金发给了土地承包者而非经营者，出现了补贴政策落地难、精准度不够的问题。

农村土地退租、减租现象加剧，将影响新型经营主体土地流转的积极性，从而不利于农业规模化、集约化经营。同时，由于不少退租、减租行为发生于尚在有效期内的土地流转协议，很容易造成土地流转纠纷，对农村农业发展及就地就近城镇化产生冲击。

4. 农村宅基地房屋的继承使用应维护农民权益

（1）城镇住房制度难以让农业转移人口住有所居。在就地就近城镇化过程中，农民期望"城镇有房住、住得起"，同时农村宅基地使用权能够合理流转与继承。就地就近城镇化不是简单地把农民从农村转移到城镇，而是让农民能在城镇正常生活和工作。农民进城后不仅要有稳定的工作，以此保障基本生活和家庭支出，而且应当确保这部分人有房住、住得起。农村转移人口保障性住房政策的改革可以进一步完善城市功能，有效缓解农业转移人口的成本压力，增强城市承载能力和人口吸纳能力。而现行的城镇住房制度、户籍制度、土地制度等，都在一定程度上造成了农村转移劳动力与城镇居民的权益区别，使他们游离于城镇住房制度体系之外。一是住房公积金制度的制约，住房公积金主要解决城市职工的购房资金问题，并不能完善地保障农业转移劳动力的住房权益。二是各地实施的公租房制度，除了其申请资格与申请方式的限制，公租房本身由于建设成本与土地不能得到保障的原因，大部分租赁住房硬件设施不够完备，周边配套设施不齐全，居住体验差，普遍位置偏远、通勤成本较高，因此导致较高的空置率。三是商品房制度的制约，农村转移劳动力工作稳定性低，获得商业贷款的难度较大，无法承担相对高昂的城镇房价。

（2）农村宅基地制度没有赋予农民完整的用益物权。我国现行宅基地制度的基本内容可概括为：农村集体经济组织成员以户为单位申请使用，一户一宅、限定面积、无偿福利性分配，仅限农村集体经济范围内流转。现行宅基地使用权虽然坚持身份性、强制性的立法基调，但在立法层面没有明确农民关切的两个问题：一是进城落户后是否还属于宅基地使用权主体；二是所拥有的宅基地使用权是否存在期限。同时，现行的法律规定宅基地不能买卖，在这种情况下，政府征用往往就成为农户宅基地退出的唯一途径。由于退出方式单一，征用标准不明确、不透明，农民参与度低，这种方式无法实现土地资源的最优配置，也难以保障农民的合法利益①。

（3）农房继承制度不利于保障农民获取增值收益。深化农村集体产权制度改革是促进就地就近城镇化、实现乡村振兴的必由之路。2018年以来，我国正加快推动农村宅基地所有权、资格权与使用权的"三权分置"改革。这一改革的关键环节是"适度放活"宅基地使用权，即农民可以把宅基地使用权流转给村集体的其他成员，也可以把宅基地房屋的居住使用权进行转让、租赁。转让与租赁的对象可以是本村居民，也可以是城里人，此举能够有效激活农村沉睡资产，增加农户财产性收入。

然而，根据我国现行政策，在农村宅基地上建造的房屋可以由进城落户的子女依法继承，但不得扩建、改建与翻修，待房屋废弃或倒塌后由村集体收回宅基地。据此，如果进城落户人员继承了农村房屋，根据上述政策只能有三种选择：自住；销售房屋给本村村民；入股、转让或出租。就现实情况而言，既然已落户城镇，回家常住的可能性较小。何况，不允许改建、翻修的房屋也很难适应人们对居住条件的要求。若是转让或租赁，同样要受到不得改变现状的限制，导致房屋的利用价值不高，转让或租赁的价格必然会受到抑制。因此，与城市房屋可以自由交易甚至还能保值升值的状况相比，现有的制度设计并没有很好地实现"维护农民土地权益、保障农民公平分享土地增值收益"的初衷。

再者，这种状况也不利于引导社会各界投身、支持乡村振兴事业。如何解决人才短缺是乡村发展最大的难题之一，因此需聚天下英才而用之。相比较而言，那些拥有乡村生产、生活经历的"新城里人"，往往具有浓厚的乡土情结，参与乡村建设的热情更高。因此，应多层面、多方位畅通渠道，支持他们各尽其才，以不同方式把资金、信息、市场、技术、管理

---

① 杨青贵. 新型城镇化背景下我国宅基地制度的发展政向与功能塑造——以协调发展为理念[J]. 经济法论坛，2018，20（01）：201－214.

等发展要素从城市带到乡村。显然，支持符合条件的进城落户人员继承并合理使用农村房屋，会起到很好地示范与引领作用，会极大地影响进而改变村民的传统认知，逐步增强居住乡村"体面"感，大幅度提升做新型职业农民的获得感与幸福感，进而对就地就近城镇化的前景充满信心并给予足够响应。

5. 户口可以迁回农村且能在县域内跨村落户

近年来，由于农村户口的"含金量"在不断提升，保留农村户籍甚至把城市户口迁回农村，已逐步成为新需求。然而，在相关制度的束缚下，人们的这一愿望并不容易实现。

（1）户籍制度阻碍城镇人口向农村流动。现阶段，农村人口向中小城市、小城镇迁移基本上不存在制度障碍，但严格禁止城镇人口向乡村迁移，事实上造成了人口单向流动的局面。近年来，各地政府已经意识到二元户籍制度对城镇化发展的掣肘，并开始不断加快改革步伐，相继采取了一系列的措施，旨在促进城乡人口的自由流动。例如，江苏、山东等地率先制定相关政策，允许落户城镇的农业转移人口把户口迁回农村。但这只是少部分地区的改革尝试，且落户农村是有条件的，只局限于那些户口原来在农村，后来进城落户的人口，以及因入学、入伍而迁出的学生与士兵。换言之，根据现行制度或政策，仅有个别省份的农村转移人口才可以迁回原籍。

（2）"村籍"文化排斥外来人口。对大多数农民而言，"村籍"往往比户籍更重要，这是由农村土地集体所有制决定的。这里的"村"不仅指"行政村"也包括"自然村"，因为许多农村地区的承包地、宅基地是按照自然村落为基本单位进行划分的。一般来说，村集体经济越雄厚、发展水平越高，"村籍"的"含金量"也就越高。尽管"村籍"不是由国家正式法律条文赋予的，而是由同属一村自动形成的，但是国家法律在实践中也要让位和服从村庄的"土政策"①。基于同村成员事实上是一个利益共同体

---

① 龚维斌. 从历史维度看乡村振兴过程中的户籍制度改革［J］. 国家行政学院学报，2018（03）：19－25，152－153.

的事实，"村籍"具有很强的封闭性与排他性。因不具备"村籍"，外来人员既不能平等地享有村庄公共服务，也难以分享集体经济收益，更难参与村庄公共事务管理。例如，不少地方村委会选举的基本条件就是具有本地户籍。因而，这种状况不利于聚集域外人口与资源，一定程度上阻碍了就地就近城镇化。

6. 就地就近城镇化模式的实施要尊重农民意愿

（1）土地利用与征收制度障碍。土地作为农民的基本保障，直接关乎农民的生存问题。但由于土地的产权制度、征收制度、流转制度、税收制度以及补偿和利益分配机制未能跟随城镇化进程而及时改进，引发了土地产权不明、征地赔偿不到位等土地纠纷问题。部分失地农民利益被严重侵害，进而引发一系列的社会冲突，不利于就地就近城镇化的推进。

一是土地利用社会参与不足。城乡建设用地增减挂钩制度和"人地挂钩"制度则会造成社会力量参与度不足或政府失灵等问题，这些制度障碍都会造成土地资源的低效配置，不利于就地就近城镇化的推进[1]。此外，"土地财政"和"政绩晋升"等因素造成地方政府对原有制度形成"路径障碍"，不利于城镇化制度的改革和可持续发展[2]。比如，部分欠发达地区的地方政府为单方面追求政绩，在建设了大量新型农村社区后，并未真正实现农户入住，浪费了大量土地资源。二是土地征收制度不利于保护农民合法权益。土地征收与农民的切身利益直接相关，一直都受到政府和农民的密切关注。现阶段，我国土地征用方面的法律法规还不完善，没有统一的标准。一方面，征地由地方政府强制主导，同用地企业共同商讨决定，往往没有真正向农民征求被征地意见，导致农民对征地的相关政策、征地程序和补偿程序缺乏了解，导致农民权益得不到具体保障。另一方面，一些地方政府部门在征地时给农民的征地补偿很低，但却以高价出让土地，

---

① 曹飞. 城乡土地利用视角下的新型城镇化：制度桎梏与协同模式［J］. 经济体制改革，2019（02）：27 - 32.

② 刘永健，耿弘，孙文华. SCP 分析范式下农地城镇化的制度绩效——以产权弱化及制度变迁的理论视角［J］. 农村经济，2018（06）：17 - 23.

征地货币补偿标准与失地农民之间的心里预期差距太大。而在征地补偿资金支付过程中，部门截留资金、挪作他用、克扣资金等现象经常发生，从而严重损害了农民的经济利益，由此引发的农民对政府不满事件也时有发生，甚至出现武力抗争的情况。

（2）财税制度与投融资制度障碍。第一，政府自有财力不足，财税支持城镇化的方向出现偏差。在当前我国的财税管理体制下，财税政策支持就地就近城镇化建设的首要问题是城镇独立税源的缺乏。由于地方政府并不具备地方税的立法权，各级政府因缺少稳定的税源而自有财力不足，严重制约了就地就近城镇化的发展。在这种情况下，推进就地就近城镇化建设，地方政府不得不在公共财政收入之外另谋出路，靠出卖土地使用权和举债来筹集建设资金。但这样一方面使政府债务风险加大，另一方面变相推动了建设用地的过度扩张，影响土地的合理利用。现行财税政策对就地就近城镇化的扶持偏重于城镇基础设施等硬件设施的完善，但对农村转移人口就业、医疗、教育、社会保险等软件服务方面的补充调节不足。财税作用方向的偏差，使地方政府在城镇化进程中呈现盲目扩张，忙于形象工程、面子工程的相关问题比较突出。而农村转移人口面对城镇房价的高企、子女教育费用的增加、养老保险与医疗救助的不足以及就业创业的诸多限制，并不能真正感受到城镇化建设所附带的福利和效用。

第二，投融资体制不健全，就地就近城镇化的资金来源单一。有限的融资能力是制约就地就近城镇化发展的重要因素。目前，我国县域经济整体发展水平不高、建设资金不足，城乡基础设施和公共服务设施欠账多，特别是乡镇基础设施大多较为滞后，功能不配套，承接农村转移人口能力不足[①]。城镇化发展资金和管理维护资金主要依靠政府财政投入，民间资本投入有限，投资主体多元化的格局尚未完全形成。归纳来看，各市县城镇化的资金来源主要有三个渠道：一是市、县、镇（乡）政府的专项建设

---

① 唐琼. 四川省就地城镇化困境研究——基于南充市的调查［J］. 四川行政学院学报，2018（02）：26－32.

资金，但受经济发展水平制约，多数地方政府财政收支严重不平衡，甚至债务高企。二是对危房改造、"村村通"工程等一些项目的资金整合，该部分资金由中央转移支付，囿于其用途的限制而作用不大。三是吸引民间投资，但方式单一、力度较小，难以满足就地就近城镇化发展的需要。与省一级政府相比，县一级政府融资环境不够理想，往往不得不以较高利息为代价筹措资金，融资成本偏高，不具有可持续性。尽管近几年也出现了多种融资渠道，如投融资平台公司、信托、租赁等，但实际效果都不尽如人意。当财力不能满足需求，法律又未提供合法的融资渠道时，一些地方政府不得不采用各种隐性方式融资举债，不但未能控制住地方政府债务，反而进一步推高了融资成本，加大了财政风险。因此，如何拓宽资金来源渠道，健全资产运营机制，吸引工商资本上山下乡，形成多元化、低成本、广覆盖的投融资机制，弥补就地就近城镇化发展进程中的资金缺口，已成为各地方政府面临的重要问题。

就地就近城镇化的农民意愿、主要制度与政策障碍，如图8-1所示。

三、基于农民意愿的就地就近城镇化改革经验及启示

（一）就地就近城镇化改革经验

就地就近城镇化过程中面临的困境和问题大多是由制度因素而引发的，特别是城乡二元分割社会结构的长期影响，造成户籍制度、土地制度、社会保障制度等多种因素阻碍城镇化进程。面对诸多制约因素，各地政府也在不断探索破除制度障碍的路径。自2014年12月开始，为落实《国家新型城镇化规划（2014—2020年）》，国家先后分三批在江苏、安徽和246个城市（镇）开展新型城镇化综合试点，其着力点是探索如何破除或改革不利于新型城镇化发展的关键制度，并取得了一批阶段性成果以及可资借鉴的地方经验。

1. 户籍制度改革经验

党的十八大、十八届三中全会及2020年中央城镇化工作会议都对加快推进户籍制度改革提出了明确要求。2014年，国务院印发了《关于进一步

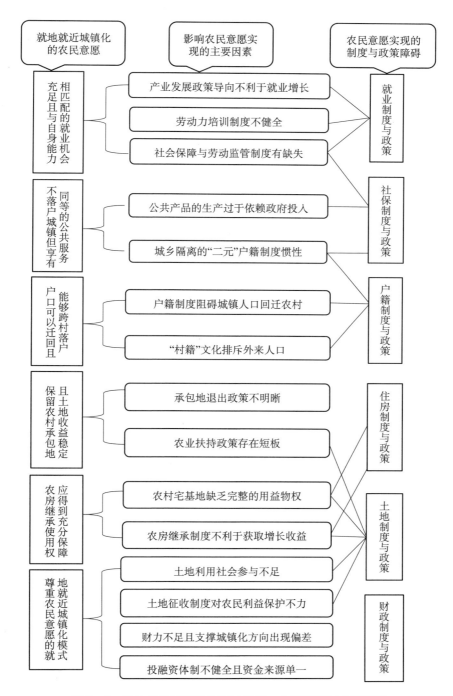

图 8－1 就地就近城镇化的农民意愿、主要制度与政策障碍

推进户籍制度改革的意见》，实施"全面放开建制镇和小城市落户限制，有序放开中等城市落户限制，合理确定大城市落户条件，严格控制特大城市人口规模"的落户政策，帮助有能力在城镇稳定就业和生活的农业转移人口有序实现市民化，以促进城乡一体化发展。在此大背景下，各地纷纷对户籍制度的相关方面作出政策性调整，加快推动转移人口市民化，主要改革内容集中在以下五个方面（见表8-1）。

表8-1 推进农业转移人口有序市民化的试点经验

目标问题	主要措施	具体内容	代表性改革试点地区
如何实现城镇落户	设立集体户口	设立城市公共集体户口、城市社区集体户口、企业集体户口，引导有意愿但无定居住所的转移人口落户	四川省泸州市、云南省曲靖市、福建省晋江市（Ⅰ型小城市）、山东省邹城市等（Ⅰ型小城市）
随迁子女的教育怎么办	居住证与义务教育挂钩	拥有居住证的转移劳动力，其随迁子女就近到市内公办小学和初中就读	浙江省义乌市
	把义务教育扩展到高中阶段	对随迁子女实施免费普通高中教育	河南省新郑市（Ⅰ型小城市）、福建省晋江市（Ⅰ型小城市）
	设立教育专项资金，补齐教育服务供给缺口	按照评定的等级高低，政府对民办中小学定期进行差别化的资金扶持	广东省东莞市
	校企合作办学，扩大教育服务供给	按照共建共享原则，吸引社会资本参与公办学校建设	湖北省仙桃市（Ⅰ型小城市）
	统筹教育资源，增加学位供给	组建名校集团，把义务教育阶段的优质资源进行有机整合、最大限度的利用	江苏省海门区（Ⅰ型小城市）、贵州省玉屏侗族自治县
市民化的钱从哪里出	加大"人钱挂钩、钱随人走"的力度	落户人口越多，财政转移支付与奖励资金越多	山东省青岛市等地
	建立基本公共服务专项统筹资金	各级财政共同出资，市级财政按定额拨付，各辖区财政按一般预算收入的一定比例缴纳	广东省惠州市

目标问题	主要措施	具体内容	代表性改革试点地区
市民化的地从哪里来	深化"人地挂钩、以人定地"	在已有做法的基础上，加大城镇新增建设用地与农业转移人口落户数量"挂钩"时落户人口数量指标的权重	安徽省滁州市
怎样提高市民化效率	"一证通用""一站式服务"	实施居住证全省通用政策，设立一站式落户服务办证点以及省内异地迁移户口网上一站式办理	江苏省、四川省、山东省

（1）创新城镇落户办法。为解决有意愿进城但无定居场所人口的落户问题，四川省泸州市、云南省曲靖市、福建省晋江市等设立城市公共集体户口，让已租赁房屋的农村转移人口顺利实现落户，并取得较为显著的成效。（2）为市民化找"钱"。推进市民化，钱从哪里出？主要做法有两种：一是财政资金分配与农业转移人口落户数量"挂钩"，落户人口越多，财政转移支付的越多，同时配套实施财政奖励政策，以鼓励吸纳更多的转移劳动力；二是建立基本公共服务专项进行资金统筹，各级财政共同出资，市级财政按某个定额拨付，各辖区财政按上一年度一般预算收入的一定比例缴纳。（3）为市民化找"地"。推进市民化，地从哪里来？常见做法是把城镇新增建设用地与农业转移人口落户数量"挂钩"，而综合试点地区主要是在已有经验的基础上，进一步提升落户人口数量指标的权重。（4）解决随迁子女教育问题。一是居住证与义务教育挂钩，拥有居住证的人口随迁子女就近到市内公办小学和初中就读；二是扩展义务教育至高中阶段，农业转移人口随迁子女与城镇落户人口享受同等待遇；三是设立教育专项资金，政府每年对民办中小学进行差异化资金扶持，以弥补随迁子女的教育服务供给缺口；四是按照共建共享原则，探索校企合作办学模式，吸引社会资本参与公办学校建设，以扩大教育服务供给；五是统筹教育资源，增加学位供给，缓解农业转移人口随迁子女教育供需矛盾。此外，一些地区致力于减小城乡福利差距，对依附于户口、城乡有别的居

民福利政策进行全面梳理，然后按照必要性与可行性相结合的原则，结合本地财力状况开展有针对性的改革，使大部分福利项目实现了城乡均等化。（5）提高市民化效率。江苏、四川、山东等地进行便民服务改革，推行"一证通用""一站式服务"，并建立信息网络系统开展迁徙业务网上办理，降低了行政负担和农民的转移成本。

2. 土地制度改革经验

（1）深化农村产权制度改革，保障农民合法权益。①加快"确权发证"进程，明晰农村各类资产权属。主要有三项举措：一是发放集体资产股权证，同时成立股份经济合作社，合理分配经营性收益；二是发放农村集体经济组织成员备案证（或备案制度），允许进城农民保留集体经济组织成员身份，切实保障农民"三权"及其合法继承权；三是把农民对集体资产的所有权、土地承包经营权、宅基地用益物权等权利用法律文书或权证固定下来，有效消除农民进城的后顾之忧。②建立统一规范的农村产权流转市场，促进产权交易与资产增值。主要措施包括：组建综合产权交易中心，形成多级联动体系；建立网络平台，开展信息发布、交易签证等全过程服务；建立地票或集地卷制度，盘活农村土地；实行宅基地复垦腾退建设用地指标在省内有偿使用。③完善相关政策，推行宅基地有偿使用。主要有三种有偿使用形式：一是初次分配的宅基地应支付成本价，成本价由村集体自行确定，其主要依据是占用农民承包地的补偿费用；二是实施"超标付费、节约奖励"，超标宅基地按累进式收取使用费，低于标准的则按照节约的面积大小等比奖励；三是允许县域内跨区以竞价方式申请宅基地。④探索农民合法权益自愿有偿退出，增加经营性建设用地供给。因地制宜地制定补偿标准，鼓励农民自愿退出宅基地、土地承包权、林权等权益；农民既可以退出全部权益也可以退出部分权益，退出部分权益的可以继续保留农村集体经济组织成员身份。同时，以不同方式推进土地入市，对集体经营性建设用地使用权和地上建筑物所有权实施"房地一体、分割转让"。深化农村产权制度改革的试点经验见表8-2。

表 8 – 2   深化农村产权制度改革的试点经验

改革目标	主要措施	具体内容	综合试点地区
明晰农村各类资产权属	确权发证	推进股份合作制改革，让农民成为股东，发放集体资产股权证书；成立股份经济合作社，合理分配经营性收益；发放农村集体经济组织成员备案证，允许进城农民保留集体经济组织成员身份	贵州省安顺市、安徽省天长市（Ⅱ型小城市）、山东省德州市、山东省威海市、湖北省宜城市（Ⅱ型小城市）等
建立统一规范的农村产权流转市场	推动产权交易科学化、合理化	组建综合权交易中心，形成多级联动体系；推行网络平台信息发布、交易签证等；建立地票或集地卷制度，盘活农村土地；探索宅基地复垦腾退建设用地指标在省内有偿使用	辽宁省海城市（Ⅰ型小城市）、浙江省义乌市、广东省佛山市南海区、安徽省金寨县等
完善宅基地和农房政策	推行宅基地有偿使用	初次分配的宅基地须付成本价；宅基地超标付费、节约奖励；允许县域内跨区以竞价方式申请宅基地	四川省泸县、新疆伊宁市（Ⅰ型小城市）、安徽省金寨县、湖北省宜城市
探索农民合法权益自愿有偿退出	制定补偿标准	自愿退出的宅基地、土地承包权、林权等，进行资金补偿；探索全部或部分权益的退出方式；以不同方式推进土地入市，探索对土地与房屋采取"房地一体、分割转让"	重庆市天星寺镇芙蓉村、安徽省金寨县；贵州省湄潭县、宁夏平罗县、山西省泽州县、海南省文昌市（Ⅱ型小城市）

（2）统筹多方利益主体关系，提高流转土地利用率。广东省佛山市南海区把集体土地转变为国有建设用地来参与土地流转，引入市场机制以实际拍卖的价格入股开发项目，获得收益分成。在土地征地补偿方面，采取货币形式，土地入股等非货币的形式，将多种补偿方式相结合。在土地收益分配方面，进行股权固化改革，以户为单位对集体经济成员进行身份确权，依据年龄决定股份多少并参与分红。为了规范土地交易，南海区建立了集体土地的交易流转中心，统一对流转土地进行审核和定价，提升土地流转透明度。这种股份制的土地制度明确了农民的土地权利，保障了农民的利益，很好地解决了就地就近城镇化过程中的土地流转问题。

安徽省芜湖市对农民集体所有建设用地使用权流转进行改革试点，并制定了改革方案与管理办法，明确土地流转标准，严格控制非农业建设用地。在土地收益分配方面，在权衡相关参与者投资量的基础上，以固定比例进行收益分配，并依据实际情况及时调整。这些措施提高了流转土地的利用率，保护了农业耕地。但从整体来看，个体农民的参与度不够，造成利益诉求难以得到满足，且土地价格及收益分配上多由政府决定，市场机制没有发挥作用。

浙江省嘉兴市以城乡统一发展为核心，进行了"两换两分"的土地改革。"两分"是指将承包地和宅基地加以区分界定，将农村土地流转与农民搬迁相区分，以避免管理上的重叠和混乱。"两换"主要是指以土地承包权换取股份或进行租赁进而转变生产方式，以宅基地置换城镇及新农村社区内房产，或直接换取钱财，进而实现生活方式的转换。同时，在实施过程中，嘉兴市充分尊重农民意愿，以相应的政策制度来保障农民的参与权和话语权。这种改革措施很好地解决了就地就近城镇化过程中农民的安置问题，降低了农民对土地的依赖度，使农村的生产及生活方式发生了一定的转变。

作为特色小镇的典型代表，黑龙江大庆汽车小镇面对建设过程中的用地问题，结合本地实际，不断深化地企融合，创新供地用地模式，将油田矿区废弃建设用地用于建设产业项目，提高土地利用率。这种因地制宜地创新用地模式的做法，不仅解决了土地资源稀缺问题，还在保护耕地的基础上实现了土地资源的优化配置。此外，北京市郑各庄村在就地城镇化过程中，创新土地流转方式，实行"确权、确利、保收益"的土地流转机制，实施土地委托经营机制，逐步形成了农民、村集体经济组织、企业之间合理有效的制度安排，切实保障农民分享土地增值收益的权利。

3. 住房保障制度改革经验

为解决农业转移人口住房需求，河南省禹州市、湖北省宜城市、安徽省芜湖市、四川省眉山市等地相继对住房保障制度进行改革探索，主要措施有两个：一是提高公租房保障范围，将符合条件的农业转移人口纳入保障范围，并逐步增加保障房供给数量；二是增加住房公积金制度覆盖面，允许缴存住房公积金，并进行住房公积金贷款。威海市出台《关于进一步加强市域农村居民进城住房保障工作的意见》，将新落户到城镇的农村居民纳入城镇住房保障范围，确保农业转移人口能够安居乐业；同时，规范廉租房、公租房等的建设和管理，保障外来务工人员享受与当地居民相同的福利政策。

河南省鄢陵县陈化店镇东明义村采取的是宅基地换房模式。在具体实施过程中，发挥政府主导作用，对村民的住房占地进行科学评估，再由开发商全额予以拆迁补偿，同时进行新型社区建设，整村搬迁后节省的土地用于旅游开发，其余进行复耕。此举较好地达成了预期目标，有力推动了就地城镇化。此外，这种由政府主导、市场参与的土地开发模式较为成功地实现了土地资源的集约、整合、再利用，有利于提高土地利用率，有助于就地就近城镇化的可持续发展。此外，浙江省嘉兴市则以宅基地置换城镇及新农村社区内房产，让农业转移人口住有所居。

4. 社会保障制度改革经验

社会保障制度包含社会保险、社会福利、社会救济等内容，其作为一种利益再分配制度，可有效缓解社会财富分配不均衡的现象。从本质上看，社会保障制度障碍是户籍制度障碍的延伸。

面对社会保障制度存在的各种问题，我国各地政府部门根据转移劳动力的特点，因地制宜地制定了较为可行的社会保障政策和公共服务政策，形成了各具特色的社会保障地方实践模式。如以广东省、河南省、陕西省、甘肃省等为代表的"城保模式"，将流动人口纳入既有的城镇职工社保体系中，实行统一社会保障制度，实现城乡一体化。但这种模式只针对城镇流动人口，具有一定的局限性，同时由于成本较高，难以调动用人单位及农民工参保的积极性①。以浙江省、深圳市、北京市等为代表的"双低模式"，将外来从业人口所能承受的保费降低在其经济范围之内，保障水平也随之下降，这在一定程度上有利于与城镇社保的接轨，减轻外来从

① 李卓，停左. 改革开放 40 年来中国农民工问题研究：回顾、反思与展望［J］. 云南社会科学，2018（06）：16－21.

业人口与用人单位负担，但对于部分参保人口来讲却限制了其社会保障待遇的提高。以上海市、成都市为代表的城市则针对流动人口制定了"综保模式"，商业保险公司承担了整个社保体系的运作，与城镇职工社保体系泾渭分明，且将农民工的各项保险（养老保险、医疗保险、失业保险）捆绑在一起由用人单位全额缴纳，但存在保险项目不够全面、与城镇社保衔接困难等问题。

此外，山西省将城镇流动人口纳入流出地农村社会保障体系中，形成了独具特色的"农保模式"。这种模式减轻了城镇地区的社保压力，便于规范管理，但由于人口流动在外，也存在一定的管理障碍。山东省威海市则积极探索城乡居民社会保障整合办法，确保农村居民进城后生活条件不降低，长期发展无障碍；建立了城乡统一的居民基本养老保险制度和基本医疗保险制度，并在教育、文化等方面也给予更多支持，以促进农民工加快融入城市生活。湖北省鄂州市财政不断加大对农村社会保障体系的支出，为失地农民提供专项财政支持，促进社会保障，解决农民由于失去土地而产生的一系列问题。

5. 产业发展与就业制度改革经验

已有综合试点涉及产业发展的举措主要集中于促进城市产业升级、搭建城乡产业协同发展平台两个方面，试点区域主要是特色小镇与特色小城镇。特色小镇实质上是一种"非镇非区"的创新创业平台，在产业发展上突出特色产业及旅游产业，在功能上融合生产、生活与生态。特色小镇的产业发展方向有四类：一是打造高效率低成本多功能的创业园，如浙江省德清县地理信息小镇、杭州市梦想小镇等，前者聚焦地理信息产业，后者主打"双创"；二是打造新兴产业聚焦发展的新引擎，如福建省宁德市锂电新能源小镇、黑龙江大庆赛车小镇、江苏镇江句容绿色新能源小镇等；三是促进传统产业转型升级，如浙江诸暨袜艺小镇、广东深圳大浪时尚小镇的纺织产业转型、吉林长春红旗智能小镇的汽车产业升级、广东佛山禅城陶谷小镇的改造等；四是扩大现有产业规模，如江苏苏绣小镇的刺绣、天津杨柳青文旅小镇的年画、吉林矿泉水小镇的矿泉水生产与销售，以及江西大鱼丫小镇的运动休闲产业、安徽三瓜公社小镇的乡村电商产业、云南曲靖麒麟职教小镇的产教融合业等。其中，年画、刺绣属于中国传统文化，具有区域根植性；运动休闲、农村电商则是近几年兴起的新业态，发展前景广阔。显然，它们的岗位需求与农村人口的就业能力较为匹配，对农村劳动力的吸纳能力强。

与特色小镇不同，特色小城镇是指以传统行政区划为单元，特色产业鲜明、具有一定人口和经济规模的建制镇。特色小城镇的特色产业是其发展的重要推动力量，也是吸纳农业转移人口就业的主要渠道，如浙江莫干山镇的民宿业等。此外，一些乡村利用自身的区位优势，大力发展乡村旅游，促进第一、第二、第三产业融合发展，为农民就地就近城镇化创造了众多就业机会。

广西省南宁市为帮助农民就业创业，同时更好地服务企业用工，每年都开展"春风行动"招聘会。"春风行动"期间，各县区政府及人社部门会组织培训学校在招聘会现场进行技能演示，并提供职业技能培训和创业培训等服务，同时建立就近就业人员的档案信息，形成有效地沟通和反馈机制，确保农村劳动力的合法权益不受侵犯且实现有序转移。这种方式在企业与劳动力之间搭建了有效的对接平台，较好地保障了双方利益，一定程度上解决了就地就近城镇化过程中的就业歧视问题。

甘肃省玉门市通过开展技能培训来提升农村劳动力的综合素质和转移就业能力，进而解决农民就业问题，增加农民收入。为了提高培训质量，当地政府将公办培训机构和民办培训机构统筹起来，增强师资力量，同时提升培训规模。为了促进就地就近城镇化，培训的工种多以手工业制作、美容美发、餐饮等为主，使农民能够实现居家创业。此外，当地建立的双向对接机制实现了技能培训与农户需求、媒体、相关部门、用工市场以及富民产业的多方位对接，全方位地为农民就地就近就业创造条件[1]。此外，湖北省鄂州市则建立完善的制度保障体系，统一城乡劳动力市场，建立城乡劳动者平等就业制度。

---

① 孙跃贤. 建立双向对接机制促进就近就地就业［N］. 中国劳动保障报，2018 – 09 – 15.

6. 城乡融合机制体制改革经验

一是引导工商资本下乡，促进乡村高质量发展。吉林省吉林市昌邑区孤店子镇大荒地村、四川省成都市红光镇等地鼓励有实力的企业参与乡村建设，发展现代农业、休闲旅游业等产业，引导村民在企业就业或者入股并参与经营。二是完善金融服务体系，拓展农村融资渠道。黑龙江省齐齐哈尔市、福建省莆田市仙游县、河南省兰考县、浙江省湖州市长兴县、江苏省沛县等地的主要做法包括：把农民拥有的权益进行抵押贷款，诸如土地承包经营权、宅基地使用权、房屋所有权、集体资源使用权以及预期收益权等；采用"农地＋农户＋合作社＋征信"的担保融资模式，对土地承包经营权进行抵押贷款；推行产业发展信用贷款和新型农业经营主体贷款；推出天气指数保险、收购价格指数保险等，逐步扩大农业政策性保险范围。三是探索外来人员入乡发展机制，促进乡村发展要素聚集。贵州省湄潭市金华村、核桃坝村在改革试点中，允许符合条件的外来人员与本村村民享有同等待遇，并可入股分红；在评估集体资产的基础上，确立新增成员的价格，并参照此价格准予外村人口有偿落户，落户人员拥有集体资产分配权，并可租用土地、有偿使用宅基地建房定居。

（二）就地就近城镇化改革的启示

1. 尊重农民意愿是主线

新型城镇化是"以人为本"的城镇化，以人为本就是要满足人的需求，尊重人的意愿。作为新型城镇化的主要表现形式，就地就近城镇化本身就是顺应农业人口对转移空间、职业选择、生活方式的要求而产生的。在推进城镇化过程中，对户籍制度、土地制度、住房制度、社保制度、就业制度的改革探索，目的也是最大限度地与农业转移人口的诉求相一致。从综合试点的实践来看，只有精准对标群众关切、切实保障农民利益，改革举措才会受到欢迎，就地就近城镇化才能实现高质量发展。反之，如果不了解群众期盼，不能正确处理农民、政府、集体、企业等多个利益主体的关系，在决策与实施过程中忽视农民意见，甚至损害农民利益，就地就近城镇化就难以持续。

2. 坚持因地制宜是基础

我国地域辽阔，区域差异较大，各地自然条件、资源禀赋、经济发展水平、社会环境状况均有所不同，这就意味着各地就地就近城镇化的制约因素与主导力量不尽相同，从而决定了全国不会（也不应该）有统一的就地就近城镇化模式。为此，应遵循"因地制宜、发挥优势，有所为、有所不为"的原则，聚焦就地就近城镇化中的瓶颈问题，抓住主要矛盾与矛盾的主要方面，扬长避短、突出特色、以点带面，探索走出一条具有区域根植性、目标达成度高的可复制、可推广、可持续的就地就近城镇化模式。值得一提的是，无论哪种类型的城镇化模式，在户口迁移、撤村并居、土地利用、产业发展、设施建设、资金投入、利益分配等各个环节均要相信群众、依靠群众、发动群众，充分发挥和调动亿万农民的主动性、积极性与创造性，最大限度地尊重农民意愿，维护农民权益。

3. 遵循政府主导是保障

我国空间差异大，区域发展很不平衡，各地推进就地就近城镇化的基础不尽相同，目标实现的难易程度也有很大差别，因而就地就近城镇化的主导力量自然也有所不同。对东部沿海发达地区或大城市或城市群的近邻地区而言，可以主要依靠市场力量来推动就地就近城镇化。但对地域广袤、人口众多、经济欠发达的中西部地区来说，既要发挥市场在资源配置中的决定性作用，又要更好地发挥政府的作用。这是因为，此类地区非农产业发育不充分，小城镇、小城市基础设施不健全、等级低，公共产品供给数量不足、质量不高，实施就地就近城镇化的短板多。显然，这些问题的有效解决离不开政府"有形的手"对发展要素的"导流"作用。此外，区域经济发展规律也告诉我们，就地就近城镇化本质上是对地域空间的再造，而在经济发展水平较低的时期，政府的扶持与引导作用不可替代。

4. 破解就业问题是关键

就地就近城镇化本质上是农民对美好生活的追求，而这一目标实现的关键环节则是拥有稳定、高质量的就业机会。同时，作为民生之本的就业，能有效缓解城镇化中的住房、教育、医疗、社保等一系列问题，具有牵一发而动全身的作用。就业机会的多少很大程度上取决于经济规模与经济结构。然而，作为就地就近城镇化的主要空间载体，我国大部分小城镇、小城市的产业基础都较为薄弱，在承接产业转移上与大中城市相比也缺乏优势。因此，就地就近城镇化的首要任务就是寻求破解小城镇、小城市产业发展难题，为转移人口提供与其"特质性"相适应的工作岗位。为此，一方面要加快欠发达地区小城镇、小城市的产业培育力度；另一方面要对发达地区小城镇、小城市的现有产业进行改造升级、提质增效，增强其对转移劳动力的吸纳能力。此外，还要有针对性地提供培训服务并扩大受益人群覆盖面，以不断提高转移人口的就业能力。

5. 完善相关制度是根本

健全完善的法律法规，是保障就地就近城镇化顺利实施的必要条件。就地就近城镇化发展要着重解决与农民切身利益相关的问题，让农民能够享受与城镇居民同等的公共服务，让农民逐渐成为真正的市民。近年来，全国各地对户籍制度、社保制度、土地制度、住房制度、财税制度等方面的改革探索，一定程度上顺应了农民的诉求，保护了农民的利益，为就地就近城镇化的顺利推进扫除了部分障碍。然而，这些探索总体上是"零敲碎打"式的，没有把相关制度视为一个有机整体进行集成改革，其实践成效有待提升；有些领域的改革"犹抱琵琶半遮面"，尚未触及根本问题，对就地就近转移农民的利益维护不全面、不彻底，往往顾此失彼。为此，一方面要加快推进农民土地权益保护立法进程，切实尊重农民意愿、保护农民权益；另一方面要完善各方面制度改革配套的法律法规，把推进就地就近城镇化的各项工作纳入规范化、制度化、法治化的轨道，做到有法可依、有据可循，为农村人口就地就近转移保驾护航，最大限度地消除农民就地就近城镇化的思想顾虑。

四、尊重农民意愿的就地就近城镇化制度供给与政策引导

经济和制度是决定城镇化发展的关键因素，而制度又在一定程度上影响着经济的发展，故而制度安排滞后是城镇化发展的最大障碍。因此，要

加快城镇化步伐，走中国特色的城镇化道路，制度创新是根本途径。在就地就近城镇化的过程中，政府和农民是推进其进程的两大主体①。政府作为制定和实施公共决策的机构，提供公共产品和公共服务是其基本职能。因此，政府有责任依据形势变化及时进行制度创新，提高就地就近城镇化的效率。农民作为城镇化进程中的主要参与者，是制度最直接的作用对象，有资格参与制度创新的过程，也是制度创新的动力源泉。因此，在就地就近城镇化制度供给创新的过程中，尊重农民意愿是基本前提和重要保障。

就地就近城镇化是一项长期而又复杂的系统工程，需要持续加大改革创新力度，完善户籍、土地、住房、财税、社保等制度及其配套政策，保障城乡要素的自由流动和高效配置。在尊重农民意愿的就地就近城镇化进程中，户籍制度改革和创新是核心，是其他制度改革创新的基础；土地与住房制度改革和创新，是让农民摆脱土地依赖，在城镇住有所居的关键之举；就业制度的改革和创新，决定着就地就近城镇化的质量和可持续性，也直接关系到农民进城后能否安居乐业，而社会保障制度的改革和创新则为农民的就地就近城镇化解除后顾之忧。

（一）就业制度与政策

1. 实施就业优先的城镇化政策，对劳动密集型产业发展提供政策扶持

2020 年 10 月召开的党的十九届五中全会指出，在"十四五"期间要"强化就业优先政策"，实现更加充分更高质量就业。实施就业优先的城镇化政策，就是要充分发挥其在城镇化各项政策中的引领作用，要把带动就业作为重要衡量指标。在实践中，既要推动多元主体协同行动，又要促进多项政策系统集成②；既要通过发展产业创造更多的就业岗位，又要多渠道增强劳动者的就业能力，还要提升劳动者能力与岗位需求的匹配度，以形成就业与城镇化相互促进的局面。

---

① 曾智洪. 中国新型城镇化包容性制度创新体系研究［J］. 城市发展研究，2017，24（5）：1 - 7.

② 冯奎. 推进实施就业优先的城镇化政策［J］. 中国发展观察，2021（01）：10 - 12.

为此，要大力扶持劳动密集型产业发展。实现充分、高质量就业，是事关经济高质量发展与社会稳定的重大问题。众所周知，受工业化与城镇化的驱动，区域产业结构会不断向高层次演进，但是产业结构的变动只是在不同的发展阶段占主导地位的产业类型不同而已，并非是一种产业对另一种产业的完全替代。换言之，技术进步、经济增长方式的转变并不必然排斥劳动密集型产业，区域产业类型总是呈现多元性。因此，在大力发展资本、技术密集型产业的同时，还应继续发展劳动密集型产业，形成三种类型产业协调发展的良性局面。为此，一是要促进传统劳动密集型产业向现代劳动密集型产业转变，逐步实现竞争手段多样化，增强抵御风险的能力；二是顺应产业持续裂变的发展态势，支持高技术产业大力发展劳动密集区段，并与其他功能部门形成企业内的地域分工，把劳动密集环节布局到劳动力成本相对较低的中西部欠发达地区；三是制定激励政策，对现代劳动密集型产业的关键技术研发、先进设备引进，以及生产车间、仓库等重要设施的建设，给予一定比例的资金补贴，以支持其扩大生产并提高加工、包装与储藏水平；四是进一步完善评价机制，把增加岗位的数量与质量纳入评价指标体系并赋予更高的权重，对吸纳劳动力超过额定目标的企业予以适当税收减免，以激励它们创造就业岗位的积极性。

2. 加快健全与创新就业制度，维护就地就近转移人口的就业权益

就业制度有着增加就业机会、调整优化就业结构、改善劳动力供给质量等多种功能，科学合理的劳动就业制度有利于吸纳农村剩余劳动力、化解城镇就业压力、提高就业质量和劳动者的整体素质[1][2]。因此，就业制度的改革和创新将极大地促进就地就近城镇化的发展。

一是明确就业制度改革的方向。当前就地就近城镇化过程中农村劳动人口转移已趋向平稳，此时就业制度的改革应在政府主导下结合市场需

---

① 刘汉涛. 城镇化进程中的农民工就业与制度变迁 [J]. 人民论坛·学术前沿, 2017 (15)：94 - 97.

② 纪韶，李小亮. 改革开放以来农村劳动力流动就业制度、政策演进和创新 [J]. 经济与管理研究，2019，40 (01)：64 - 74.

求，向降低农民流动就业的成本以及社会公平方面努力。政府应加强就业市场的法制建设，做好信息传递、就业平台搭建、技能培训等公共就业服务，让农村劳动力在流动就业中的合法权益得到有效保障。二是加大就业供给侧结构改革力度。现代服务业是农民在就地就近城镇化过程中实现就业的主要行业。因此，从就业岗位的供给侧入手，以政策红利为支撑，鼓励电商、运输、物流等就业容量大、就业方式灵活的产业快速发展，有利于农民通过创业或就业安定下来，逐步实现市民化。三是加快形成城乡劳动者平等就业制度。在城乡就业方面要实现"5 个统一"，即人力资源市场统一、就业管理服务制度统一、就业促进政策统一、失业保险缴费与待遇标准统一，对吸纳转移就业困难人员的企业给予岗位与社保补贴，补贴标准与录用城镇失业人员统一。四是加快城乡社会保障体系的无缝衔接，对已实现非农就业的转移人口，一律纳入城镇职工社会保险体系；对就地从事农业生产的人口，也要参照灵活就业人员的管理办法缴纳社会保险。

3. 坚持就业技能与"市民意识"培训相结合，提高农民的城镇化适应能力

提升农村劳动人口的就业竞争力是实现其就业稳定的重要举措。第一，政府应完善培训法律法规，明确相关部门的职责和义务，以法律约束规范培训事业发展。第二，根据市场需求，充分了解劳动力市场信息，加大宣传力度，以短期、长期培训相结合，就近、联动培训相结合的方式，实现就业培训在时间和空间上延展扩大。第三，培训开展要因地制宜，立足各地实际情况与农民自身需求和意愿，多层次多形式地开展就业培训。第四，加强监管，确保培训工作的高质量进行，切实提高农民的综合素质，使农民转化为农业的经营者、投资者、管理者、产业工人，真正实现"职业农民化，生活城镇化"。第五，把"人的城镇化"落到实处，努力培养就地就近转移人口的市民意识，提高其科学文化素养和文明素质。为此，各级政府、社区、企业以及村集体要定期组织开展市民化培训教育，针对性地宣传相关法律法规、现代文明规范、公共空间意识等，切实做到身份转变、身份认同。

（二）户籍制度与政策

1. 以推进就地就近城镇化为突破口，促进户籍制度的功能回归本位

户籍制度作为一种基础性制度，对其他社会管理制度有着极大的影响①。户籍制度的创新和改革可以通过两种路径来实现：第一种是自上而下的裂变式改革，直接取消户籍制度以及与之相关的制度内容；第二种是包容渐进式的改革。在推进城乡一体化发展的政策背景下，逐渐放松户口迁移条件，同时逐步实现城乡居民在社会保障、教育等方面的待遇公平，使二元户籍制度的影响逐渐淡化消除。基于我国人口众多、幅员辽阔、区域发展差距大，大中小城市问题不同的客观现实，户籍制度改革一直采取后一种形式。就目前而言，大城市尤其是常住人口在 300 万人以上的大城市，还不能做到一下子完全放开落户限制，只能采取包容或称为"渐进赋权"模式的户籍制度改革。与之相反，中小城市特别是小城市、小城镇已经实现了"零门槛"落户，并且是否落户所享有的公共服务差别较小。鉴于此，国家应以促进就地就近城镇化为契机，首先在小城市、小城镇彻底废除与户籍相关的利益，然后在逐步推广到大中城市。

为此，要做好以下两点：一是明确户籍制度功能。户籍制度确立的最初目的是掌握人口情况和证明公民身份，信息服务是其核心功能。随着利益分配的介入，户籍制度管理的目标也发生了变化，部分公民会以瞒报或变更事实来获取更多利益，如多重户籍以换取高考福利，瞒报户口以躲避计划生育等。因此，户籍制度的改革和创新要首先明确其公共服务的职能，在户籍管理中确保登记信息的真实性和有效性。二是以立法确保户籍制度改革的有效性。作为党领导人民治理国家的基本方略，依法治国是国家长治久安的重要保障。户籍制度引发的社会矛盾存在已久，改革创新过程中势必会涉及部分群体及阶层的利益，进而引发新的社会矛盾。此时，法律就成为制度改革创新的依据和保障，这种权威力量更有助于实现城乡居民的身份平等。此外，户籍制度的相关立法有利于保护公民的迁徙权和

---

① 龚维斌. 从历史维度看乡村振兴过程中的户籍制度改革 [J]. 国家行政学院学报, 2018 (03)：19–25，152–153.

居住权，同时能有效制止带有户籍歧视的行政条例和规则出台，也有利于户籍管理的法治化。

2. 打破户籍与"村籍"桎梏，促进人口双向流动与村庄包容性发展

建立城乡有序的户口迁移制度、促进人口双向自由流动是推进就地就近城镇化的关键举措。与20世纪80年代初期的"农转非"热潮相比，随着21世纪以来农村户口"含金量"的上升[1]，特别是乡村振兴战略实施可能带来的发展"红利"，保留农村户籍甚至把城市户口迁回农村，逐步成为新需求。有这一诉求的主体是曾经因各种原因到城市落户的农村人口，上学迁出的学生以及入伍迁走的士兵。为回应民众呼声，江苏省于2019年率先出台相关规定，允许在农村有产权住房的迁出人口再迁回原籍；随后，山东省于2020年底发布的《关于进一步深化户籍管理制度改革促进城乡融合区域协调发展的通知》要求，为促进人口双向流动，包括退伍军人、高校学生，以及在农村拥有宅基地在内的原进城落户农村人口可以返乡落户、创业就业。这一举措既能有效促进城乡联动、深度融合，又能把资金、技术、人才、信息、市场等发展要素向乡村引流，从而推进传统农业向现代农业转型，传统农民向新型农民过渡。

与此同时，还要加快推动村庄开放包容发展。由于发展条件的差异，村庄一般有四个可能的发展方向，即自然消亡、移民搬迁、撤村并居与改造提升，这就要求妥善处理好村庄变迁中的各种利益关系，解决好各种潜在的矛盾冲突。值得一提的是，撤村并居也客观要求宅基地跨集体经济组织使用。为此，要不断探索新的户籍制度，使其与村庄形态演变、乡村治理与乡村文明相适应[2]；要逐步淡化户籍身份、破除"村籍"门槛，平等地对待村庄原住民与外来人员，既要保护好前者的利益，也要维护好后者的权益；促进不同户籍、村籍人员的交流交往与融合发展，在开放包容中谋求更大发展，在合作共赢中同享村庄发展成果，增进全体人员的福祉。

---

①② 龚维斌. 从历史维度看乡村振兴过程中的户籍制度改革［J］. 国家行政学院学报，2018（03）：19－25，152－153.

（三）土地、住房制度与政策

1. 健全土地流转、征收与利益分配制度，有效保障农民合法权益

一是建立完善的土地流转体系。首先，要从法律法规层面赋予农民土地承包经营权，确保流转程序、流转合同以及土地纠纷处理等都有法可依，同时也要结合各地实际情况允许地方政府自行创新流转模式。其次，农民作为土地流转过程中重要的利益相关者，整个流转过程要建立在尊重农民意愿的基础上，确保农民拥有充分的发言权和参与权。最后，要发挥市场在资源配置中的决定性作用，探索适合本地发展情况的土地流转方式，加快培育土地流转市场，建立农村土地评估体系与土地流转交易平台，促进土地流转高效有序进行，确保交易公平公正透明；同时，加强对土地流转的监督和管理，防止土地使用权主体过度集中。

二是完善土地征收制度。城镇化过程中的土地问题大多是在征地过程中暴露出来的。因此，要进一步完善土地征收制度，明确征地范围和标准，严格征地程序；建立完善的征地审批及审查制度，规范政府行为，加强监管力度，避免出现滥用职权和不合理占用农地的现象，提高征地过程的透明度；建立健全征地补偿制度和补偿标准听证制度，充分听取征地过程中各利益主体的意见，应综合考虑农民的失地成本和搬迁成本，并结合市场变动因素，将多种补偿方式相结合，最大限度地维护农民的合法权益。

三是健全土地收益分配制度。在农村土地集体所有的基础上，推动土地收益分配制度的变革，在确定收益分配比例时，要充分考虑各方利益诉求。在国家、农民、集体以及企业四个收益分配主体中，要优先保护农民的利益。因为，政府不能以获取收益作为服务的目的，而参与的企业将在后期开发中获得土地的增值收益。

2. 推动住房制度改革，让转移人口居有所住并实现土地保值增值

其一，完善宅基地退出政策。一方面，要加快完善现有宅基地政策，保护农民的土地财产权，因地制宜地鼓励农村宅基地的自愿有偿退出机制，科学制定补偿标准，以促进土地资源合理配置和有效利用；另一方面，也要加快制度创新，实现农村宅基地、住房与城镇住房的合理置换，在坚持自愿的前提下，对进城农民的农村宅基地开展资产化利用，积极探索其收购与置换制度，同时盘活迁移农户闲置的农村房产，降低农业转移劳动力在城市的购房压力。

其二，实施融入城镇的住房制度。降低建立住房公积金账户的门槛，把在非公有制企业就业以及灵活就业的农村转移劳动力纳入住房公积金管理体系①；支持各地根据实际情况，建设数量充足、价格适中、布局合理、硬件设施完备、配套设施齐全、通勤成本较低的公租房，同时，通过设置土地出让条件、减免税收的政策支持开发商建设一定比例的限价房，让农业转移就业人口有房住、住得起。

其三，加快推进宅基地房屋使用权改革。在制度设计上应着重把握两点：一是在符合相关规划的前提下，允许继承人对房屋进行改建或翻修；二是若对房屋进行有偿转让或租赁，则需要把收益的一定比例上缴村集体。这样，既能有效维护农民的土地权益，也能一定程度上调动城镇人口参与乡村振兴的积极性；既能保持宅基地的所有权与资格权属性不变，也能对其使用方式进行补充与完善，符合农村宅基地改革"适度放活"的要求；既能盘活土地资产使房屋保值升值，又能让全体村民在集体经济增长中共同受益。这一举措的最大好处是：在保障现行土地制度总体框架不变的情况下，坚持问题导向，选择个别点为突破口进行循序渐进式改革，能较好地与我国的社会环境相适应。

其四，我国乡村地域辽阔，地形地貌等自然条件不同，经济社会发展水平也有差异。基于此，在国家层面，土地法规制定宜粗不宜细，应主要作原则性要求。比如，严格土地用途管制，农地必须姓"农"，不能搞非农化；严禁城里人购买属于村集体的宅基地，更不能利用宅基地建别墅与私人会馆等。在地方层面，鼓励各地因地制宜进行有针对性的改革，以促进城市发展要素有序向乡村流动。此外，制度安排的时效性、改革措施的

---

① 李军红. 新型城镇化背景下农业转移劳动力住房制度设计研究［J］. 经济研究参考，2018（69）：47－50.

阶段性是事物发展的适应性决定的。现阶段关于土地制度或政策方面的诸多限制性内容，主要依据是我国特殊的国情以及城乡发展严重不平衡的现状。可以预期，随着经济社会环境的不断变化，城乡差距的日益缩小，已有的土地政策法规也会与时俱进，不断调整、优化与完善。毕竟，实现要素的自由流动、同权同价是区域协调发展的理想状态与最高境界，也是促进城乡融合发展、乡村振兴的必然选择。

（四）公共服务和社保制度与政策

1. 强化区域协调发展与公共服务供给，实现城镇化发展成果共享

第一，加快形成多层次的人口蓄水池，纾解部分大城市的城镇化压力。一是充分发挥城市群（城市圈）的主阵地作用，按照统筹规划的基本要求，强化城市之间的互联互通、区域分工与经济联系，引导农村人口向300万人口以下的大城市、中小城市及大城市周边的卫星城转移，从而既增加城市群的整体人口承载力，又缓解首位城市或其他城市的人口转移压力。二是推动城区常住人口不足300万人的省会城市或区域性中心城市，发挥比较优势，加快改革步伐，放开落户限制，以"制度红利"吸引农村转移人口。三是以乡村振兴战略的实施为契机，补齐中小城市发展短板，强化重点镇、特色镇建设，引导农村人口就地就近城镇化；同时，加快推动城乡一体化与区域协调发展，加大对欠发达地区公共资源的供给力度，缩小城乡以及大中小城市在义务教育、基本医疗、基本社保、就业服务等基本公共服务领域的差距①。

第二，发挥政府主导、市场主体与社会组织参与的作用，持续扩大基本公共服务供给。首先，顺应政府职能转变的大趋势，改变大包大揽的管理方式。在公共服务供给方面，政府应主要发挥三方面的作用：一是积极落实主导责任，在安排财政支出时把基本公共服务放在首要位置，严格执行国家基本公共服务标准，确保公共服务的"公共性"；二是加大公共服务财政投入与土地要素供给，把资金分配、建设用地供给与户籍人口的增

---

① 彭荣胜，卢俊阳. 人的现代化视域下我国城镇化高质量发展问题研究［J］. 信阳师范学院学报（哲学社会科学版），2021，41（06）：31－38.

量挂钩，缓解城镇化的公共服务供给成本压力；三是开展必要的公共服务回购，对一些地区学前教育、中小学义务教育、医疗卫生、公共交通等过度市场化领域进行回购，谨防公共服务市场化所引发的社会公平问题。其次，根据公共服务生产与供给可以相对分离的特性，把市场主体和社会组织引入公共服务领域，推动公共服务适度市场化；加快实现公共服务供给多元化，逐步解决政府投入与供给不足、产品种类不全、服务方式单一、服务成本过高、运行效率低下、服务质量不高以及寻租腐败等问题。最后，进一步完善政府购买服务的基本原则与主要程序，形成完备的法律法规，在此基础上，根据现实需要确定一定时期内公共服务的数量、质量要求，有针对性地使用合同承包、凭单制、政府补贴等方式进行公共服务购买，同时，加快探索公共服务社区化，既形成公开透明的公共服务生产与供给机制，也让消费者拥有更多的选择权①。

2. 推进社保制度集成改革，解除农业转移人口后顾之忧

社会保障制度是国家和社会通过经济或非经济手段来帮助社会成员抵制社会风险的一种干预性制度，包含经济保障、服务保障和精神保障等多个方面。社会保障制度的改革和创新能为就地就近城镇化进程中其他制度改革创新提供有力保障。

（1）构建全国统一的社会保障制度。二元化户籍制度是城乡社会保障出现差异性的根本原因，因此社保制度的改革应建立在户籍制度改革的基础之上，只有将社保制度及政策与户口性质脱钩，才能真正实现身份平等、权益平等。而构建全国统一的社会保障制度需要做好顶层设计，明确制度目标，规范收入分配秩序，完善收入分配调控机制，统一社保转移规则，由上而下，循序渐进地推进。（2）扩大农业转移人口社保覆盖面。在各类社保项目中，养老保险、医疗保险、生育保险等关乎着农村人口的基本生活保障问题，各地政府及相关机构应依据相关制度要求严格执行，自查社保制度执行中的不足并及时调整，促进农村社会保障项目不断完善。

---

① 彭荣胜，卢俊阳. 人的现代化视域下我国城镇化高质量发展问题研究［J］. 信阳师范学院学报（哲学社会科学版），2021，41（06）：31－38.

同时，要通过政府、网络等宣传，提高农村居民的参保意识，并强化社保信息网络系统建设，实现与村民有效对接，提高其参保积极性。（3）改革社会保障筹资机制。首先，以社会保障费为主体、以财政补助和其他多渠道筹资为辅助，建立起可靠的农村转移人口社会保障筹资体系。其次，要积极稳妥推进社会保险费改税，建立更为公平合理的社会保障筹资机制①。最后，适当调整财政社会保障支出结构，重点向农村转移人口就业、养老、医疗、子女教育等社会保障体系中较为薄弱的领域倾斜。（4）完善社保转移接续机制。从国家层面建立全国统一的农村转移人口流动信息管理系统，简化、优化参保和转移接续程序。农村转移人口终止或解除劳动关系后回到农村，可以将其社会保险关系和个人账户转移到其农村住所地的县级或乡镇级社会保险机构，按规定享受社会保险待遇②。（5）强化政府监管责任。完善的法律法规和有效的监管机制是贯彻落实社会保障制度的两大前提，是进行社保制度改革的重要保障。政府作为改革的主体，在社会保障体系建立过程中要有强烈的责任感，充分发挥自身的主导作用，根据地方的经济发展水平，从养老、就业、医疗、基础设施等方面多形式多层次地进行社保制度改革③。

（五）人口统计制度与政策

1. 尊重农业转移人口意愿，倡导"居住与身份分离"的就地就近城镇化

城镇化的本质是农业转移人口市民化，而市民化的实质则是公共服务均等化。在具体实践中，市民化的形式至少有多种：一种是改变户籍、落户城镇，它让转移人口与原城镇户籍人口享有同等的公共服务，是市民化的最高形式；市民化的另一种重要形式是不改变户籍，但可以享有子女教育等城镇基本公共服务，这一服务主要是通过持有城镇居住证来获得④。

---

① 黄耀冬. 城镇化进程中的社会保障制度改革问题研究［J］. 社会保障研究，2017（02）：90 - 94.

② 张燕. 加快完善我国农业转移人口的社会保障制度［J］. 经济纵横，2014（01）：7 - 12.

③ 郭廓. 德国社会保障制度改革对中国城镇化进程中失地农民社会保障体系完善的启示［J］. 世界农业，2018，469（05）：79 - 83.

④ 马庆斌. 就地城镇化值得研究与推广［J］. 宏观经济管理，2011（11）：25 - 26.

鉴于农村人口进城居住的意愿强而落户意愿弱的现实情况，后一种市民化形式无疑是最适合我国国情的就地就近城镇化模式。再者，"有序推进"是农业转移人口市民化遵循的基本原则，这就意味着采用何种市民化形式必须充分考虑大中小城市的人口规模、产业发展状况以及所处的发展阶段等因素，要因时而异、因地而变，不能"一刀切"。还有，新型城镇化强调"以人为核心"，即在城镇化过程中，要充分尊重农民意愿，尊重农村转移人口居住、就业以及身份的选择权。显然，不改变户籍的市民化形式正符合这一要求。此外，小城市、小城镇在国土空间体系中具有特殊地位，它既是大中小城市与广袤乡村的过渡地带，又是密切城乡联系的桥梁和纽带。居住城镇但不落户的市民化形式无疑有利于促进城乡之间要素的双向流动，推进城乡加快融合与一体化发展，是走因地制宜、顺势而为新型城镇化道路的理想途径。

2. 顺应就地就近城镇化要求，建立健全城镇化人口统计方法

准确掌握一个国家或地区的城镇化发展水平，离不开科学的城镇化统计指标。目前，我国通常采用两种统计口径来反映城镇化水平：一是户籍人口城镇化率，即城镇户籍人口占全部人口的比重，这种统计方法未将那些常年在城镇工作、生活但尚未落户的人口纳入核算范围；二是常住人口城镇化率，即城镇常住人口占全部人口的比重。显然，常住人口城镇化率一般要高于户籍城镇化率。但是，常住人口城镇化率也未能准确反映一个地区的城镇化水平。这是因为，尽管根据我国现行规定，取得城镇居住证的人口与城镇户籍人口享有同等的基本公共服务，但前者的"含金量"要显著低于后者，因而这种统计口径有"虚高"的成分。事实上，无论是户籍人口城镇化率还是常住人口城镇化率，均是按照公民"身份"或居住地等"形式"要件，而非城镇化的本质特征来进行统计核算的。城镇化的本质是"市民化"，即无论居住在何地、从事何种工作，也无论是否落户城镇，只要享有与城镇居民同等的公共服务，就意味着实现了城镇化的目标。在当下就地就近城镇化过程中，一部分农村居民已经实现了生产方式、生活方式与思想观念的现代化转型，尤其是获得了与城镇居民一样的公共服务，但却没有纳入统计范畴，无疑是出现了"漏损"，人为地降低了区域城镇化水平。鉴于此，应紧扣城镇化的本质特征，顺应就地就近城镇化的要求，在现有两种统计口径的基础上，完善城镇化衡量标准，把已经"市民化"的农村居民纳入统计范围，以真实、准确地反映国家或地区城镇化状况。

（六）农业保护制度与扶持政策

夯实农业发展基础、发展现代农业事关我国 14 亿多人口的生计，既是乡村振兴的必由之路，也是就地就近城镇化的产业支撑与重要内容，还是引导农村居民实现生产方式、生活方式与思想观念现代化转型的重要保障。为此，要多层次完善农业扶持制度，促进传统农业向现代农业转变。

针对当前农村承包地经营利用中出现的突出问题，应从三个方面遏制土地退租、减租现象，促进传统农业向现代农业转型：一是降成本，加强宏观调控，实时监测农资价格，并对价格走势进行跟踪预测，对农贸市场的干预要及时、科学、准确，切实防止农资价格过快上涨；同时健全服务体系，加快建立"以公共服务机构为依托、合作经济组织为基础、龙头企业为骨干、其他社会力量为补充"的新型农业生产社会化服务供给体系；探索诸如土地托管、代耕代种、联耕联种等多种经营模式[①]，以服务规模化降低土地规模经营的成本支出。二是补短板，不断深化粮食价格市场化改革，继续推动粮食最低收购价格和临时收储政策改革，发展目标价格保险等市场配套政策，有效利用国际国内两个市场，调动国际国内两种资源，推动储备调节从单纯干预价格向供求关系的调节转变；严格落实"种多少补多少，谁种谁得补贴"的政策，新增补贴向新型主体适度倾斜，将农业生产的"过程补贴"改为一次性"终端补贴"；国有粮库要适当扩容增容，优化粮食预约收购制度，合理安排收储时间，消除粮农售粮忧虑。三是化风险，进一步完善农村土地承包经营权流转制度，建立健全规模种植风险承受评估体系，降低规模过大的经营和金融风险；完善农业保险政策，提升农民防范市场风险能力，同时完善极端灾害性气象条件下保险理

---

① 乔金亮. 农业比较效益低是退租弃耕症结所在［N］. 经济日报，2019 – 08 – 09.

赔制度，增强抵御自然灾害的能力，形成稳定的种粮收益，提高新型经营主体种粮积极性。此外，还要创新"保险＋期货"模式①，解决部分地区试点中普遍存在的保险产品单一、期现货价格联动性差、保险公司专业能力不足以及保险费用偏高，价格保险推广难度大等一系列问题②。

五、本章小结

推进就地就近城镇化必须充分尊重农民意愿。研究表明，农民的主要意愿及其实现的制度或政策因素包括六个方面：（1）拥有充足且与自身能力相匹配的就业机会。由于产业发展政策导向不利于劳动密集型产业成长，以及社会保障与劳动监管制度跟不上形势发展的需要，因而一定程度上阻碍了小城市、小城镇的产业发展，使对就地就近转移的农业劳动力吸纳能力有限。（2）不落户但享有与城镇居民同等的公共服务。城乡隔离的二元户籍制度惯性、公共产品的生产过于依赖政府投入，是其主要影响因素。（3）保留农村承包地且实现土地收益稳定增长。除承包地退出政策不清晰外，土地流转体系不健全引发的农民利益受损，以及扶持政策不完善导致的农业比较收益难以提高，也是阻碍这一意愿实现的重要原因。（4）农村宅基地房屋的继承使用应维护农民权益。城镇住房制度难以让农业转移人口住有所居、农村宅基地制度没有赋予农民完整的用益物权、农房继承制度不利于保障农民获取增值收益等是主要制约因素。（5）户口可以迁回农村且能在县域内跨村落户。户籍制度阻碍城镇人口向农村流动、"村籍"文化排斥外来人口，是影响这一意愿实现的主要因素。（6）实施尊重农民意愿的就地就近城镇化模式。由于土地利用与征收的社会参与不足，农民的合法权益难以得到应有保护；同时，现有的财税与投融资制度也不利于农民意愿的实现，表现为：政府自有财力不足，财税支持城镇化的方向出现偏差；投融资体制不健全，就地就近城镇化的资金来源单一。

---

① 自2016年中央一号文件首提"保险＋期货"以来，至2020年国家连续5年要求加大"保险＋期货"在农业生产中的试点与推广。

② 姜德华."保险＋期货"在我国农产品价格风险管理中的应用——基于陕西富县苹果试点的案例分析［J］.价格理论与实践，2020（08）：120－123.

就地就近城镇化过程中面临的困境和问题大多是由制度因素而引发的。近年来，各地政府也在不断探索如何破除或改革不利于新型城镇化发展的关键制度，并取得了一批阶段性成果以及可资借鉴的地方经验。（1）在户籍制度改革方面，主要是创新城镇落户办法、为市民化找"钱"、找"地"、解决随迁子女教育问题，以及提高市民化效率。（2）在土地制度改革方面，主要聚焦两个方面：深化农村产权制度改革，保障农民合法权益；统筹多方利益主体关系，提高流转土地利用率。（3）在住房保障制度改革方面，主要措施有三个：一是提高公租房保障范围，将符合条件的农业转移人口纳入保障范围，并逐步增加保障房供给数量；二是增加住房公积金制度覆盖面，允许缴存住房公积金，并进行住房公积金贷款；三是实施宅基地换房模式，让农业转移人口住有所居。（4）在社会保障制度改革方面，主要经验是因地制宜地推行"城保模式""双低模式""综保模式""农保模式"等。（5）在产业发展与就业制度改革方面，主要经验是：打造高效率低成本多功能的创业园、打造新兴产业聚焦发展的新引擎、促进传统产业转型升级、扩大现有产业规模、提升农村劳动力的综合素质和转移就业能力。（6）在城乡融合机制体制改革方面，主要经验有三个：一是引导工商资本下乡，促进乡村高质量发展；二是完善金融服务体系，拓展农村融资渠道；三是探索外来人员入乡发展机制，促进乡村发展要素聚集。

各地新型城镇化改革试点经验，带给就地就近城镇化发展的启示是：尊重农民意愿是主线、坚持因地制宜是基础、遵循政府主导是保障、破解就业问题是关键、完善相关制度是根本。

尊重农民意愿的就地就近城镇化制度供给创新与政策引导是：实施就业优先的城镇化政策，对劳动密集型产业发展提供政策扶持；加快健全与创新就业制度，维护就地就近转移人口的就业权益；坚持就业技能与"市民意识"培训相结合，提高农民的城镇化适应能力；以推进就地就近城镇化为突破口，促进户籍制度的功能回归本位；打破户籍与"村籍"桎梏，促进人口双向流动与村庄包容性发展；健全土地流转、征收与利益分配制度，有效保障农民合法权益；推动住房制度改革，让转移人口居有所住并实现土地保值增值；推进社保制度集成改革，解除农业转移人口后顾之忧；强化区域协调发展与公共服务供给，实现城镇化发展成果共享；尊重农业转移人口意愿，倡导"居住与身份分离"的就地就近城镇化；顺应就地就近城镇化要求，建立健全城镇化人口统计方法；多层次完善农业扶持制度，促进传统农业向现代农业转变。

第九章　结　语

一、研究结论

我国地域辽阔、空间差异大，客观上存在多元的城镇化发展模式，主观上也需要多元的城镇化发展模式，以因地制宜地解决区域发展不平衡问题，而就地就近城镇化就是多元模式中的一种，是具有突出中国特色的城镇化道路。就地就近城镇化顺应了城镇化发展规律，是弥补异地城镇化不足的重要举措、是促进区域协调发展的主要手段、是缓解城乡发展不平衡问题的必然选择、是实现城镇化高质量发展的现实要求，也是实现乡村振兴的有效手段。

就地就近城镇化具有现实可行性，主要表现为：较强的农民意愿是就地就近城镇化的强大动力，巨大的人口规模、便利的交通条件是就地就近城镇化的重要保证，部分中小城市、小城镇与乡村能为就地就近城镇化提供产业支撑，不断涌现的新产业、新业态与新模式，提供了农村劳动力转移就业的新动能，乡村振兴战略的全面实施成为就地就近城镇化的助推器。

1. 就地就近城镇化的内涵与适用区域

结合国家相关发展计划（规划）中的城镇化政策导向，以及学术界对就地就近城镇化概念的认识，本书把就地就近城镇化界定为农村人口没有进行远距离迁移，而是在原居住地进行现代化改造或者就近向所在地中心村、新型农村社区、邻近的小城镇（含县城）、特色小镇、中小城市转移，并实现生产方式、生活方式与思想观念现代化的过程。就地就近城镇化最大空间尺度不是"县域"而是"市域"（中等规模的地级市）。就地就近城镇化与异地城镇化、新型城镇化、农村城镇化、城乡一体化等概念既有联系又有区分。

依据灰色区域理论，大城市外围的准城市化地区、连接大城市的主干道及其周边的发展走廊区、人口密度高且与城市联系密切的人口沉淀区等"灰色区域"，是就地就近城镇化的主要适用区域。同时，考虑到促进区域均衡发展、城乡一体化发展以及城镇合理布局的战略需求，我国就地就近城镇化也适用于虽在"灰色区域"之外，但具备一定人口规模、城乡互动频繁，农业与非农业发育良好，且工业、服务业增长迅速等条件的中小城市、小城镇。

2. 我国城镇化空间模式演进及就地就近城镇化的"回归"

改革开放以来，我国城镇化空间模式历经了从就地就近城镇化，到异地城镇化，再到就地就近城镇化的演变过程。（1）20世纪80年代的就地就近城镇化，始于改革开放初期，衰退于90年代中期，这一阶段的就地就近城镇化主要表现为农村人口就地就近转移，推动了以小城镇为主要空间载体的城镇化。从本质上看，该时期就地就近城镇化的主要驱动力量是各领域的改革与创新。其中，蓬勃发展的乡镇企业为就地就近城镇化奠定了物质基础，城镇化政策与方针为就地就近城镇化提供了制度保障。（2）20世纪90年代以来的异地城镇化，主要表现为农村劳动力向沿海地区转移，推动了以大中城市为主要空间载体的城镇化。这一城镇化空间模式到目前为止仍然处于主导地位。归纳来看，经济发展重心东移、乡镇企业衰退、农村的"推力"上升、人口流动的阻力变小、城镇化方针调整等因素推动了这个时期快速发展的异地城镇化。（3）2010年开始的新时期就地就近城镇化，主要特征为异地城镇化的动能在减弱，而就地就近城镇化步伐开始加快。与20世纪80年代的城镇化相比，这是就地就近城镇化在更高阶段的"回归"。从成因上看，五方面的因素推动了这个时期的就地就近城镇化，即农村发展形势向好、劳动密集型产业向中西部转移步伐加快、沿海地区产业升级的挤出效应、国家乡村振兴战略的推动，以及鼓励中小城市、小城镇发展的方针政策。

从我国城镇化空间模式演进过程可以看出，在一个开放的地域系统，就地城镇化与异地城镇化是并存的。在工业化早期，应走以大中城市为依托的异地城镇化道路；在工业化后期，则应走以中小城市（镇）为主要载体的就地就近城镇化之路。城镇化是一个自然而然的过程，其根本推动力是生产力发展，与生产力水平相适应的城镇化道路才是唯一正确的道路。城镇化的本质是人们对美好生活的向往，城镇化模式的选择应尊重农民意愿，也只有顺应农民意愿的城镇化才是可持续、高质量的城镇化。

3. 农民就地就近城镇化的意愿、影响因素及其微观驱动机制

研究显示，56.0%的被调查者有就地就近城镇化意愿。其中，在城镇化的三种形态中，呈现"居住城镇化 > 就业城镇化 > 户籍城镇化"的特征。农村人口更愿意向小城市、县城、重点镇或中心镇迁移，因而这些地方也成为就地就近城镇化的重点区域。此外，就地就近城镇化意愿存在一定的区域差异，中部地区最高，西部地区次之，东部地区最低。同时，地形地貌、就业满意度也影响着农民就地就近城镇化意愿。在就地就近城镇化意愿的影响因素方面：（1）在个体因素中，受教育程度、务工年限、职业非农化程度对就地就近城镇化有显著的正向促进作用，年龄、对农民职业的认同程度则与就地就近城镇化呈负向相关，性别对就地就近城镇化的意愿影响不显著；（2）在家庭因素中，16岁以下少儿数量、家庭收入水平、家庭非农收入比重对就地就近城镇化有正向促进作用，而家庭成员数量、65岁以上人口数量对就地就近城镇化的意愿影响不显著；（3）在认知因素中，担心迁移到城镇后不能解决子女教育、不能承担城镇生活成本、不能获得合适的就业机会，对就地就近城镇化起到抑制作用，而是否担心享有与城镇居民一样的社会保障对就地就近城镇化的影响不显著。

4. 农民就地就近城镇化的就业状况与就业意愿

分析发现，我国劳动力供求紧张的局面长期维持在高位，就业形势愈发严峻。在城镇就业中，国有部门与集体经济吸纳劳动力最少，且有缓慢下降趋势；而私营企业与个体经济的就业规模最大，且呈现快速增长态势，在城镇就业中发挥着举足轻重的作用。受产业结构升级换代、科技进步的就业替代、外部经济环境变化的冲击，加之农村劳动力素质相对偏低等因素的影响，进城农村劳动力成为就业压力最大的群体。从就业的产业构成看，第二、第三产业的就业比重此消彼长，第三产业吸纳劳动力的能力不断增强。在第二产业中，从事制造业、建筑业的农民工比重逐步下降。第三产业中，批发和零售业、交通运输仓储邮政业、住宿餐饮业、居民服务修理和其他服务业，是吸纳农业转移劳动力最多的四个行业。分析还发现，我国农村劳动力非农就业呈现四个特征或发展趋势：转移就业的主导产业更替明显，劳动密集型服务业的吸纳能力不断增强；新的经济形态与模式不断涌现，灵活就业与非正规就业增长迅速；技术进步对劳动就业的冲击巨大，传统的低端与重复性岗位加速流失；就业空间的区域不平衡问题突出，欠发达地区非农产业就业机会偏少。

调查分析发现，中西部欠发达地区就地就近城镇化农民的就业特点与主要意愿集中在三个方面：一是兼职农业是最主要的就业方式，期望拥有更多的非农就业机会；二是非农就业与农业的关联度高，期望就业岗位与自身能力相匹配；三是层次低的非正规就业占比高，期待拥有"体面"的高质量就业。欠发达地区第二、第三产业发育不充分，非农产业规模较小、比重低，发展农业企业及关联产业的条件优越，具有较高的地理适应性，以及转移人口农业生产经验丰富、土地情结浓厚与素质能力偏低等"特质性"是上述状况形成的主要原因。据此，按照充分尊重区情、尊重农民意愿，发挥优势、顺势而为的指导思想，破解就地就近城镇化就业难题的措施是：加快生态农业园建设，夯实非农产业发展基础；大力发展农业资源关联产业，并促使其向小城市（镇）集中；科学把握城镇化本质，鼓励就地就近转移人口到农村兼业；融入国家战略布局促进产业发展，拓展城镇高质量就业空间；加快完善法律法规与就业政策，保障灵活就业人员权益。

5. 就地就近城镇化模式的实现路径、农民意愿与适用条件

就地就近城镇化的模式具有多元性。按照推动主体的不同，可以分为：（1）政府主导型模式。该模式以政府力量为主，其他力量推动为辅。建立开发区、建设新城区、"城中村"改造均属于此种模式。由于政府要达成的目标往往具有综合性、战略性、前瞻性特征，因而很容易与农民的个人意愿与局部诉求错位。其适用于经济基础较为薄弱、市场化水平较低的地区。（2）市场主导型模式。该模式在政府支持、民众参与的基础上，主要发挥市场机制作用。此模式很大程度上取决于政府引导的力度与方向，若坚持社区参与原则，则农民意愿程度高。反之，若政府"有形的手"弱化，则农民的利益往往容易受损，其支持度就低。该模式适用于市场机制健全的经济发达地区。（3）民众主导型模式。在该模式实践中，个人或非政府的社会组织起主导作用。其运作机制是精英人士或乡贤利用个人威望和才能，引领当地经济发展和居住环境的改善，促进乡村非农产业发展和基础设施建设。民众参与广泛、参与程度深，是这种模式的突出特点之一，因而农民的意愿往往也能得到较好的体现。该模式适用于有志愿带领乡民改变落后面貌的精英人士，或者民间资本比较发达且拥有一定人口条件的地区。

按照驱动产业的不同，可以分为：（1）工业驱动模式。该模式适用于拥有丰富的能源或者原材料、工业基础较好的地区。（2）农业驱动模式。该模式适用于气候适宜、耕地面积大、土地土壤条件优良、水利配套设施完善，以及农业发展基础较好且现代化转型较快的地区。（3）第三产业驱动模式。该模式适用于拥有特色鲜明且处在成长期、关联性强、带动作用大的产业，比较典型的有房地产业驱动模式、旅游业驱动模式与公共服务驱动模式。

6. 就地就近城镇化模式的典型案例解析

本书主要从推动主体、驱动产业、融资模式、农民意愿、适用条件五个方面分别解析了6个典型的就地就近城镇化案例。（1）海盐县的城乡统筹模式。该模式属于就地就近城镇化的发达地区样本，其推动主体是县乡两级政府、当地企业与居民。驱动产业以制造业为主，农民的总体满意度较高，适用于人口密度高、交通条件和产业发展基础较好的地区。（2）新乡市的制度红利模式。这是就地就近城镇化的欠发达地区样本。该模式在实施过程中，政府起主导作用，能充分听取群众的意见，一般适合于灌溉条件和交通区位优势较好的地区，且地方政府勇于改革创新，敢于先行先试，从而形成并释放制度红利。（3）南张楼村的非政府主导模式。村委会和德国赛德尔基金会，是南张楼村就地就近城镇化的两大推动主体，工业是最主要的驱动产业，利用外国资金是特色之一。村民参与了城镇化重大问题的民主决策过程，充分体现了村民意愿。该模式适用于有外资注入，且拥有优秀带头人的地区。（4）武陵源区旅游产业驱动模式。其推动主体主要是省区市三级政府，村民对这种模式基本满意，适用于自然景观独特，各级政府对旅游业发展支持力度较大的地区。（5）郝堂村旅游产业驱动模式。非政府组织在该模式实施中起到了关键作用，其最显著特色就是充分尊重农民意愿。该模式适用于区位优势明显、非政府组织积极介入、媒体关注度高的地区。（6）戴畈村公共服务驱动模式。政府是主要推动力量，驱动产业是养老服务业，群众满意度高。该模式适用于经济欠发达、传统社会结构保持较为完好、政府大力扶持的乡村地区。

7. 尊重农民意愿的就地就近城镇化制度供给与政策引导

研究表明，农民的主要意愿及其实现的制度或政策因素包括六个方面：（1）拥有充足且与自身能力相匹配的就业机会。由于产业发展政策导向不利于劳动密集型产业成长，以及社会保障与劳动监管制度跟不上形势发展的需要，因此，一定程度上阻碍了中小城市、小城镇的产业发展，进而降低了对农业劳动力的吸纳能力。（2）不落户但享有与城镇居民同等的公共服务。城乡隔离的二元户籍制度惯性、公共产品的生产过于依赖政府投入，是其主要影响因素。（3）保留农村承包地且实现土地收益稳定增长。除承包地退出政策不清晰外，土地流转体系不健全引发的农民利益受损，以及扶持政策不完善导致的农业比较收益难以提高，也是阻碍这一意愿实现的重要原因。（4）农村宅基地房屋的继承使用应维护农民权益。城镇住房制度难以让农业转移人口住有所居、农村宅基地制度没有赋予农民完整的用益物权、农房继承制度不利于保障农民获取增值收益等问题是农民权益的主要制约因素。（5）户口可以迁回农村且能在县域内跨村落户。户籍制度阻碍城镇人口向农村流动、"村籍"文化排斥外来人口，是影响这一意愿实现的主要因素。（6）实施尊重农民意愿的就地就近城镇化模式。由于土地利用与征收的社会参与不足，农民的合法权益难以得到应有的保护；同时，现有的财税与投融资制度也不利于农民意愿的实现，表现为：政府自有财力不足，财税支持城镇化的方向出现偏差；投融资体制不健全，就地就近城镇化的资金来源单一。

就地就近城镇化过程中面临的困境和问题大多是由制度因素引发的。近年来，各地政府也在不断探索如何破除或改革不利于新型城镇化发展的关键制度，并取得了一批阶段性成果及可资借鉴的地方经验。（1）在户籍制度改革方面，主要是创新城镇落户办法、为市民化找"钱"、找"地"、解决随迁子女教育问题。（2）在土地制度改革方面，主要聚焦两个方面：深化农村产权制度改革，保障农民合法权益；统筹多方利益主体关系，提高流转土地利用率。（3）在住房保障制度改革方面，主要措施有三个：一是提高公租房保障范围，将符合条件的农业转移人口纳入保障范围，并逐步增加保障房供给数量；二是增加住房公积金制度覆盖面，允许缴存住房公积金，并进行住房公积金贷款；三是实施宅基地换房模式，让农业转移人口住有所居。（4）在社会保障制度改革方面，主要经验是因地制宜的推行"城保模式""双低模式""综保模式""农保模式"等。（5）在产业发展与就业制度改革方面，主要经验是：打造高效率低成本多功能的创业园、打造新兴产业聚焦发展的新引擎、促进传统产业转型升级、扩大现有产业规模、提升农村劳动力的综合素质和转移就业能力。（6）在城乡融合机制体制改革方面，主要经验有三个：一是引导工商资本下乡，促进乡村高质量发展；二是完善金融服务体系，拓展农村融资渠道；三是探索外来人员入乡发展机制，促进乡村发展要素聚集。

各地新型城镇化改革试点经验，带给就地就近城镇化发展的启示是：尊重农民意愿是主线、坚持因地制宜是基础、遵循政府主导是保障、破解就业问题是关键、完善相关制度是根本。据此，尊重农民意愿的就地就近城镇化制度供给创新与政策引导是：实施就业优先的城镇化政策，对劳动密集型产业发展提供政策扶持；加快健全与创新就业制度，维护就地就近转移人口就业权益；坚持就业技能与"市民意识"培训相结合，提高农民的城镇化适应能力；以推进就地就近城镇化为突破口，促进户籍制度的功能回归本位；打破户籍与"村籍"桎梏，促进人口双向流动与村庄包容性发展；健全土地流转、征收与利益分配制度，有效保障农民合法权益；推动住房制度改革，让转移人口住有所居并实现土地保值增值；推进社保制度集成改革，解除农业转移人口后顾之忧；强化区域协调发展与公共服务供给，实现城镇化发展成果共享；尊重农业转移人口意愿，倡导"居住与身份分离"的就地就近城镇化；顺应就地就近城镇化要求，建立健全城镇化人口统计方法；多层次完善农业扶持制度，促进传统农业向现代农业转变。

二、主要创新

第一，农民是城镇化的主体，而城镇化的本质则是人们对美好生活的向往与追求，只有尊重农民意愿、顺势而为的城镇化才是可持续、高质量的城镇化。基于此，本书以"农民意愿"为主线，全面分析了改革开放以来我国城镇化空间模式的演变及就地就近城镇化的"回归"，深入探究了新时期农民就地就近城镇化的决策选择、就业状况与实现模式，发现了在这一过程中农民最为关切的几个问题及其制度或政策障碍，并以"农民意愿"为基础进行制度供给与政策引导设计，能大幅度提高制度与政策实施的可行性与有效性，是走"顺势而为"就地就近城镇化道路的有力保障。这是对已有研究的有益补充。

第二，针对就地就近城镇化理论研究不足的问题，在全面梳理学术界对就地就近城镇化概念认识的基础上，结合国家相关发展计划（规划）中的城镇化政策导向，以及促进区域均衡发展、城乡一体化发展以及城镇合理布局的战略需求，本书系统、科学地界定了就地就近城镇化的内涵，明确了就地就近城镇化的空间尺度、目的地指向与就业方式，并指出农村人口不进行空间转移也能实现城镇化，农村劳动力不发生产业转移也可实现城镇化。此举可以从一定程度上丰富城镇化基本理论问题的研究，从而为新型城镇化相关问题的探讨奠定基础。这是对已有研究的完善与深化。

第三，我国区域经济社会发展水平差异大，人口、资源、产业和环境条件各不相同，其人地系统的特点和问题也不一样，城镇化发展的路径与策略也势必不同，这就决定了全国不会（也不应该）有统一的就地就近城镇化模式。本书对就地就近城镇化主要模式及其实现过程与方式进行了归纳与总结，并从推动主体、驱动产业、融资模式、农民意愿、适用条件5

个方面，分别对 6 个典型的就地就近城镇化案例进行了解析，为各地走出一条"因地制宜、彰显特色、顺应农民意愿"的新型城镇化道路提供了有价值的借鉴与参考。

三、进一步研究展望

第一，对就地就近城镇化农民就业问题的研究尚需细化。由于我国地域辽阔，各地自然禀赋与经济社会发展水平有较大差异，不同地区中小城市、小城镇就业问题的程度、表现形式及应对措施自然也有所不同。因此，扩大视野，对更多区域就地就近城镇化中的就业问题进行深入探讨将是进一步研究的方向之一。本书把中小城市、重点小城镇与一般小城镇作为一个整体进行考察。显然，对三者进行归类分析将是进一步研究的方向之二。此外，重点小城镇是就地就近城镇化的主要空间载体，而重点小城镇又可以划分为大都市周边或城市群内部的重点镇（承担着疏解中心城市功能的职能）、专业特色镇（具有特色资源或区位优势）与综合性小城镇（服务农村）三种类型。根据职能差异，对重点镇的就业问题进行细分探讨也将是进一步研究的内容。

第二，对就地就近城镇化相关制度的集成改革研究尚需深化。本书聚焦就地就近城镇化中农民关切的主要问题，围绕户籍、土地、住房、就业、社保等制度或政策障碍，提出了一套有针对性的解决方案。然而，鉴于制度或政策本身的系统性、复杂性以及研究者知识的局限性，所提对策建议尚是建立在相对孤立地看待某个制度或政策的基础上，对制度或政策的关联分析不够。因此，如何在顺应"农民意愿"的基础上进行制度与政策设计，并在它们之间建立联系，以形成一个有机整体，从而使各项制度、政策在促进就地就近城镇化过程中既能单独发挥作用，又能够形成合力，是进一步研究的方向。

参考文献

［1］李强，张莹，陈振华. 就地城镇化模式研究［J］. 江苏行政学院学报，2016（01）：52 - 60.

［2］周一星. 城市发展战略要有阶段论观点［J］. 地理学报，1984，39（04）：359 - 369.

［3］魏后凯. 区域承载力·城市化·城市发展政策［J］. 学术界，1989（06）：77 - 80.

［4］车蕾，杜海峰. 就地就近城镇化进程中"农转非"居民的收入获得——基于陕西汉中的经验研究［J］. 当代经济科学，2018，40（05）：36 - 46.

［5］李克强. 协调推进城镇化是实现现代化的重大战略选择［J］. 行政管理改革，2012（11）：4 - 10.

［6］韩占兵. 农业劳动力流出最优点、农民荒与粮食安全［J］. 华南农业大学学报（社会科学版），2014，13（02）：32 - 40.

［7］李喜梅. 传统农区农业劳动力过剩与短缺并存的困境及其出路［J］. 农业经济，2016（09）：74 - 75.

［8］黄庆华，周志波，陈丽华. 新型城镇化发展模式研究：基于国际比较［J］. 宏观经济研究，2016（12）：59 - 66.

［9］Shaftoe H. Convivial Urban Spaces, Creating Effective Public Spaces［M］. London：Earthscan：2008.

［10］Kang S, Spiller M, Jang K, et al. Spatiotemporal Analysis of Macroscopic Patterns of Urbanization and Traffic Safety［J］. Journal of the Transportation Research Board，2012，2318（01）.

［11］Michaels G，Rauch F，Redding S J．Urbanization and Structural Transformation［J］．Quarterly Journal of Economics，2012，127（02）．

［12］孟春，高伟．世界城镇化的发展趋势与我国城镇化的健康推进［J］．区域经济评论，2013（04）：94－98．

［13］Friedmann J．China's Urban Transition．London［M］．University of Minnesota Press，2006．

［14］Hugo G，Champion T．New Forms of Urbanization：Beyond the Urban/Rural Dichotomy［M］．Ashgate Publishing，2003．

［15］辜胜阻，易善策，李华．中国特色城镇化道路研究［J］．中国人口·资源与环境，2009，19（01）：47－52．

［16］厉以宁．中国应走农民"就地城镇化"道路［J］．新农业，2013（22）：30．

［17］马庆斌．就地城镇化值得研究与推广［J］．宏观经济管理，2011（11）：25－26．

［18］李强，陈振华，张莹．就近城镇化与就地城镇化［J］．广东社会科学，2015（01）：186－199．

［19］赵晓旭．新型城镇化"人往哪里去"："就地城镇化"与"异地集聚发展"之争［J］．中国名城，2015（07）：33－36．

［20］唐丽萍，梁丽．适用与限度：我国就地城镇化研究［J］．求实，2015（07）：63－69．

［21］黄文秀，杨卫忠，钱方明．农户"就地城镇化"选择的影响因素研究——以嘉兴市海盐县为例［J］．浙江社会科学，2015（01）：86－92．

［22］祁新华，朱宇，周燕萍．乡村劳动力迁移的"双拉力"模型及其就地城镇化效应——基于中国东南沿海三个地区的实证研究［J］．地理科学，2012，32（01）：25－30．

［23］潘海生．"就地城镇化"：一条新型的城镇化道路——关于浙江省小城镇建设的调查与思考［J］．中国乡镇企业，2010（12）：46－50．

［24］胡银根，廖成泉，刘彦随．新型城镇化背景下农村就地城镇化的

实践与思考——基于湖北省襄阳市 4 个典型村的调查 ［J］. 华中农业大学学报（社会科学版），2014（06）：98－103.

［25］卢红，杨永春，王宏光，等. 农业与服务业协同推动的"就地城镇化"模式：甘肃省敦煌市案例 ［J］. 地域研究与开发，2014，33（05）：160－164.

［26］山东社会科学院省情研究中心课题组，王波. 就地城镇化的特色实践与深化路径研究——以山东省为例 ［J］. 东岳论丛，2014，35（08）：130－135.

［27］焦晓云. 新型城镇化进程中农村就地城镇化的困境、重点与对策探析——"城市病"治理的另一种思路 ［J］. 城市发展研究，2015，22（01）：108－115.

［28］司洁萌. 新型城镇化建设呼唤财税体制改革 ［J］. 人民论坛，2018（17）：86－87.

［29］侯新烁. 户籍门槛是否阻碍了城市化？——基于空间异质效应模型的分析 ［J］. 人口与发展，2018，24（03）：24－34.

［30］马海韵，李梦楠. 人口就地就近城镇化：理论述评与实践进路 ［J］. 江海学刊，2018（06）：105－111.

［31］胡恒钊. 中国农村就地城镇化的三维向度：战略意义、意愿分析与路径选择 ［J］. 云南民族大学学报（哲学社会科学版），2019，36（06）：56－60.

［32］彭斌，芦杨. 乡村振兴战略下就地城镇化发展路径析论 ［J］. 理论导刊，2019（12）：85－89.

［33］彭荣胜. 传统农区就地就近城镇化的农民意愿与路径选择研究 ［J］. 学习与实践，2016（04）：59－67.

［34］李秉仁. 我国城镇化道路问题的讨论 ［J］. 城市规划，1983（02）：27－28.

［35］李铁. 城市精细化治理不能忽视的关键点 ［N］. 北京日报，2019－12－09.

［36］王胜今. 关于我国城市化道路、模式的若干思考 ［J］. 人口学

刊，1988（02）：3 - 8.

［37］齐骥. 依托乡土文化实现"就地城镇化"的"荻浦样本"——浙江桐庐县荻浦村的调查与思考［J］. 中国发展观察，2014（01）：12 - 14.

［38］刘景华. 英国就地城镇化呈现阶段性特征［N］. 中国社会科学报，2015 - 07 - 06.

［39］辜胜阻，成德宁. 户籍制度改革与人口城镇化［J］. 经济经纬，1998（01）：49 - 53.

［40］辜胜阻，李正友. 中国自下而上城镇化的制度分析［J］. 中国社会科学，1998（02）：60 - 70.

［41］潘海生，曹小锋. 就地城镇化：一条新型城镇化道路——浙江小城镇建设的调查［J］. 政策瞭望，2010（09）：29 - 32.

［42］祁新华，朱宇，周燕萍. 乡村劳动力迁移的"双拉力"模型及其就地城镇化效应——基于中国东南沿海三个地区的实证研究［J］. 地理科学，2012，32（01）：25 - 30.

［43］庞新军，冉光和. 传统城镇化与就地城镇化对农民收入的影响研究：基于时变分析的视角［J］. 中国软科学，2017（09）：91 - 98.

［44］顾东东，杜海峰，王琦. 就地就近城镇化背景下农民工市民化的成本测算与发现——基于河南省三个县市的比较［J］. 管理评论，2018，30（03）：240 - 247.

［45］杨卫忠. 农业转移人口就地城镇化的战略思考［J］. 农业经济问题，2018（01）：53 - 63.

［46］乔小勇. "人的城镇化"与"物的城镇化"的变迁过程：1978～2011 年［J］. 改革，2014（04）：88 - 99.

［47］李强. 就近城镇化与就地城镇化——以城市群为主体的大中小城市协调发展的重要支撑［N］. 北京日报，2019 - 02 - 25.

［48］徐静珍，王富强. 统筹城乡发展目标及其评价指标体系的建立原则［J］. 经济论坛，2004（15）：91 - 92.

［49］黎鹏. 崇左县城镇体系的地域空间结构特点及其优化［J］. 广西师范学院学报（自然科学版），2003（S1）：106 - 110.

［50］彭荣胜. 区域经济协调发展的内涵、机制与评价研究［M］. 北京：经济科学出版社，2012.

［51］辜胜阻. 中国城镇化的发展特点及其战略思路［J］. 经济地理，1991（03）：22－27.

［52］胡必亮. 农业剩余劳动力的地域转移与中国的城市化道路选择［J］. 农村经济与社会，1992（02）：49－58.

［53］辜胜阻，成德宁. 农村城镇化的战略意义与政策选择［J］. 中国人口科学，1999（03）：32－37.

［54］陈映. 我国宏观区域经济发展战略的历史演变［J］. 求索，2004（09）：15－18.

［55］刘斌，张兆刚，霍功. 中国三农问题报告［M］. 北京：中国发展出版社，2004.

［56］周如昌. 对我国乡村城镇化的一些看法［J］. 中国农村经济，1985（12）：1－8.

［57］马杰三. 当代中国的乡镇企业［M］. 北京：当代中国出版社，1991.

［58］萧冬连. 农民的选择成就了中国改革——从历史视角看农村改革的全局意义［J］. 中共党史研究，2008（06）：32－43.

［59］王毅平. 从乡村工业发展看我国城市化的道路［J］. 社会，1989（04）：4－7.

［60］唐方杰. 对中国城市化问题的几点认识［J］. 武汉大学学报（社会科学版），1990（04）：64－69.

［61］徐兴田，苗莲英. 发展乡镇企业的战略意义［J］. 社会科学辑刊，1984（06）：65－68.

［62］樊纲. 两种改革成本与两种改革路径［J］. 经济研究，1993（01）：3－15.

［63］林毅夫，蔡昉，李周. 中国的奇迹：发展战略与经济改革［M］. 上海：上海人民出版社，2002.

［64］林志群. 中国城镇化道路与"星火计划"［J］. 科学，1986

（04）：242－250.

［65］殷志静，郁奇虹. 中国户籍改革［M］. 北京：中国政法大学出版社，1996.

［66］顾益康，黄祖辉，徐加. 对乡镇企业——小城镇道路的历史评判——兼论中国农村城市化道路问题［J］. 农业经济问题，1989（03）：13－18.

［67］马侠，王维志. 中国城镇人口迁移与城镇化研究——中国74城镇人口迁移调查［J］. 人口研究，1988（02）：1－7.

［68］王文杰，李维平. 在三个"1500万"的背后——我国劳动就业方针初探［J］. 瞭望周刊，1988（07）：22－24.

［69］农村劳动力流动课题组. 中国农村劳动力流动的回顾与展望［N］. 广州日报，2000－09－27.

［70］远宝剑. 从产业结构变化趋势看我国的城市化道路［J］. 管理世界，1990（04）：202－203.

［71］郝直，卢新生. "城乡隔离"及其终结——兼论中国城市化的道路［J］. 人文杂志，1990（02）：62－65.

［72］朱林兴. 关于小城镇的作用和城市化模式的思考——对"小城镇化"观点的商榷［J］. 财经研究，1989（02）：39－43.

［73］曲玥. 区域发展差异与劳动密集型产业转移［J］. 西部论坛，2015，25（01）：42－50.

［74］吴翌琳，张心雨. 城镇化背景下农民进城定居意愿及影响因素分析［J］. 经济学家，2018（02）：88－92.

［75］齐嘉楠. 空间、规模与结构：城镇化背景下农业流动人口居留意愿变动研究［J］. 人口与社会，2018，34（05）：29－39.

［76］陈艳，张立. 基于"年龄"视角的农村留守人口与外出人口的城镇化意愿研究［J］. 城乡规划，2018（01）：59－68.

［77］向丽. 农业转移人口就近城镇化意愿的代际差异分析——基于就业质量视角［J］. 改革与战略，2017，33（01）：117－121.

［78］张甜，朱宇，林李月. 就地城镇化背景下回流农民工居住区位选

择——以河南省永城市为例［J］. 经济地理, 2017, 37 (04): 84 - 91.

［79］陈轶, 刘涛, 李子豪, 等. 大城市边缘区居村农民就地城镇化意愿影响因素——以南京江北新区为例［J］. 地域研究与开发, 2018, 37 (06): 70 - 75.

［80］孙博, 段文婷, 许艳, 等. 职业分化视角下的农民城镇化意愿与影响因素研究——以胶东地区为例［J］. 城市发展研究, 2019, 26 (05): 10 - 15.

［81］杜巍, 车蕾. 新型城镇化背景下农民工居住意愿与购房能力现状分析［J］. 当代经济管理, 2019, 41 (08): 34 - 43.

［82］严瑞河. 基于子女教育视角的北京郊区农民城镇化意愿分层［J］. 中国农业大学学报, 2017, 22 (04): 188 - 198.

［83］李云, 陈宇, 卓德雄. 乡村居民的就地城镇化意愿差异特征——基于两省21村的调查［J］. 规划师, 2017, 33 (06): 132 - 138.

［84］张荣天, 李传武. 中部地区农民城镇化意愿及其影响因素研究——以安徽典型县域为例［J］. 世界地理研究, 2020, 29 (01): 112 - 119.

［85］曾鹏, 向丽. 农业转移人口就近城镇化意愿的地区差异［J］. 人口与经济, 2017 (04): 89 - 97.

［86］李俊鹏, 王利伟, 谭纵波. 基于居民城镇化意愿的中部地区县域城乡空间重构研究——以河南禹州市为例［J］. 小城镇建设, 2017 (05): 13 - 19.

［87］王丽英, 张明东, 刘后平. 家庭生产要素配置对西部地区农户城镇化意愿的影响［J］. 西部论坛, 2017, 27 (03): 8 - 13.

［88］张勇, 包婷婷. 城镇化进程中农民进城定居意愿影响因素的实证分析［J］. 干旱区资源与环境, 2019, 33 (10): 14 - 19.

［89］徐丽, 张红丽. 农户就地城镇化的影响因素及其福利影响——基于四省农户微观数据的实证分析［J］. 社会科学家, 2016 (06): 72 - 77.

［90］郑永兰, 汤绮. 新生代农民工就近城镇化意愿影响因素研究——基于江苏省的调查［J］. 山东科技大学学报 (社会科学版), 2019, 21 (01): 79 - 85.

［91］王新志，王亮. 新型城镇化进程中农民的进城意愿与利益诉求研究——以齐河县为例［J］. 经济动态与评论，2016（02）：24 – 47.

［92］胡继亮，李栋，李邱帆. 非农就业、农民工进城落户意愿与城镇化区位选择——基于微观调查数据［J］. 农林经济管理学报，2019，18（05）：598 – 606.

［93］龚维斌. 从历史维度看乡村振兴过程中的户籍制度改革［J］. 国家行政学院学报，2018（03）：19 – 25，152 – 153.

［94］刘彦随，杨忍. 中国县域城镇化的空间特征与形成机理［J］. 地理学报，2012（08）：1011 – 1020.

［95］王俊帝，刘志强，刘俪胭，等. 基于地理探测器的中国典型样带建成区绿地率空间分异的影响机理研究［J］. 生态经济，2020，36（10）：104 – 111.

［96］毛安然. 乡村振兴背景下农业劳动体面化的必要性与可行性［J］. 兰州学刊，2019（06）：195 – 208.

［97］周强. 农业生产者体面劳动水平研究［M］. 长沙：中南大学出版社，2011.

［98］彭荣胜. 农村劳动力转移对欠发达地区城镇化的影响［J］. 学术交流，2011（10）：169 – 172.

［99］辜胜阻，高梅，李睿. 就业是城镇化及社会稳定的基石——以新疆为视角［J］. 中央社会主义学院学报，2014（06）：82 – 86.

［100］段炳德. 适应产业结构变迁趋势实现有就业的城镇化［J］. 发展研究，2017（08）：26 – 29.

［101］岳雪莲. 民族地区人口城镇化与城镇就业增长协同态势分析［J］. 中南民族大学学报（人文社会科学版），2015（06）：58 – 62.

［102］王轶，王琦. 新常态背景下特大城市失地农民的就业问题研究［J］. 当代财经，2016（05）：3 – 11.

［103］吴婧. 失地农民的再就业困境及就业率提升的路径探索［J］. 江苏社会科学，2017（03）：100 – 105.

［104］邓文，乔梦茹. 社会支持体系对失地农民再就业的影响分析

［J］. 江汉论坛，2017（09）：44 - 49.

［105］秦磊，张守伟. 新型城镇化背景下的农民工就业问题探讨［J］. 内蒙古农业大学学报（社会科学版），2014（06）：150 - 153.

［106］李晓梅. 新型城镇化进程中的农民工稳定就业影响因素研究［J］. 农村经济，2014（12）：100 - 104.

［107］马德功，尚洁，曾梦竹，等. 成都新型城镇化进程中的农民工就业问题研究［J］. 经济体制改革，2015（01）：100 - 105.

［108］任远，施闻. 农村劳动力外出就业视角下的城镇化发展趋势［J］. 同济大学学报（社会科学版），2015（02）：48 - 56.

［109］王琦. 城镇化中散工就业保障制度存在的缺失与完善［J］. 学术界，2015（11）：223 - 232.

［110］李亦楠，邱红. 新型城镇化过程中农村剩余劳动力转移就业研究［J］. 人口学刊，2014（06）：75 - 80.

［111］冯奎. 推进实施就业优先的城镇化政策［J］. 中国发展观察，2021（01）：10 - 12.

［112］谢玲红. "十四五"时期农村劳动力就业：形势展望、结构预测和对策思路［J］. 农业经济问题，2021（03）：28 - 39.

［113］蔡昉，林毅夫，张晓山，等. 改革开放 40 年与中国经济发展［J］. 经济学动态，2018（08）：4 - 17.

［114］卓贤，黄金. 制造业岗位都去哪了：中国就业结构的变与辨［J］. 财经，2019（09）：7 - 18.

［115］陈明星，黄莘绒，黄耿志，等. 新型城镇化与非正规就业：规模、格局及社会融合［J］. 地理科学进展，2021，40（01）：50 - 60.

［116］曹前满. 高质量就业的支撑条件与现实困惑：技术依赖与劳动排斥［J］. 经济学家，2021（04）：41 - 51.

［117］许怡，许辉. "机器换人"的两种模式及其社会影响［J］. 文化纵横，2019（03）：88 - 96.

［118］CEES 研究团队. 中国制造业企业如何应对劳动力成本上升？——中国企业 - 劳动力匹配调查（CEES）报告（2015—2016）［J］.

宏观质量研究，2017，5（02）：1 - 21.

［119］王君，张于喆，张义博，等. 人工智能等新技术进步影响就业的机理与对策［J］. 宏观经济研究，2017（10）：169 - 181.

［120］王军，詹韵秋，王金哲. 谁更担心在人工智能时代失业？——基于就业者和消费者双重视角的实证分析［J］. 中国软科学，2021（03）：64 - 72.

［121］丛海彬，邹德玲，刘程军. 新型城镇化背景下产城融合的时空格局分析——来自中国 285 个地级市的实际考察［J］. 经济地理，2017，37（07）：46 - 55.

［122］谢呈阳，胡汉辉，周海波. 新型城镇化背景下"产城融合"的内在机理与作用路径［J］. 财经研究，2016，42（01）：72 - 82.

［123］蒋和平. 改革开放四十年来我国农业农村现代化发展与未来发展思路［J］. 农业经济问题，2018（08）：51 - 59.

［124］李超，覃成林. 要素禀赋、资源环境约束与中国现代产业空间分布［J］. 南开经济研究，2011（04）：123 - 136.

［125］辜胜阻，李洪斌，曹誉波. 新型城镇化改革的原则与路径——十八届三中全会的城镇化新政［J］. 江海学刊，2014（01）：79 - 85.

［126］彭荣胜，卢俊阳. 人的现代化视域下我国城镇化高质量发展问题研究［J］. 信阳师范学院学报（哲学社会科学版），2021，41（06）：31 - 38.

［127］言咏. 不能让灵活就业者"裸奔"［N］. 经济观察报，2021 - 03 - 22.

［128］胡雅茹. 灵活就业不能让权益"灵活"［N］. 人民法院报，2021 - 04 - 22.

［129］石洪萍. 促灵活就业需有更灵活制度［N］. 无锡日报，2021 - 04 - 05.

［130］王天玉. 新业态就业中的"单工伤保险"［N］. 中国社会科学报，2021 - 03 - 31.

［131］刘岱宁. 传统农区人口流动与城镇化模式研究——以河南为例

［D］. 开封：河南大学博士学位论文，2014.

［132］Burgess E W. Residential Segregation in American Cities ［J］. The Annals of the American Academy of Political and Sosial Science，1928，4（01）：105－115.

［133］Kale V S，Joshi V U，CHAPTER I V. Urbanization，Human Mobility and Environmental Conflicts in Mumbai and Chennai Metropolitan Regions，India ［J］. SECOA FP7 Research Project，2012，2（01）：129－160.

［134］Harvey D. The Urbanization of Capital ［M］. Oxford：Blackwell，1985.

［135］Harris C D. The Market as a Factor in the Localization of Industry in the United States ［J］. Annals of the Association of Amercican Geographers，1954，44（40）：315－348.

［136］Michaels G，Rauch F，Redding S J. Urbanization and Structural Transformation ［J］. The Quarterly Journal of Economics，2012，127（02）：535－586.

［137］Shahbaz M，Lean H H. Does financial Development Increase Energy Consumption? The Role of Industrialization and Urbanization inTunisia ［J］. Energy Policy，2012，40：473－479.

［138］COHEN B. Urbanization in Developing Countries：Current Trends，Future Projection，and Key Challenges for Sustainability ［J］. Technology in Society，2006，28（01）：63－80.

［139］Shen Jianfa. Scale，State and the City：Urban Transformation in Post Reform China ［J］. Habitat International，2007，3（01）：13－14.

［140］李军，吕庆海. 中部地区城乡一体化路径探析：就地城镇化 ［J］. 贵州社会科学，2018（08）：121－127.

［141］耿虹，李彦群，高鹏，等. 基于微小产居单元特征的乡村就地城镇化探索 ［J］. 规划师，2018，34（07）：86－93.

［142］宋玢，冯淼. 西北地区"镇级市"就地城镇化发展路径探索 ［J］. 规划师，2018，34（01）：92－97.

［143］李强. 多元城镇化与中国发展：战略及推进模式研究［M］. 北京：社会科学文献出版社，2013.

［144］吴碧波，黄少安. 乡村振兴战略背景下西部地区农村就地城镇化的模式选择［J］. 广西民族研究，2018（02）：16－23.

［145］崔曙平，赵青宇. 苏南就地城镇化模式的启示与思考［J］. 城市发展研究，2013，20（10）：47－51.

［146］刘文勇，杨光. 以城乡互动推进就地就近城镇化发展分析［J］. 经济理论与经济管理，2013（08）：17－23.

［147］胡宝荣，李强. 城乡结合部与就地城镇化：推进模式和治理机制——基于北京高碑店村的分析［J］. 人文杂志，2014（10）：105－114.

［148］李强，陈振华，张莹. 就近城镇化模式研究［J］. 广东社会科学，2017（04）：179－190.

［149］秦震. 论中国政府主导型城镇化模式［J］. 华南师范大学学报（社会科学版），2013（03）：24－29.

［150］蔡继明，王栋，程世勇. 政府主导型与农民自主型城市化模式比较［J］. 经济学动态，2012（05）：58－65.

［151］宣超，陈甬军. "后危机时代"农村就地城镇化模式分析——以河南省为例［J］. 经济问题探索，2014（01）：122－126.

［152］倪建伟. 就地城镇化的新近进展、现实困境与破解策略——山东省德州市新型城镇化第三次专题调研报告［J］. 农业经济问题，2017，38（06）：64－69.

［153］李强，陈宇琳，刘精明. 中国城镇化"推进模式"研究［J］. 中国社会科学，2012（08）：82－100.

［154］孙洁，朱喜钢，郭紫雨. 由镇升区的就地城镇化效应思辨——以马鞍山市博望镇为例［J］. 现代城市研究，2018（06）：106－112.

［155］岳文海. 中国新型城镇化发展研究［D］. 武汉：武汉大学博士学位论文，2013.

［156］陈多长. 非政府主导的就地城镇化模式及其政策启示——山东青州南张楼城镇化案例分析［J］. 社会科学家，2018（06）：42－48.

［157］H. 钱纳里，S. 鲁宾逊，M. 赛尔奎因. 工业化和经济增长的比较研究［M］. 上海：三联书店，1989.

［158］翁计传，闫小培. 中山市农村就地城市化特征和动力机制研究［J］. 世界地理研究，2011，20（02）：76－83.

［159］周斌. 特色产业经济是城镇化发展的基石——闽浙三镇小城镇建设考察的启示［J］. 小城镇建设，2003（09）：76－77.

［160］刘波，李娜，彭瑾. 杨凌示范区就地城镇化的路径探索［J］. 西北农林科技大学学报（社会科学版），2015，15（01）：42－47.

［161］Hillman. B. The Causes and Consequences of Rapid Urbanisation in an Ethnically Divers Region：Case Study of a County Town in Yunnan［J］. China Perspectives，2013，3：25－32.

［162］本报评论员. 牢固树立绿水青山就是金山银山的理念［N］. 2020－05－14.

［163］王国新. 杭州城市湿地变迁及其服务功能评价——以西湖和西溪为例［D］. 长沙：中南林业科技大学博士学位论文，2010.

［164］崔国富. 地方高校对城镇化的助推效能与实现对策［J］. 国家教育行政学院学报，2014（08）：32－35.

［165］祁新华，方忠明，陈谊娜. 中国就地城镇化海盐样本的理论与实证［M］. 北京：科学出版社，2018.

［166］袁于飞. 秦山核电站：奏响我国核电事业的报春曲［N］. 光明日报，2021－03－31.

［167］田鹏. 社会空间视域下就地城镇化的实践逻辑研究——兼论制度红利型就地城镇化［J］. 学习论坛，2019（11）：81－87.

［168］王永记. 以人为核心，以产业为支撑，获嘉县科学有序推进新型城镇化建设［N］. 新乡日报，2014－09－01.

［169］刘森. 新型城镇化及新乡市的实践［J］. 经济研究参考，2013（22）：65－67.

［170］董文胜，张佳星. 科学发展破茧化蝶书传奇"三化"协调古寨旧貌换新颜［N］. 新乡日报，2013－01－04.

［171］何志强. 南张楼村：德式乡村试验［J］. 中国土地，2008（08）：19－21.

［172］李培. 社会主义新农村建设的模式探究——以"城乡等值化试验"为例［J］. 财经问题研究，2007（05）：83－88.

［173］刘成友，刘婵. 南张楼"混血"乡村的未完答卷［N］. 人民日报，2013－08－06.

［174］李增刚. 以城乡等值化实现就地城镇化——山东青州南张楼村的案例研究［J］. 理论学刊，2015（08）：32－42.

［175］朱炯翟. 我国世界遗产的管理与保护［J］. 当代经济，2012（15）：36－37.

［176］麻学锋，刘玉林，谭佳欣. 旅游驱动的乡村振兴实践及发展路径——以张家界市武陵源区为例［J］. 地理科学，2020，40（12）：2019－2026.

［177］聂建波. 世界自然遗产地武陵源景区内建筑、居民拆迁研究［D］. 长沙：湖南师范大学硕士学位论文，2009.

［178］陈爽. 信阳市郝堂村旅游发展对劳动力回流影响的调查与研究［D］. 信阳：信阳师范学院硕士学位论文，2019.

［179］V H J，R B. Political Economy of City Sizes and Formation［J］. Journal of Urban Economics，2000，48（03）：453－484.

［180］Davis J. C，Henderson J. V. Evidence on the Political Economy of the Urbanization Process［J］. Journal of Urban Economics，2003，53（01）：98－125.

［181］Henderson J. V. Cities and Development［J］. Journal of Regional Science，2010，50（01）：515－540.

［182］汪海波. 我国现阶段城镇化的主要任务及其重大意义［J］. 经济学动态，2019（09）：49－56.

［183］郑杭生，陆益龙. 开放、改革与包容性发展——大转型大流动时期的城市流动人口管理［J］. 学海，2011（06）：76－80.

［184］汪大海，张玉磊. 从运动式治理到制度化治理：新型城镇化的

治理模式选择［J］. 探索与争鸣，2013（11）：47－50.

［185］曾智洪. 中国新型城镇化包容性制度创新体系研究［J］. 城市发展研究，2017，24（5）：1－7.

［186］曹宗平. 县城应成为西部地区城镇化的重点［J］. 经济学家，2010，12（1）：98－99.

［187］张光辉. 新型城镇化、户籍制度改革与农民工市民化研究［J］. 产经评论，2019，10（05）：108－123.

［188］陈多长，游亚. 地方政府土地财政行为对城镇化模式选择的影响［J］. 经济体制改革，2016：20－27.

［189］宋宜农. 新型城镇化背景下我国农村土地流转问题研究［J］. 经济问题，2017：63－67.

［190］李小静. 新型城镇化视角下我国农村土地流转问题探析［J］. 改革与战略，2016（03）：108－110.

［191］桂华. 论土地开发模式与"人的城镇化"——兼评征地制度改革问题［J］. 2019（01）：155－161.

［192］刘明娟. 新型城镇化背景下农村土地流转问题研究——以安徽省为例［J］. 淮海工学院学报（人文社会科学版），2019（09）：113－116.

［193］陈卫华，吕萍. 新型城镇化目标下农村住房隐形市场规制：堵抑或疏［J］. 现代经济探讨，2017（10）：96－103.

［194］马玉勤. 新型城镇化背景下农村宅基地制度改革研究［J］. 现代化农业，2019（03）：62－64.

［195］何涛. 促进新型城镇化发展的财税政策问题研究［J］. 农业经济，2016（11）：91－93.

［196］司春燕. 新型城镇化中扩大消费需求的财税政策研究［J］. 商业经济研究，2016（04）：39－41.

［197］张明斗，王姿雯. 新型城镇化中的城乡社保制度统筹发展研究［J］. 当代经济管理，2017，39（05）：42－46.

［198］郑兰先. 新型城镇化进程中的社会保障问题研究［J］. 学习与实践，2016（09）：101－106.

［199］江维国. 新型城镇化中失地农民社会保障问题研究［D］. 长沙：湖南农业大学博士学位论文，2017.

［200］刘迟，杨帅，罗婷. 新型城镇化社会治理中的社会保障服务体系构建［J］. 东北师大学报（哲学社会科学版），2017（02）：178－182.

［201］曾繁荣，王志锴，方玉. 新型城镇化建设进程中融资研究综述［J］. 商业经济研究，2019（03）：150－154.

［202］曾小春，钟世和. 我国新型城镇化建设资金供需矛盾及解决对策［J］. 管理学刊，2017，30（02）：26－39.

［203］李天德，陈志伟. 新常态下地方政府投融资平台转型发展探析［J］. 中州学刊，2015（04）：20－23.

［204］张宗军. 地方财政支持新型城镇化的资金需求预测与融资渠道转换［J］. 西北人口，2018，39（05）：82－89.

［205］杨云善. 河南就近城镇化中的小城镇"空心化"风险及其化解［J］. 中州学刊，2017（01）：76－80.

［206］王燕青，李隆玲，武拉平. 农民种粮是否有利可图？——基于粮食种植成本收益分析［J］. 农业经济与管理，2016（01）：69－79.

［207］刘吉双，张旭，韩越. 粮食适度规模经营与土地流转合理价格测算——基于新型农业经营主体视域的分析［J］. 价格理论与实践，2020（07）：62－65.

［208］张喜才，张慧，陈秀兰. 农产品价格波动演变轨迹、基本规律及其对策［J］. 商业经济研究，2021（03）：123－126.

［209］郭丹，谭莹. 农产品价格波动及其随机性因素影响研究［J］. 价格理论与实践，2020（03）：67－70，177.

［210］杨青贵. 新型城镇化背景下我国宅基地制度的发展歧向与功能塑造——以协调发展为理念［J］. 经济法论坛，2018，20（01）：201－214.

［211］曹飞. 城乡土地利用视角下的新型城镇化：制度桎梏与协同模式［J］. 经济体制改革，2019（02）：27－32.

［212］刘永健，耿弘，孙文华. SCP 分析范式下农地城镇化的制度绩效——以产权弱化及制度变迁的理论视角［J］. 农村经济，2018（06）：

17 – 23.

[213] 唐琼. 四川省就地城镇化困境研究——基于南充市的调查 [J]. 四川行政学院学报，2018（02）：26 – 32.

[214] 李卓，停左. 改革开放 40 年来中国农民工问题研究：回顾、反思与展望 [J]. 云南社会科学，2018（06）：16 – 21.

[215] 孙跃贤. 建立双向对接机制促进就近就地就业 [N]. 中国劳动保障报，2018 – 09 – 15.

[216] 刘汉涛. 城镇化进程中的农民工就业与制度变迁 [J]. 人民论坛·学术前沿，2017（15）：94 – 97.

[217] 纪韶，李小亮. 改革开放以来农村劳动力流动就业制度、政策演进和创新 [J]. 经济与管理研究，2019，40（01）：64 – 74.

[218] 李军红. 新型城镇化背景下农业转移劳动力住房制度设计研究 [J]. 经济研究参考，2018（69）：47 – 50.

[219] 黄耀冬. 城镇化进程中的社会保障制度改革问题研究 [J]. 社会保障研究，2017（02）：90 – 94.

[220] 张燕. 加快完善我国农业转移人口的社会保障制度 [J]. 经济纵横，2014（01）：7 – 12.

[221] 郭廓. 德国社会保障制度改革对中国城镇化进程中失地农民社会保障体系完善的启示 [J]. 世界农业，2018，469（05）：79 – 83.

[222] 乔金亮. 农业比较效益低是退租弃耕症结所在 [N]. 经济日报，2019 – 08 – 09.

[223] 姜德华. "保险＋期货"在我国农产品价格风险管理中的应用——基于陕西富县苹果试点的案例分析 [J]. 价格理论与实践，2020（08）：120 – 123.